AF453413

JEUX DE PLEIN AIR

ET

D'INTÉRIEUR

SPORTS-BIBLIOTHÈQUE

OUVRAGES DÉJA PARUS

LE FOOTBALL, par Ch. GONDOUIN et JORDAN.

LA BOXE, par WILLIE LEWIS, JOE JEANNETTE, CHARLEMONT, etc.

LE GOLF, par Arnaud MASSY.

LES SPORTS D'HIVER, par L. MAGNUS et R. de la FREGEOLIÈRE.

LES COURSES A PIED ET LES CONCOURS ATHLÉTIQUES, par DE FLEURAC, FAILLIOT, SPITZER, ANDRÉ.

L'ESCRIME, par Jean JOSEPH-RENAUD.

L'AUTOMOBILE, par H. PETIT et MEYAN.

LA CHASSE A TIR, par CUNISSET-CARNOT.

LA DÉFENSE DANS LA RUE, par Jean JOSEPH-RENAUD.

L'ÉQUITATION ET LE CHEVAL, par E. MOLIER.

LES COURSES DE CHEVAUX, par SAINT-GEORGES.

LE YACHTING, par CLERC-RAMPAL et Fernand FOREST.

LA LUTTE, par Paul PONS.

LE CYCLISME, par Marcel VIOLLETTE, L. PETIT-BRETON, T. ELLEGAARD, etc.

LA PÊCHE, par CUNISSET-CARNOT.

ROWING-NATATION, par Alexandre LEIN et Georges LE ROY

ATHLÉTISME ET GYMNASTIQUE SUÉDOISE, par Georges LE ROY.

ÉDUCATION PHYSIQUE ET GYMNASTIQUE, par Georges LE ROY.

L'ALPINISME, par Georges CASELLA.

TENNIS, HOCKEY, PAUMES, BALLES ET BOULES, par M. DECUGIS, CRIVELLI, DE FLEURAC, H. JORDAN, M. MICHEL, G. LE ROY.

ANIMAUX DE SPORT, par Jacques BOULENGER et Émile HENRIOT.

L'AÉRONAUTIQUE, par A. LEBLANC, R. GARROS, E. RENAUX, Frank BARRA, E. DUBONNET, M. MALLET, J. MORTANE.

PROCHAINEMENT

LE TIR, par le Commandant FERRUS, le Capitaine CLAUDOT, le Marquis de CREQUI MONTFORT, GASTINNE, RENETTE, MENESSIER, MANOURY et G. LE ROY.

LA CHASSE A COURRE, par le Capitaine DE MAROLLES.

HORS SÉRIE

LA CONDUITE EN GUIDES, par le Comte POTOCKI d'YANVILLE.

SPORTS-BIBLIOTHÈQUE

JEUX DE PLEIN AIR

ET

D'INTÉRIEUR

PAR

GEORGES LE ROY

CINQUIÈME ÉDITION

*OUVRAGE ORNÉ DE 48 PAGES D'ILLUSTRATIONS
PHOTOGRAPHIQUES HORS TEXTE
ET DE 74 SCHÉMAS*

PIERRE LAFITTE & Cⁱᵉ
90, AVENUE DES CHAMPS-ÉLYSÉES
PARIS

NOTE DES ÉDITEURS

JEUX DE PLEIN AIR ET D'INTÉRIEUR

TABLE DES MATIÈRES

JEUX DE PLEIN AIR

TABLE DES MATIÈRES III

JEUX D'INTÉRIEUR

CARNET DU DOCTEUR

Par le Dr BRINEL-TOLIN.

Les photographies de cet ouvrage par BRANGER, MEURISSE, ROL, *Office International d'Illustration.*

JEUX DE PLEIN AIR

L'« AÉRO-BALL »

IL s'agit bien ici d'un jeu qui peut hautement revendiquer le qualificatif de « sportif ». Peu d'exercices physiques considérés comme de simples « jeux » peuvent revendiquer un succès aussi franc et aussi justifié que l'aéro-ball.

La chose s'explique aisément. C'est un jeu de plein air, actif, qui fait appel à deux qualités physiques précieuses — la vitesse et l'endurance — et dans lequel l'habileté réclame elle aussi sa large part. Hommes, jeunes gens, jeunes filles peuvent s'y livrer avec agrément.

Sa forme est élégante, il se prête à des combinaisons multiples et variées, il est d'un apprentissage facile ; bref, il constitue, en raison des facultés physiques qu'il fait intervenir, un véritable sport et même un sport qui ne laisse pas d'être captivant, à tel point qu'il compte beaucoup plus de fanatiques qu'on ne serait tenté de le supposer (fig. 1).

L'aéro-ball tient à la fois du tennis et de la pelote basque. On peut même affirmer qu'il se réclame beaucoup de ce dernier ; la description que nous en allons faire et les règles mêmes du jeu permettront de s'en rendre compte.

Cependant il a sur le sport des « pelotari » cet avantage qu'il n'exige ni terrains ni emplacements spécialement agencés, qu'il est facile de le pratiquer en tous lieux et que, contrairement à la pelote basque, il est parfaitement accessible aux jeunes filles. Ce qui n'empêche pas qu'on peut y faire preuve de grandes qualités d'énergie et de décision.

En réalité, l'aéro-ball se présente sous deux aspects suivant les conditions dans lesquelles est engagée et conduite la partie.

On peut le considérer comme un « jeu ». rien qu'un jeu, quand les partenaires sont à petite distance l'un de l'autre; il prend les proportions d'un véritable sport athlétique — tout en ne présentant aucun danger — lorsqu'il est pratiqué à grande distance — une quarantaine de mètres entre les adversaires.

Enfin, entre ces deux limites extrèmes, il y a place pour un jeu moyen, plus sévère que quand les partenaires sont à quelques mètres l'un de l'autre, et entraînant une économie dans l'effort bien plus grande que lorsque la partie se déroule entre joueurs distants de 30 à 40 mètres. Un champ de 10 mètres laissés entre eux est alors suffisant.

Si l'on veut se rendre exactement compte du degré des qualités sportives qu'on peut déployer dans la pratique de l'aéroball, il n'y a qu'à suivre, pendant quelques séances, l'entrainement des champions aéroballistes.

On pourra juger du sang-froid, de la décision. de la sûreté du coup d'œil desquels témoignent les joueurs. Des observations identiques peuvent être faites sur la rapidité des mouvements, l'esthétique des attitudes, la souple et athlétique allure des gestes, aussi bien quand les joueurs, presque couchés, tâchent à rattraper les balles qui filent en rasant la surface du sol, que quand ils doivent bondir pour les reprendre à la volée lorsque leurs adversaires les leur envoient du fond du jeu, à 40, 50 mètres même de distance, en leur faisant décrire une trajectoire dont la hauteur dépasse quelquefois 30 mètres.

LA RAQUETTE L'aéro-ball se joue avec une raquette d'un
genre bien spécial, mais qui néanmoins rap-
pelle de très près la « chistera » basque. Elle se compose d'une
espèce de fourche d'une corbeille pour recevoir la balle
(schéma 1).

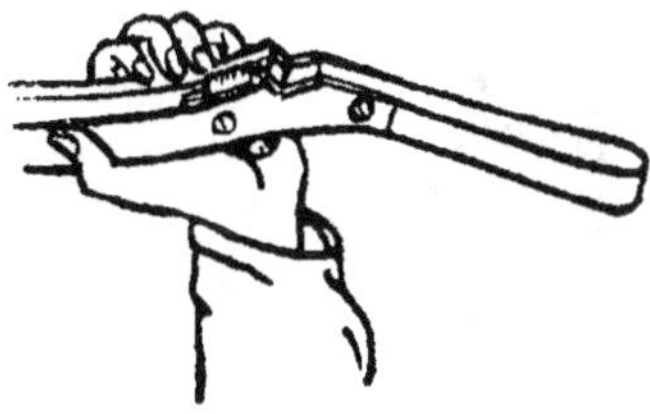

Schéma 1.

La corbeille s'adapte à la poignée de la fourche en dévissant
légèrement la vis d'une douille. On soulève alors cette dernière, on glisse dedans une tige de maintien, puis on fixe le
tout en resserrant la vis (schéma 2).

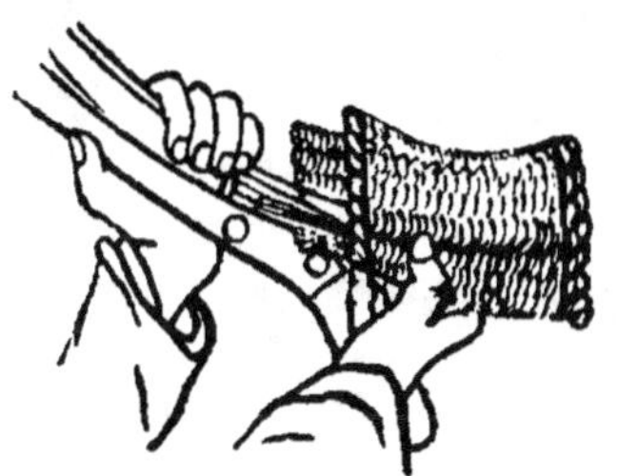

Schéma 2.

La fourche et le panier ne font dès lors plus qu'un tout homo-
gène. Il ne faut pas qu'il y ait de « jeu » entre les deux parties constitutives de l'appareil. D'où nécessité de choisir un
instrument bien fabriqué, sans quoi, aucun coup de précision
n'est possible.

L'appareil est démontable, bien entendu. Le jeu terminé, la corbeille peut être détachée. On engage alors dans son orifice l'armature de bois, et, si l'on possède une gaine, un étui, ce qui est beaucoup préférable pour garantir l'instrument de l'humidité, on glisse le tout dans un étui (position des schémas 3 et 4).

Cependant, quelle que soit la qualité de fabrication, à force de démonter et de remonter la corbeille sur la fourche, une usure, presque insignifiante soit, mais qui se produit quand même, influe sur le réglage de l'aéroball.

Il est donc préférable de laisser l'appareil monté.

Car cette question de réglage est de la plus haute importance.

On entend ici par réglage l'augmentation ou la diminution de l'ouverture laissée à la sortie de la balle, en inclinant plus ou moins la corbeille vers la fourche ou vers la poignée, suivant le cas.

Schéma 3.

Schéma 4.

Aucune règle, aucun barème spéciaux ne fixent définitivement et uniformément la question du réglage.

La pratique seule permet à chaque joueur de la déterminer, et encore pour son cas personnel, car les habitudes particulières à chacun interviennent ici avant tout. Une raquette bien réglée pour tel joueur ne l'est plus du tout lorsqu'elle est entre les mains d'un autre. D'ailleurs, chaque grand joueur a son appareil personnel et ne le confie à personne.

Le réglage se fait en redressant ou en courbant la tige de la corbeille, au moyen d'une pince ou d'un étau à main, au ras de la vannerie.

Cette tige est d'acier doux. La mise au point de l'appareil doit être exécutée d'une main délicate, sans forcer. Lorsqu'on a trouvé le réglage qui convient, on en assure la fixité par la vis de serrage, après quoi on laisse le panier tranquille, on n'y touche plus. D'ailleurs, quand l'aéro-ball est de bonne fabrication, on n'a plus besoin de vérifier de longtemps sa mise au point. Fourche et corbeille sont en place et y restent.

On trouve dans le commerce des appareils réglés de telle façon qu'ils permettent le jeu individuel, le jeu continu et le temps d'arrêt pour une distance ne dépassant pas 30 mètres. Au delà de cette distance, le style de chaque joueur fait forcément intervenir un réglage qui lui est personnel.

« SPORT » ET « MATCH » On désigne sous cette appellation les deux types courants de raquette. Le modèle *sport* est très léger. C'est celui qui est le plus pratique et le plus agréable pour les jeunes filles et les tout jeunes gens. La raquette « sport » ne pèse que 225 grammes et mesure 78 centimètres.

Le modèle *match* est celui qui convient aux joueurs entraînés et ayant déjà acquis une certaine virtuosité. Il est un peu plus lourd que le précédent — 300 grammes — et mesure 82 centimètres. La raquette *match* est celle avec laquelle on dispute les records, les championnats, les matches, d'où son nom.

LA BALLE Peu de chose à dire de la balle. Celle qui est considérée comme réglementaire est la balle de tennis. Donc toutes les balles de tennis de bonne qualité sont utilisables. Cependant, comme chaque sport, chaque jeu ont leurs accessoires spécialement fabriqués pour eux, il existe une balle — marque « aéro-ball » — vendue en même temps que la raquette, dont le poids et l'élasticité sont calculés de façon à être exactement ce qu'il faut pour l'usage particulier qu'on doit en faire.

Mais enfin, ceci n'infirme en rien la qualité des balles de tennis dans le jeu qui nous occupe ici.

APPREN-TISSAGE L'apprentissage du jeu de l'aéro-ball est naturellement plus ou moins long suivant les facultés d'adaptation de chacun. Les uns — aussi bien les jeunes filles que les hommes — « s'y mettent » très rapidement et deviennent vite d'excellents joueurs ; d'autres, au contraire, éprouvent certaines difficultés et se fatiguent inutilement parce qu'ils ne veulent pas suivre la progression indispensable qui constitue les étapes de l'instruction de l'aéro-balleur.

D'où déceptions, dépense d'efforts qui devraient au contraire être économisés, et fatigue prématurée qui fait supposer que le jeu est pénible alors qu'il peut très bien ne pas l'être, et qu'il exige des qualités physiques spéciales alors qu'il n'en est rien et *que tout le monde peut goûter le plaisir hygiénique de jouer à l'aéro-ball.*

Aussi bien, nous engageons les personnes habitant Paris à assister aux séances de démonstrations publiques qui ont lieu, pendant la belle saison et même par les journées d'hiver sans pluie, aux jardins des Tuileries et du Luxembourg. Bien mieux, sans qu'il leur en coûte rien, tous les dimanches matin, sur la terrasse de l'Orangerie, ils pourront prendre une leçon — pourvu qu'ils apportent leur appareil — donnée par des spécialistes virtuoses qui forment l'équipe de Bardou-Clerc. Les amateurs trouveront là des partenaires qui leur en apprendront plus en une demi-heure de démonstration pratique qu'ils ne sauraient le faire en jouant contre des adversaires n'ayant encore de ce jeu sportif que des notions embryonnaires.

Mais une recommandation préalable s'impose qu'il faut faire ici sans plus tarder. Il s'agit de cette tendance qu'ont tous les joueurs débutants à « jouer fort ». Tous veulent :

1° Jouer à grande distance.

2° Quand ils jouent sur une distance réduite, lancer la balle à tour de bras.

Là est l'erreur initiale qui retarde leur instruction.

La première chose qu'ils doivent au contraire rechercher, c'est à acquérir l'adresse nécessaire pour reprendre la balle sous les angles et dans les conditions variés où elle leur arrive. Pour ce faire, qu'ils commencent donc d'abord à jouer sur un champ limité, et même au besoin sous un préau, dans l'allée sablée d'un jardin, séparés simplement l'un de l'autre par une distance de 3 mètres. C'est une « distance d'instruction » suffisante. C'est ainsi qu'ils feront leurs premières classes.

Lorsqu'ils auront une évidente sûreté de jeu sur ce champ de 3 mètres, ils augmenteront progressivement cette distance mais sans aller trop vite, en ne passant à un champ plus étendu que quand leur adresse sera bien confirmée sur la distance qu'ils abandonnent.

Ce système est le seul qui leur permettra de devenir de bons joueurs. Et il aura pour premier avantage de leur éviter d'inutiles et stériles fatigues qui n'auraient d'autre résultat que de leur faire mal apprécier le jeu.

D'abord ils seront mieux à même de rattraper la balle. Or, c'est pour un débutant, comme pour un joueur très sûr, une satisfaction avec laquelle il faut compter.

Le débutant qui passe sans cesse à côté des balles est bien vite écœuré.

De déception en déception, il cesse de s'intéresser à un jeu qui le séduisait tout d'abord et ne lui vaut, à l'apprentissage, que des mécomptes.

Qu'il n'incrimine pas le jeu, mais qu'il ne s'en prenne qu'à lui. Neuf fois sur dix, s'il en est ainsi, c'est qu'il a voulu aller trop vite en besogne. Inutile qu'il cherche ailleurs la cause de ses désillusions renouvelées.

Schéma 5.

Autre erreur : la plupart des néophytes jouent trop longtemps. A la fin, ils jouent très mal ; fatigue, nervosité, tout contribue à leur faire faire de la mauvaise besogne. Mais ils insistent quand même. Ils s'entêtent à vouloir « faire fort » plus vite qu'il ne leur est possible d'y arriver.

Ils appellent cela s'entraîner. Ils se surmènent et c'est tout.

Dans l'aéro-ball, comme dans tout sport nouveau, certains groupes de muscles fournissent un travail auquel ils ne sont pas habitués. La conséquence d'une partie durant au delà des limites raisonnables ne se fait pas attendre. Dès le lendemain on ressent des courbatures auxquelles on ne s'attendait pas.

L'essoufflement est aussi un des inconvénients plus immédiats d'un effort prolongé auquel on n'est pas physiquement préparé. Lorsque le souffle fait défaut, le beau jeu n'est pas possible. D'ailleurs, cette question du travail de la fonction respiratoire ne saurait être négligée. Le voudrait-on, au reste, qu'on serait bien vite ramené à la réalité. L'importance de la respiration est une notion tellement évidente qu'il est facile d'en poser le principe.

De deux coureurs, de deux cyclistes, de deux rameurs sur-

tout, celui qui triomphe n'est pas le plus musclé, c'est celui
qui, à la fin comme au début du match, a une respiration régulière quoiqu'accélérée, rythmée bien que rapide, sans à-coup
et sans désordre.

L'entraînement est brisé par l'essoufflement.

Médicalement, l'essoufflement est un signe de désordre respiratoire avec retentissement sur le cœur. Il y a, certes, dans
l'essoufflement, une part attribuable au cœur, mais le facteur
cardiaque est le plus souvent secondaire au désordre respira-

Schéma 6.

toire. Les mouvements respiratoires, au lieu de se succéder
méthodiquement, s'enchevêtrent et s'embrouillent, l'épuisement cardiaque en résulte ; il faut donc s'efforcer d'en maintenir la cadence régulière. Donc pas d'excès dans l'effort par
une partie trop prolongée.

Qu'est-ce, en somme, que l'*aéro-ball?* C'est un appareil de
lancement et de réception.

La balle rentre dans la corbeille (schéma 5), court le long
de la fourchette cintrée et s'échappe par la pointe d'icelle
tangentiellement au cercle décrit (schéma 6).

Les mouvements combinés du poignet et du bras lui impriment sa direction. Bien qu'en principe l'aéro-ball soit un instrument de jeu continu — l'appareil théoriquement ne faisant
que modifier la trajectoire de la balle — ce mouvement n'est

vraiment possible qu'à petite distance, ou quand la balle vient briser son mouvement de rotation en rebondissant contre le sol (schéma 7).

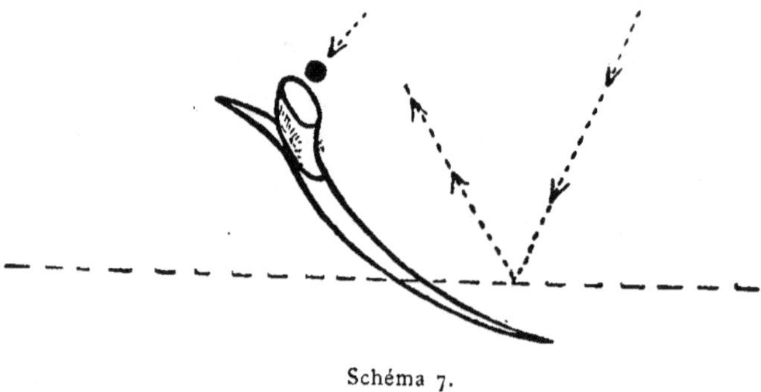

Schéma 7.

Après avoir été rattrapée, « reprise » à la volée, on doit lui faire marquer un temps d'arrêt dans la corbeille, stage indis-

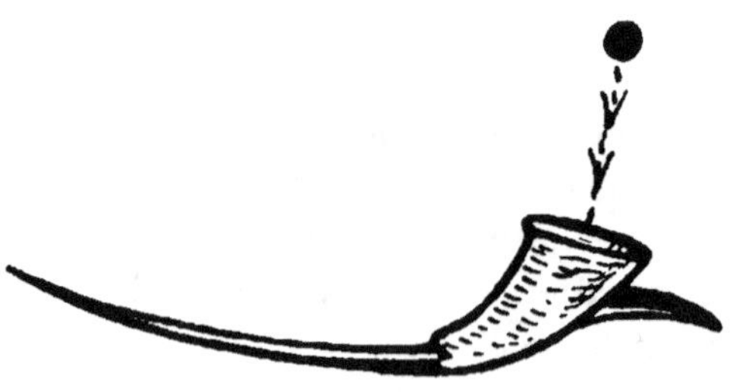

Schéma 8.

pensable et bref qu'on lui impose pour pouvoir la relancer avec précision et vigueur (schéma 8).

Marquer le temps d'arrêt dans la corbeille est une chose qui paraît délicate pour le profane. La pratique vous apprend que c'est au contraire très simple.

Mais..., il y a un mais. Ici encore apparaît la *manière*. Le temps d'arrêt s'obtient par un souple et léger mouvement de poignet. Ce mouvement-là on l'acquiert vite, c'est entendu. Mais l'obtenir ne veut pas dire qu'on sache s'en servir avec art. Et c'est la subtilité qu'y apportent les bons joueurs qui fait tout le secret de leur force.

Le passage de la balle dans la corbeille est marqué par trois temps :

1° *Le freinage* (schéma 9;

2° *Le bloquage;*

3° *Le renvoi* (schéma 10).

Le freinage a pour objet d'arrêter graduellement la balle lorsqu'elle glisse dans la corbeille. C'est cet arrêt gradué qui l'amène au deuxième temps d'immobilité : elle est alors *bloquée* et bonne pour le *renvoi*.

Schéma 9.

Schéma 10.

Les trois temps sont liés en souplesse de façon à ce que le temps d'arrêt qui existe en réalité ne soit pas perceptible à l'œil. Le mouvement du poignet dans la réception de la balle, tout est là (fig. 2).

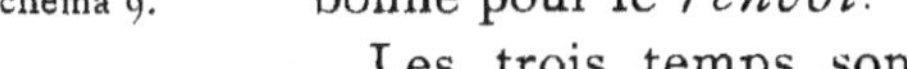

EXERCICES INDIVIDUELS Nous avons dit que l'apprentissage du jeu comportait une progression qu'il était indispensable de suivre pour arriver à bon point sur toutes les distances.

Cette progression comporte un ensemble d'exercices individuels divisés en plusieurs séries et qui, — il est à peine besoin de le dire — conduisent le joueur du plus facile au plus compliqué.

Ce sont ces étapes qu'il faut franchir, et en voici la progression :

Schéma 11.

EXERCICES DE 1re SÉRIE. — Exercices élémentaires :

1° *Reprise basse ; après contact à terre, à petite hauteur (2 mètres au plus).* Tenir le « jeu »[1] dans la position basse, lancer la balle et la recevoir après qu'elle a rebondi sur le sol (fig. 3).

2° *Reprise basse après contact à terre à grande hauteur (5 mètres minimum au-dessus du panier).*

Le mouvement est identique au précédent, mais il faut lancer la balle à la hauteur indiquée.

3° *Tourniquet sans arrêt et sans interruption à petite hauteur* (schéma 11).

4° *Tourniquet sans arrêt et sans interruption à grande hauteur.*

EXERCICES DE 2e SÉRIE. — Les exercices de la deuxième série comportent tout simplement les mêmes mouvements que ceux de la première série, mais exécutés dans la position haute.

Ce sont :

1° *Reprise haute après contact à une petite hauteur* (fig. 5).

----

1. On désigne sous l'appellation de « jeu » la raquette.

2° *Reprise haute après contact à terre à grande hauteur.*

3° *Reprise haute directe avec arrêt à petite hauteur* (fig. 1).

4° *Reprise haute directe avec arrêt à grande hauteur.*

5° *Tourniquet sans arrêt à petite hauteur.*

6° *Tourniquet sans arrêt à grande hauteur.*

EXERCICES DE 3ᵉ SÉRIE. — 1° Lancer la balle par reprise basse et la rattraper par reprise haute et inversement la lancer par reprise haute et la rattraper par reprise basse.

2° *Lancer la balle en hauteur derrière soi et la rattraper après contact à terre.* C'est ce qu'on appelle le coup de revers (schéma 12).

3° *Lancer la balle derrière soi, se retourner et la rattraper directement.*

4° *La balle rebondissant, l'attaquer en dessous, en glissant la pointe de l'appareil sous elle, et la faire sauter dans le panier.*

Ces exercices individuels se complètent par un « entraînement individuel au mur ». L'entraînement individuel au mur consiste à envoyer la balle contre un mur — comme le font les « pelotari » au jeu de la pelote basque — à la reprendre et à la renvoyer. En somme, c'est ici le mur qui constitue l'adversaire.

Schéma 12.

Ce système d'entraînement permet d'exécuter les mouvements suivants dans les positions basses et hautes :

1° *Lancer et rattraper la balle après contact à terre en marquant un temps d'arrêt, et sans marquer de temps d'arrêt.*

2⁰ Lancer et rattraper la balle à la volée soit avec, soit sans temps d'arrêt (fig. 4).

EXERCICES A DEUX JOUEURS Il faut s'entraîner bien sérieusement aux exercices individuels avant de passer aux exercices à deux. On conçoit en effet que lorsque deux partenaires se trouvent en présence si l'un d'eux est d'une nullité complète, l'autre ne peut guère s'exercer. Les balles lui sont mal renvoyées, les reprises sont impossibles. La séance d'exercice ne devient plus un plaisir mais une véritable corvée. Par conséquent, lorsque — homme ou dame — on a acquis une certaine expérience dans le maniement de la raquette par les exercices individuels et par le travail au mur, il est permis de s'entraîner utilement et agréablement à deux joueurs.

On doit commencer à très petite distance et autant que possible dans une salle ou sur un champ limité. On se trouve ainsi à l'abri des coups de longueur et du jeu en force par les dimensions mêmes de l'endroit dans lequel on joue.

Il s'agit en l'espèce de ne faire que du travail d'adresse, elle seule, pour le moment, entre en ligne de compte.

Par la suite on procédera — comme nous l'avons déjà fait remarquer — en s'éloignant progressivement l'un de l'autre jusqu'au moment où on sera suffisamment exercé pour jouer aux distances maxima. Mais le jeu en salle fermée et celui au grand air ont ceci de particulier que l'on n'a pas, dans les deux cas, le même sentiment de la distance et, puisqu'on cherche à jouer le grand jeu, le jeu de plein air, il est préférable de s'entraîner dehors le plus souvent possible. Enfin c'est une bonne chose de changer souvent de partenaire, et il est excellent de travailler avec un adversaire plus fort que soi.

Les exercices à petite distance se font sans temps d'arrêt.

1° *Se placer à trois ou quatre mètres l'un de l'autre, envoyer la balle à son adversaire qui la reçoit après contact à terre et dans la position basse.*

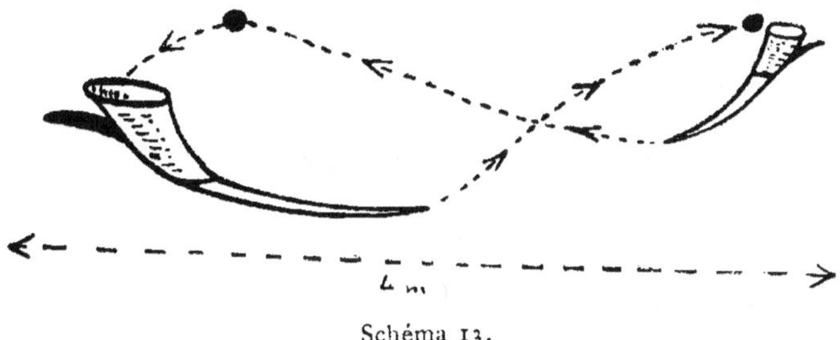

Schéma 13.

2° *Exécuter le même exercice sans que la balle entre en contact avec la terre (schéma 13 et fig. 6).*

Schéma 14.

3° *Mêmes exercices que précédemment mais dans la position haute (schéma 14).*

4° Mêmes exercices que ceux qui viennent d'être indiqués en lançant la balle dans la position basse et, en la rattrapant dans la position haute et inversement (fig. 5).

LES JEUX   Il existe deux sortes de jeu : le jeu dit *au cadre* pour deux et quatre joueurs dont les **règles ont été** adoptées par l'Aéro-Ball Club de Paris, et le jeu *au but* ou à *gagne-terrain*.

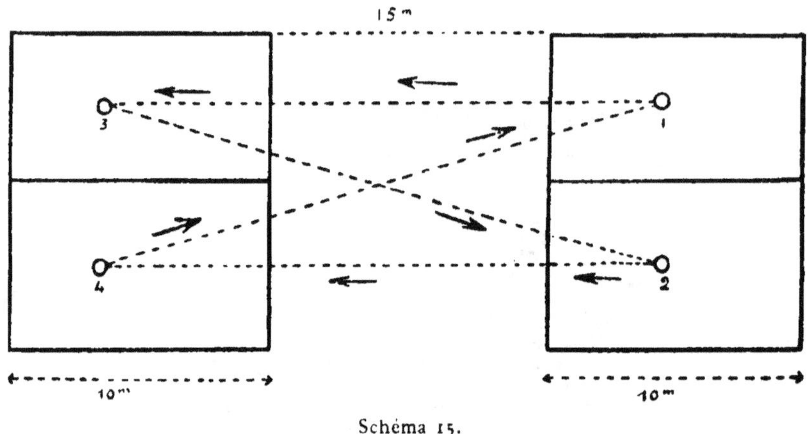

Schéma 15.

LE JEU AU CADRE   Voyons d'abord la première manière.

Le plan du terrain. — Tracer sur le sol deux rectangles de 12 mètres de largeur sur 10 mètres de profondeur. Ces deux rectangles se feront vis-à-vis et seront séparés par un intervalle de 22^{m}50.

Chaque rectangle sera séparé à son tour en deux parties; les joueurs prendront place respectivement au milieu de chacune de ces parties. Un arbitre marquera les points (schéma 15).

Service. — Le joueur n° 1 lance la balle au n° 3 ; celui-ci au n° 2 ; le n° 2 au n° 4 ; le n° 4 au n° 1, et ainsi de suite [1].

La partie. — La partie comprend deux mi-temps de 30 coups chacune. A la mi-temps, les joueurs changent de place : le n° 1 prenant la place du n° 3 et le n° 2 celle du 4.

A la 1re mi-temps la balle est lancée par le n° 1, à la 2e par le n° 4. La première balle est toujours lancée face à soi, les suivantes sont lancées au joueur adverse qui ne vous l'a pas envoyée.

Les points. — Chaque équipe débute avec 120 points. On ne compte que les fautes ou les 1/2 fautes qui enlèvent respectivement 2 points ou un point du maximum. L'équipe gagnante est celle qui reste avec le plus de points.

Les fautes. — Comme nous l'avons dit plus haut, une faute entraîne une pénalité de 2 points et une demi-faute une pénalité de 1 point. Ces points se retranchent du maximum 120 qui est alloué à chaque équipe au début de la partie.

Il y a faute pour le lanceur quand la balle tombe en dehors du cadre de l'adversaire. A ce sujet, il convient de noter que toute balle que l'adversaire peut arrêter en dehors de son cadre d'une façon quelconque, fût-ce avec le corps, est considérée comme balle pénalisée pour le lanceur, à condition toutefois qu'il ait, au moment de l'arrêt, les deux pieds posés à terre hors du cadre.

Il y a 1/2 faute pour le lanceur quand ce dernier a envoyé la balle dans le rectangle du co-équipier adverse sans sortir des limites extérieures.

Il y a faute pour le receveur quand la balle tombée dans son cadre n'est pas rattrapée par lui directement.

1. Ce qui revient à dire que chaque joueur envoie la balle à l'adversaire qui ne la lui a pas lancée.

Il y a demi-faute quand il l'a rattrapée par un reçu indirect, c'est-à-dire après un contact à terre.

Il y a demi-faute quand il ne la relance pas immédiatement et rend le temps d'arrêt perceptible.

Remarques. — Le joueur doit relancer la balle à son adversaire *de l'endroit où il l'a reçue;* quand il l'a reçue ou arrêtée en dehors du cadre, ou après un coup manqué, il se remet au centre pour la lui renvoyer.

Il n'est permis de toucher à son jeu pour le corriger ou le modifier qu'après avoir lancé la balle, sous peine de pénalité d'une demi-faute.

Handicaps. — On handicape une équipe en lui retirant, dès le début, un nombre de points déterminé.

LE JEU AU BUT Le jeu « au but » ou à « gagne terrain » qui rappelle la longue-paume et le tambourin est très mouvementé et très attrayant. Il se joue sur un terrain de 80 à 100 mètres de profondeur au moins, et sur une largeur de 15 à 20 mètres.

Les limites du terrain sont marquées soit par une corde, soit par un ruban, soit par des pavillons fichés en terre de place en place.

Le milieu du jeu est indiqué d'une manière spéciale, au choix.

Les joueurs. — La partie se joue entre deux équiques ou camps de trois joueurs : chaque équipe comprend deux avants et un arrière lequel est toujours placé à 6 ou 7 mètres au moins en arrière des avants. Le meilleur lanceur doit de préférence être choisi comme arrière.

La partie. — Comme son nom l'indique le jeu consiste à gagner du terrain sur le camp adverse, à pénétrer sur son terrain, et à lancer une balle de l'autre côté de la limite arrière de ce camp qui sert de but.

La partie qui se joue avec une seule balle que les camps se renvoient à tour de rôle est fixée à trente minutes, en deux manches de quinze minutes séparées par un arrêt de cinq à dix minutes.

Pour débuter les joueurs se placent dans le camp qui leur est affecté par le sort à quinze mètres ou vingt pas environ de la ligne médiane, les arrières à huit ou dix pas derrière les avants.

La balle est lancée au sort et renvoyée successivement, sans arrêt, d'un camp vers l'autre avec le plus de rapidité et de force possible par le joueur qui l'a reçue directement de manière à surprendre l'adversaire et à gagner sur lui du terrain.

Pénalités. — Quand la balle est reçue indirectement, c'est-à-dire après contact à terre ou manquée, elle doit être envoyée, par le joueur qui l'a reçue, à l'arrière de son camp, si c'est un avant qui l'a reçue. Dans ce cas c'est l'arrière qui est chargé de renvoyer la balle au camp adverse en observant toujours de se placer à huit ou dix pas de ses avants s'il n'y est déjà.

Si la balle est lancée hors des limites latérales du jeu, reçue ou non, elle doit être renvoyée par les avants du camp qui n'a pu la recevoir sur le terrain, au point où ils se trouvaient, ou plus avant si elle est ramassée plus près, mais jamais en arrière du point où se trouvaient les joueurs.

Une balle qui roule n'ayant pas été rattrapée soit directement, soit indirectement, quoique tombée dans les limites, doit être jouée de l'endroit où elle est reprise si cet endroit se trouve derrière l'arrière, et par l'arrière à sa place ordinaire si la balle est arrêtée devant lui.

Toute balle qui n'a pas touché terre hors des buts est considérée comme n'ayant pas franchi le but et doit être relancée.

Il est interdit de toucher une balle avec les lames (lamelles de bois) du jeu.

Pour qu'il y ait partie gagnée, il faut que la balle ait touché terre en dehors du but de l'adversaire ou, à défaut, qu'au moment de l'arrêt du jeu elle ait été jouée sur le terrain dont dépendait le but en danger.

Le dernier coup d'une partie doit appartenir au camp qui se défend.

LE TIR A L'ARC

BREF HISTORIQUE DES TRADITIONS D'ANTAN — Le tir à l'arc est un sport de jardin auquel on s'adonne encore de nos jours beaucoup plus qu'on n'est tenté de le croire. Mais si les amateurs individuels sont nombreux qui installent dans une allée de leur parc, ou plus modestement de leur jardin, un « bersault » — autrement dit une simple cible — car le tir à la perche est beaucoup moins répandu et plus spécial aux habitants des Flandres (fig. 7), les compagnies d'archers sont encore peu nombreuses. Le tir à l'arc fut jadis très en honneur. Au moyen âge il constituait en quelque sorte notre sport national. Le temps, le progrès n'ont pas réussi à faire disparaître complètement une tradition qui longtemps encore aura la vie dure. Les amateurs de l'arc tiennent bon, malgré la terrible concurrence de la poudre et des armes à feu perfectionnées au plus haut point par l'art de l'arquebuserie moderne. Ce fut le moyen âge qui marqua l'apogée du sport des archers. Les sociétés, à cette époque, étaient très puissantes. Leur rôle était à la fois sportif et patriotique, car en dehors du plaisir de leur jeu, ils tiraient parti de leur adresse pour « bouter dehors » et mettre à mal, quand l'occasion s'en présentait, les envahisseurs étrangers qui en voulaient au sol natal, ou pour défendre leurs terres menacées par les braconniers et les voleurs de grand chemin, « hurlus et faucheurs de blés verts ». Les compagnies d'archers jouissaient donc d'un très réel prestige. De nos jours leur rôle est, on le conçoit, beaucoup plus restreint et simplement limité aux plaisirs d'un sport, auquel les écrivains du temps décochèrent les plus flatteuses épithètes. Car ce jeu, cet « esbattement de l'arc était noble, délicieux, séduisant, gracieux, amoureux même, » pour ne rien retrancher à ce que nos prédécesseurs en ont dit. Les compagnies actuelles sont plus prosaïquement considérées, mais elles s'efforcent, tout en les modernisant forcément, de maintenir un vestige respecté des traditions du passé. Les concours, les tournois, empruntent encore à notre époque une très respectable solennité qui ne va pas sans un certain pittoresque. Le retour des vainqueurs portant, quand le concours a eu lieu à la perche, les oiseaux empaillés à l'extrémité de leurs arcs enrubannés, et défilant, tambour en tête, derrière le fanion de leur société — copie d'un vieux gonfalon moyennageux — ne manque pas d'originalité. Le tir à l'arc est un sport à peu près exclusif aux populations du Nord. Il est particulièrement en faveur dans l'ancienne Ile de France et dans les départements limitrophes. Le département de l'Oise, à lui seul, ne compte pas moins de 160 compagnies représentant près de 3.000 archers. 800 compagnies à peu près se livrent dans la région du Nord aux « doux esbats de l'arc » et dans les départements les plus rapprochés de Paris il en existe 392, soit à peu près la moitié, qui se répartissent ainsi :

Seine	30 compagnies,	500	archers.
Seine-et-Oise	25	—	400	—
Seine-et-Marne	52	—	900	—
Oise	160	—	2.900	—
Somme	47	—	1.200	—
Aisne	77	—	1.500	—

Le complément est fourni par les grands centres du Nord : Lille, Roubaix, Valenciennes, Tourcoing, Calais, etc., qui

comptent environ de 15.000 à 18.000 archers tirant au « bersault », et un nombre appréciable, qui n'a pas été relevé offi-
ciellement, de tireurs « à la perche ».

**CHAMPIONNATS
ET CHAMPIONS**   Ces simples chiffres disent combien la région parisienne et les populations du Nord
de la France se montrent encore enthou-
siastes du tir à l'arc.

Ce sport, tout en conservant en majeure partie les traditions
d'autrefois, a légèrement évolué et a subi l'influence des tendances modernes. Il a ses tournois, ses championnats dont
le principal est l'épreuve dite du *bouquet provincial* qui constitue le Grand Prix des archers. En outre il existe un championnat annuel de la région parisienne. Le « bouquet provincial »
se tire en deux épreuves, la première étant éliminatoire. Pour
être qualifié pour la finale, il faut, dans l'éliminatoire, placer
25 flèches sur 40 dans la zone de la cible, encerclée par le cordon
doré. La seconde épreuve est également tirée avec 40 flèches. On
totalise les points obtenus dans les deux épreuves, et, l'archer
qui a atteint le plus grand nombre est déclaré vainqueur.
Enfin, depuis 1898 existe un championnat de France qui fut
successivement remporté par :

1898.	MM. Cutard, de la Compagnie de		Saint-Pierre-de-Montmartre.
1899.	— Bergeron	—	Bilhesy-Saint-Martin.
1900.	— Herouin	—	Couilly.
1901.	— Cabaret	—	Claye.
1902.	—	—	—
1903.	—	—	—
1904.	—	—	—
1905.	—	—	—
1906.	—	—	—
1907.	— Collas aîné	—	Montreuil-sous-Bois.
1908.	— Cabaret	—	Saint-Pierre-de-Montmartre.
1909.	—	—	—

L'évolution devant être sinon complète, du moins caractérisée et adaptée aux idées modernes, l'amateurisme d'autrefois, alors intégral chez les archers, a disparu. Les prix en objet d'art ont été dans les grandes compétitions remplacés par des prix en belles espèces sonnantes, trébuchantes et tintinnabulantes, et certains concours sont aussi richement dotés en numéraire que les épreuves importantes du tir au pigeon. C'est ainsi qu'il existe des tournois à Paris dans lesquels le montant des prix atteint la respectable somme de 20.000 francs et quelquefois plus. Mais tout n'est pas effacé du passé dans le monde des archers, et bon nombre des règles anciennes sont encore respectées ; toutes les traditions ne sont pas perdues et c'est aux « dizainiers », aux « conducteurs » et enfin au « roi » qu'il importe d'y veiller. C'est sous leur contrôle, sous leur surveillance, que les archers s'y soumettent.

La coutume veut que ce soit le premier dimanche du mois de mai qu'on tire l'oiselet. Toutes les compagnies se soumettent à cette règle, et, dans chaque confrérie, celui qui, de sa première flèche tirée descend l'oiseau, a l'insigne honneur de se voir nommer « roi », titre conservé jusqu'au prochain tir de l'oiselet, c'est-à-dire pendant un an. Tirer l'oiselet, dans les confréries d'archers, équivaut à tirer les rois, mais cette fois, ce n'est plus le sort, mais l'adresse qui décide.

LA « PERCHE » ET LE « BERSAULT » Nous avons dit qu'il existait deux genres de tir à l'arc. Le premier, celui que nous plaçons au premier rang parce qu'il est le plus répandu parmi les archers des compagnies circonvoisines de Paris, est le tir au « bersault ». On désigne sous le nom de bersault une simple cible faite de la façon suivante : dans un cadre en bois est enserré un épais paillasson tressé à peu près comme ceux dont on se sert pour essuyer les semelles de ses chaussures. Au milieu de ce paillasson, un second cadre de 20 centimètres carrés fixe la zone dans laquelle il faut tirer. Le tir de concours se fait à la distance de 60 mètres. La totalisation des points se fait sur un envoi de 40 flèches. Chaque tireur n'envoie qu'une flèche dans une cible, puis cède la place à son suivant immédiat dans l'ordre de tir et va envoyer une flèche dans une autre cible jusqu'à ce que son tour revienne de tirer dans la cible qu'il a déjà visée. Et ainsi de suite jusqu'à épuisement des 40 flèches. La zone que l'on doit atteindre dans ces cibles est délimitée par un cercle de 40 centimètres de diamètre.

Le tir à la perche rappelle sensiblement, comme organisation, le populaire et illusoire tir aux pigeons des fêtes foraines. C'est le mode de tir en usage chez les archers de Flandre. A l'extrémité d'une perche sont fixés, sur des tringles de fer, des oiseaux empaillés, ou simplement de bois, dont l'un « le coq » domine les autres, qui sont seigneurs de moindre importance et qu'on désigne sous les appellations de poule, d'oiseau supérieur, de guetteur, de caille et autres noms de volatiles. La royauté au tir consiste à descendre Sa Majesté le Coq avec sa première flèche. Et les archers des Flandres ne tirent pas un mince honneur de cette royauté qui les place sur le pavois pour une période d'une année. Le « Roi » est le grand manitou de sa compagnie. Une amicale considération, empreinte même d'un certain respect, l'entoure jusqu'à la prochaine épreuve. Alors un concurrent plus adroit, et quelquefois aussi mieux servi par les circonstances, le descend de son piédestal pour s'y installer à son tour ; le monarque détrôné reprend sa place dans le rang.

Autrefois les archers se réunissaient pour tirer l'oiselet et concourir au plus adroit dans un parc dépendant du domaine seigneurial de la région. Aujourd'hui que les choses se sont démocratisées, les compagnies ont des lieux de réunion qui leur sont personnels. Mais, comme l'indiquèrent ceux qui ont

compulsé les documents relatifs au tir à l'arc, une organisation
demeure invariablement respectée depuis l'époque où elle fut
adoptée et fixée par Mgr de Pomponne, évêque de Noyon et
Grand Maître des Confréries des Chevaliers de l'Arc. Ceci se
passait aux environs de 1750 et ne date pas d'hier.

US ET COUTUMES PROTOCOLAIRES Le très curieux cérémonial qui présidait à l'installation de la « *carte* » — c'est ainsi qu'on désignait la cible — exigeait
que l'appariteur se découvrît et mît un genou en terre. Un
chevalier ne se fût pas permis d'agir autrement, et cette coutume
a subsisté de nos jours. Le temps qui efface bien des choses l'a
respectée. Le champ était, et est encore, organisé de nos jours de
la façon suivante. D'abord la butte de tir. Elle consiste en une
butte de terre, de pierrailles et de sable à laquelle est adossé
un fronton de bois dont la hauteur atteint 2^m,50, lequel lui-
même soutient un revêtement de bottillons de paille. Le terrain
de tir ou l'allée de tir a une longueur de 60 mètres et à chacune
des extrémités du terrain se trouve une butte. Entre les deux
buttes des « jours » en maçonnerie dits « gardes » s'élèvent
pour arrêter les flèches mal dirigées. L'allée centrale dite « allée
du roi » se prolonge entre les buttes. Quant à la butte dite
« butte d'attaque » elle s'élève dans la partie la plus proche de
l'entrée du champ de tir. La carte ou la cible comporte un
cercle central blanc, de 10 millimètres de diamètre, qui forme
en quelque sorte le noyau d'un cercle noir de 38 centimètres
de diamètre, tous deux entourés d'un troisième cercle rouge dont
le diamètre est de 61 centimètres. Enfin, on entend par « prise »
un espace compris entre la périphérie du cercle rouge et une
circonférence noire de 0^m,45 de diamètre tracée à l'interférence.
Mais ce sont là des installations complètes, particulières aux
associations organisées. L'installation des cibles, ou même d'une

seule cible, chez soi, dans son jardin, se réduit à quelque chose
de plus simple. Une cible de paillasson très épais, montée sur
un châssis de bois, ou simplement maintenue par un chevalet,
suffit, dans la majorité des cas, aux amateurs qui ne s'amusent
qu'à tirer à l'arc l'été, pendant les journées de villégiature à la
campagne. Une telle cible est facilement démontable et transportable à l'abri en cas de pluie.

Mais ce n'est là qu'un petit côté de la question. Celui qui a
trait à l'arme, c'est-à-dire à l'arc lui-même et aux munitions —
les flèches — est plus important encore.

L'ARC L'arc est une tige de bois flexible progressivement
amincie depuis son milieu jusqu'à ses extrémités. Il
peut être d'un seul jet, c'est-à-dire en un seul morceau, ou en
deux morceaux s'adaptant l'un dans l'autre à l'endroit où se
trouve la poignée, endroit où l'on tient l'arc soit de la main
droite, soit de la main gauche — si l'on est gaucher — pour
envoyer la flèche. L'inconvénient des arcs en un seul morceau,
réside en ceci qu'il est très difficile de trouver des bois d'un
seul jet qui soient impeccables d'une extrémité à l'autre. Au
contraire, lorsque l'arc est en deux morceaux, il est plus facile
de trouver un bois plus net pour les tailler. En outre la question de commodité n'est pas étrangère à cette solution ; un arc
en deux tronçons en deux branches, est facilement transportable parce qu'il est moins encombrant.

Chaque extrémité de l'arc est capsulée d'un revêtement de
corne dans lequel est pratiqué une encoche où vient se loger
la boucle de la corde. On fait des arcs de longueur variable
et adaptés au tireur et à la flèche. De même qu'à la chasse
il faut avoir un fusil fait pour soi, de même lorsqu'on veut
essayer de devenir un virtuose dans le tir à l'arc, il faut
avoir un arc également fait pour soi.

On s'en tient presque toujours aux longueurs suivantes que l'on trouve couramment dans le commerce, sans qu'il soit nécessaire de se faire tailler une arme à sa mesure. Pour les hommes : de $1^m,80$ minimum à $2^m,10$ maximum ; de $1^m,50$ à $1^m,70$ pour les jeunes gens et les femmes, et de 1 mètre à $1^m,30$ pour les enfants. Le tir à l'arc est en effet un exercice sportif de jardin très agréable pour les femmes, les jeunes filles et les garçonnets pendant les mois de séjour à la campagne. On n'est pas toujours dehors à courir les champs, et l'envoi de quelques flèches dans le bersault est un passe-temps qui prépare les débutants au tir plus sévère avec les armes à feu. Le gros défaut des néophytes est la tendance qu'ils ont à choisir un arc trop dur, c'est-à-dire dont la tension demande un trop grand effort. Inexercés qu'ils sont, ils tirent mal avec un tel engin. Il leur faut, au contraire, choisir un arc relativement docile à la tension qu'on lui imprime ; c'est ainsi qu'ils tireront avec aisance, facilité, et, contrairement à ce qu'ils supposent, qu'ils pourront envoyer plus facilement leur flèche sensiblement plus loin qu'ils ne le feraient avec un arc « dur à la détente ». Mais ici, comme en toute chose, il y a la mesure, et l'erreur est en deçà et au delà de ce qui doit être. Un arc trop faible, trop docile à la tension ne donne qu'une autorité restreinte au départ de la flèche, et la trajectoire qu'elle décrit, indécise, ne répond pas à la qualité dont le tireur a fait preuve dans sa manière de viser. On exprime la force d'un arc en kilogrammes. Exemple : on dit d'un arc qu'il est de 20 kilogrammes, lorsque, pour qu'il soit « bandé » dans les conditions voulues, il faut faire un effort égal à celui que ferait un poids de 20 kilos, suspendu sur le milieu de la corde et qui cintrerait l'arc dans des conditions le plaçant à une distance de la corde égale à la longueur de la flèche que l'on doit tirer. C'est d'ailleurs ainsi qu'on éprouve la résistance des arcs à la tension, c'est-à-dire leur force. Ceci explique pourquoi un débutant se trompe en choisissant un arc fort difficile à tendre, car l'effort qu'il est obligé de produire pour le bander peut nuire à la stabilité de sa position et par conséquent influer sur la correction de son tir, laquelle, naturellement, à son tour, influe sur le résultat qu'il en retire. Tout s'enchaîne. Nous avons pris cet exemple de 20 kilos à titre simplement explicatif, car l'usage des arcs de cette force est rare, en France tout au moins. Dans les concours qui ont lieu à la distance de 50 mètres, on se sert couramment d'arcs de 12 à 16 kilogrammes. 8 à 10 kilogrammes représentent une résistance suffisante à la tension pour les dames que ce sport amuse. Quant aux enfants, un arc de 6 à 8 kilos est suffisant pour eux. De la qualité de fabrication d'un arc et de sa grandeur dépend son prix. Ici, comme en toute chose, on fait du bon et du mauvais. Le bon se paie, se paye cher — relativement cher, car l'instrument n'est pas ruineux — quant au médiocre, qu'on n'a aucun avantage à acheter, on peut l'acquérir à des prix modestes, dont quelques-uns, c'est le cas de le dire, défient toute concurrence. Pour les adultes, on fabrique des arcs parfaits dont le prix ne dépasse pas deux louis — bien qu'il en soit de plus chers — et à 16 francs on a quelque chose de convenable, mais c'est un minimum. Les prix oscillent de 15 francs à 11 francs environ pour les arcs de jeunes gens et de 10 francs à 5 francs pour les enfants. Ceci montre que le plaisir du « noble jeu de l'arc » ne place pas celui qui s'y livre sous la menace d'un conseil judiciaire. Passons à la corde.

LA CORDE La corde est faite de chanvre ; d'un chanvre souple et résistant, triplement tordu, à « trois torons », comme dit de Vauresmont, qui ajoute : « elle porte, à une extrémité, un œillet tout fait. Au point exact où doit s'encocher la flèche, la corde est munie d'un tranche-fil de soie ou de chanvre

bien ciré. Cette garniture préserve la corde de l'usure, lui donne
plus de corps sous les doigts du tireur qu'elle meurtrit moins. Si
la corde qu'on achète n'est pas munie d'un tranche-fil de soie ou
de chanvre, il est facile d'en confectionner un soi-même. » Mais
avec les arcs un peu soignés, on peut éviter ce petit travail qui
est tout fait. D'ailleurs, la plupart des cordes de rechange, dont
le prix varie de dix à quinze sous, comportent un tranche-fil.
Une corde en effet n'est pas de durée éternelle, quelle que soit
sa qualité, et la nécessité s'impose d'avoir quelques remplaçantes
pour la durée de la saison. Enfin, la corde demande certains
soins préventifs contre l'usure prématurée qui ont en outre pour
objet de la maintenir en bon état de souplesse et d'élasticité.
Soins très simples qui consistent, chaque fois qu'on en fait usage,
de soigneusement la passer à la cire et à plusieurs reprises.

LA FLÈCHE La flèche est un accessoire qui, pas plus ni moins
encore que les deux précédents, ne supporte la
médiocrité. Sa qualité primordiale, avec laquelle il n'est pas possible de transiger, est la rigidité absolue. Il va sans dire, en outre,
qu'elle doit être droite. Une flèche, fut-elle même imperceptiblement cintrée est intirable. Il n'y a donc pas d'économie à faire
sur les flèches. C'est un très mauvais calcul que d'en venir là.
On tire mal avec des munitions défectueuses, on a beau corriger
son tir, le rectifier, faire toutes les acrobaties possibles et ima-
ginables, user de toutes les habiletés les plus subtiles, on n'arrive à aucun résultat appréciable. De mauvaises flèches sont
vite hors d'usage, et si elles peuvent être encore utilisées, c'est
dans des conditions tellement défectueuses que le tir au lieu
d'être un plaisir devient un véritable supplice.

Une flèche se compose de trois parties : un talon empenné,
un but et une tête. Les empennes du talon sont faites de plumes d'un volatile de basse-cour bien commun, le dindon. Elles

sont au nombre de trois, disposées de la façon suivante : deux dans un plan à peu près parallèle à celui de l'encoche dans laquelle est engagée la corde, la troisième placée toujours en haut, au moment où l'on tire, est perpendiculaire au plan de la corde. Les plumes sont en deux coloris ; l'empenne supérieure est d'une couleur, les deux autres semblablement colorées mais de nuance différente à la première. Quant à la tête, la partie qui vient piquer dans la cible, elle est soit de corne, soit de fer, et quelquefois même, dans les flèches les plus riches, d'acier. Ici se place la grave et double question de la longueur et du poids de la flèche. La longueur est tributaire de celle du bras de l'archer, quant au poids, il appartient à chacun de fixer, par expérience personnelle, quel est celui qui lui convient le mieux. Par conséquent il est impossible de dire : « pour un arc de telle longueur et de tel poids, il faut des flèches pesant tant et d'une longueur de tant ». C'est à chacun qu'il appartient de se rendre compte du type qui lui convient le mieux, avec lequel il obtient les meilleurs résultats. Après quoi il s'en tient au modèle qu'il a adopté, et c'est commettre une faute que de courir d'une flèche à l'autre. Il faut fixer son choix et s'en tenir là, quand des essais renouvelés vous ont donné des résultats satisfaisants. En principe le poids d'une flèche varie de 20 à 25 grammes. Il s'agit des flèches utilisées avec les arcs d'homme. Femmes, jeunes filles et enfants qui ne prennent pas part à des compétitions sérieuses et s'amusent simplement dans un jardin, usent généralement des flèches couramment vendues dans les maisons d'articles de jeu et dont la longueur ne dépasse pas 45 centimètres. Le prix en est de 40 à 50 centimes. Les flèches pour hommes — 60 à 75 centimètres — coûtent de 1 fr. 75 à 2 fr. 50. Il en est même qui ne dépassent pas 1 franc.

On voit que l'achat du matériel ne coûte pas les yeux de la tête, d'autant plus qu'il n'a pas besoin d'être renouvelé souvent,

tout au moins en ce qui concerne les accessoires les plus chers.
Le tout est d'en prendre soin, de les entretenir comme il convient,
ce qui ne demande pas grand temps et n'est guère difficile. Quant
aux menues choses, telles que cordes de rechange et flèches, le
prix en est si modique qu'il n'en coûte guère d'en acheter d'autres
si les premières, après l'usage d'une saison, ne donnent plus
satisfaction.

**PRÉPARA -
TION AU TIR** — La préparation au tir comporte deux phases. La
première consiste à attacher la corde à l'arc, la
seconde à tendre l'arc. En réalité ces deux opérations se résument à une seule qui consiste à mettre l'arc en
état d'être utilisé pour le tir. Il va sans dire que puisque l'arc
doit être cintré quand la corde doit être tendue, il faut que
celle-ci soit plus courte que l'arc lui-même. De plus, la distance
qui sépare la corde de l'arc tendu est évaluée à une dizaine de
centimètres environ, ce qui revient à dire que la corde doit être
plus courte que l'arc de 4 à 5 centimètres. Fixer la corde après
l'arc entraîne à la manœuvre suivante : nous avons dit que la
corde possédait un œillet ; c'est cet œillet qu'on engage d'abord
dans la petite gorge, l'encoche, réservée à cet usage à chacune des extrémités de l'arc. Ceci fait, la corde est tendue le
long de l'arc pour en déterminer la longueur, c'est-à-dire pour
repérer l'endroit, situé à 4 ou 5 centimètres de l'autre extrémité,
où l'on fera une seconde boucle laquelle servira à fixer la corde
à la seconde extrémité de l'arc. Il ne s'agit plus alors que de
cintrer l'arc pour attacher la seconde extrémité de la corde. On
procède généralement ainsi pour le faire. De la main droite on
tient, par la poignée, l'arc perpendiculaire au sol, en faisant
butter cette extrémité qui touche le sol contre le pied droit (la
corde, cela va sans dire, a préalablement été fixée à cette extrémité). Des trois derniers doigts de la main gauche, les deux

autres tenant la corde au-dessous de la boucle qui y a été préparée, on appuie sur l'extrémité supérieure de l'arc pour le cintrer jusqu'à ce qu'elle vienne s'engager dans la boucle de la corde, espèce de nœud coulant que l'on serre alors de la main droite qui abandonne la prise qu'elle avait à la poignée de l'arc. L'opération qui consiste à délivrer la corde de l'arc se résume une manœuvre faite en sens contraire. L'arc étant posé à terre sur l'une de ses extrémités, on lui imprime d'une main une courbure qui suffit à détendre la corde et permet ainsi de dégager la boucle de l'encoche où elle était engagée. Nous indiquons cette manière de procéder comme une de celles le plus couramment employées. Elle n'est pas immuable et comporte des variantes apportées par chaque archer pour ses goûts personnels d'après le plus ou moins de facilité qu'il éprouve à monter son arc de telle ou de telle manière. L'essentiel est de ne pas abîmer l'arc et de ne lui imprimer, soit pour le tendre, soit pour le détendre, que la courbure strictement nécessaire. En tout état de cause un arc ne doit jamais rester tendu; quand on a fini de s'en servir il faut immédiatement le délivrer de sa corde. Lui conserver sa courbure après le tir, c'est fatiguer le bois, lui ôter une partie de sa flexibilité et de sa puissance de détente. De même, il importe de toujours le tendre dans le bon sens, c'est-à-dire de ne pas le cintrer à l'envers, dans le sens opposé à celui où il doit l'être, sous peine sinon de le casser, du moins de déchirer les fibres du bois et de fausser l'appareil devenu alors inutilisable. D'ailleurs, en y prêtant un tant soit peu d'attention, l'erreur n'est guère possible, la direction des encoches aux extrémités fournissant une indication très précise, grâce à laquelle il n'y a pas moyen de se tromper.

LE TIR Nous n'en ajouterons pas davantage sur cette question du matériel; nous en avons dit l'essentiel de ce que les amateurs qui tirent dans leur jardin ont intérêt à savoir. Passons à la manière de se servir de l'arme. Envoyer une flèche dans un bersault paraît de premier abord la chose !a plus simple du monde, et de fait, elle n'est pas bien compliquée.

C'est un exercice auquel on peut se livrer dès qu'on est en âge de se servir à peu près adroitement de ses mains. Mais pour bien tirer à l'arc, et faire brillante figure dans un concours, il faut une certaine habileté naturelle exercée par un entraînement assez régulier. La première chose à faire est d'adopter une bonne position pour tirer. La condition primordiale est de bien trouver son aplomb et de le conserver. Ceci n'est pas spécial, en somme, au tir à l'arc, la même obligation s'impose quand il s'agit de tirer avec des armes à feu. L'aplomb se trouve — supposons que nous ayons affaire à un tireur droitier — en écartant légèrement les talons, de 25 à 35 centimètres environ, le pied droit étant porté en retrait du pied gauche. C'est la jambe gauche qui supporte la majeure partie du poids du corps.

Quant au corps il doit rester droit, tourné sur le côté, sans contraction, dans une position souple, légère, naturelle. Cette position qu'on doit conserver jusqu'au moment où les doigts ont abandonné la flèche n'est pas toujours respectée, encore qu'il soit reconnu qu'elle est la meilleure et que ce soit celle à laquelle se sont ralliés à peu près tous les grands champions. Il en est une autre, que presque tous les archers sont d'accord pour la trouver mauvaise. C'est celle qui consiste à tirer les talons réunis, le corps légèrement penché en avant. L'aplomb d'un tireur ainsi placé est problématique. Il est mal équilibré sur ses jambes et la défectuosité de cet équilibre instable se fait nettement sentir au moment où il produit son effort pour envoyer sa flèche, bien que cet effort ne soit pas considérable. En outre la position ne se re ommande pas au point de vue esthétique. Elle n'a rien de gracieux, quoiqu'en disent certains tireurs qui n'en veulent point démordre, bien qu'elle ne paraisse pas leur avoir beaucoup réussi. Lorsque l'aplomb sur les jambes est trouvé, on procède de la façon suivante : la main gauche tenant l'arc par la poignée, on place l'arme dans la position horizontale, le bras gauche légèrement tendu en avant, la corde passant sous l'avant-bras. De la main droite on prend la flèche, on la place sur l'arc et glissée sous l'index replié. Puis on engage le « tranche-fil » de la corde dans l'encoche de la flèche. La main droite, glissée sous la corde, s'empare de celle-ci avec trois doigts : l'index, le médius et l'annulaire, tous trois engagés jusqu'à la moitié de la seconde phalange, et le talon de la flèche tenu entre le médius et l'index celui-ci soutenu par l'effort du pouce.

Ces positions prises, on redresse l'arc verticalement et on allonge complètement le bras gauche, la main gauche tenant solidement la poignée après que la flèche, engagée sous l'index replié, ait été dégagée pour reposer maintenant sur l'index et touchant complètement contre le bois de l'arc qui occupe maintenant une position verticale partageant rigoureusement le bersault en deux parties égales. C'est alors que le bras droit et les doigts de la main droite travaillent. Ils ramènent la corde en arrière pour donner à l'arc la tension nécessaire à l'envoi de la flèche à la distance où elle doit parvenir. C'est ainsi que les doigts sont amenés jusqu'à hauteur du menton. Reste à viser. Pour viser, on dirige la pointe de la flèche vers le but que l'on veut atteindre ainsi qu'on le ferait du guidon d'un fusil, et la hauteur que l'on veut donner à la pointe du trait est fournie par une élévation ou un abaissement de la main (fig. 8). Lorsqu'on abandonne la flèche, qu'on la laisse se dégager du tire-fil, il faut que les deux mains se trouvent rigoureusement dans un même plan vertical qui par conséquent est perpendiculaire au plan de la cible. La tête est légèrement de profil, l'épaule droite bien rejetée en arrière, le coude plié sans exagération. L'ensemble du mouvement, ou plutôt de la position est gracieux. La Diane de Falguière peut en donner une idée, un peu dévêtue, à ceux qui oncques de leur existence n'ont vu tirer à l'arc. Pour décocher son trait il suffit de desserrer les doigts. Certains tireurs, beaucoup même, ont l'habitude en bandant leur arc de donner un point d'appui à leur main droite — ou à leur gauche s'ils sont gauchers — en glissant leur pouce sous le menton. Le procédé peut présenter quelques avantages bien qu'un grand nombre d'archers se dispensent de l'employer. En tous cas, il n'est pas joli, il ôte de l'élégance aux gestes. Mais enfin, comme l'essentiel c'est de « mettre dans le mille », ceux à qui le système peut être utile auraient bien tort de s'en priver. Il va sans dire que la fébrilité, même la simple nervosité ont une influence fâcheuse dans le tir à l'arc. Le calme et le sang-froid sont des qualités indispensables pour faire un grand tireur. Lorsqu'on écarte les doigts pour laisser partir la flèche, il faut le faire sans secousse, sans mouvement des bras ou des épaules. Tout ce qui est contraction des muscles au moment où, l'arc tendu, on vise le but contribue à déplacer la pointe de la flèche. Et le plus léger écart se fait sentir très sensiblement. C'est pourquoi, sans y mettre une précipitation défavorable, il faut s'entraîner à viser vite. Il n'y a pas grand'chose à gagner, et même le plus fréquemment il y a à perdre, à s'éterniser dans la position du viser en raison de l'effort, même léger, qu'on doit fournir pour tenir l'arc tendu. L'entraînement calme souvent la vivacité dont on fait preuve au début. Mais il y a cependant des natures réfractaires, et comme elles sont incorrigibles ou à peu près, il est bien rare que ce soient parmi elles qu'on trouve les grands tireurs à l'arc.

LA MARELLE AMÉRICAINE

 On peut ranger les jeux de plein et d'intérieur en deux catégories. Les uns constituent de réels exercices sportifs. Les autres sont simplement des jeux qui, en dehors de l'intérêt qu'ils possèdent, ont une certaine valeur hygiénique parce que ceux qui s'y livrent sont obligés de s'agiter et de se mettre en mouvement ; le billard, le bowling, sont du nombre. Enfin une sous-catégorie vient à la suite de la seconde. Il faut les considérer comme de simples distractions à la pratique desquelles on ne se fatigue pas les méninges et qui, au point de vue de leur valeur comme exercice physique, n'en ont en réalité qu'une bien légère. Parmi ces exercices, dont pas mal sont sinon inconnus du moins aussi peu pratiqués que possible chez nous, il en est un assez répandu en Amérique, c'est celui des palets, qui n'est autre que l'enfantine marelle qui fait les belles fins d'après-midi de nos écoliers, lorsque libres de la tutelle du maître ils fuient la classe à toutes jambes. Armés d'un morceau de craie chipé au-dessous du tableau noir, ils prennent possession du trottoir, tracent de larges quadrilatères sur le bitume, inscrivent un numéro dans chacun d'eux et s'évertuent de lancer un palet taillé dans le macadam, de façon à ce que celui-ci aille d'abord dans l'une des cases dessinées. Alors s'avançant à cloche-pied, ils font circuler leur petit morceau de trottoir d'une

case à l'autre, s'efforçant quand ils arrivent dans une case
occupée, de chasser le palet du camarade qui s'y trouve en
station. Les Américains ont apporté à ce jeu une variante et
voici en quoi elle consiste.

INSTALLATION Sur une piste droite, longue de quinze mètres
environ (schéma 16), quelquefois plus, et
large de 2 mètres environ, est tracé un quadrilatère, un long
quadrilatère, dont les grands côtés ont quinze à vingt mètres

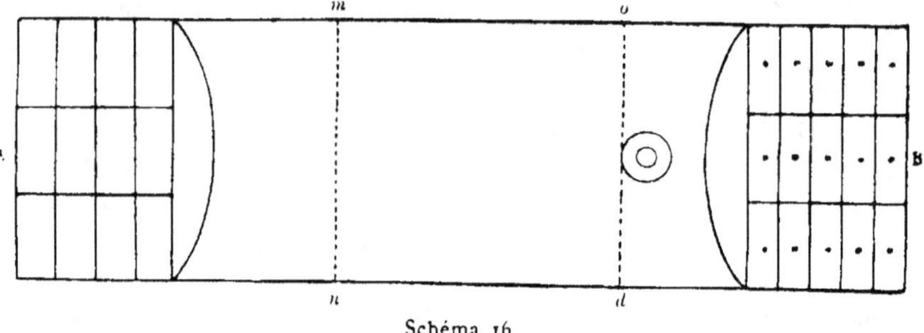

Schéma 16.

environ et les petits deux mètres. Aux deux extrémités de ce
rectangle sont réservées quinze cases numérotées.

Les lignes pointillées *mn*, *od* marquent, dans chaque camp,
la limite que les joueurs ne doivent pas dépasser pour placer
leur palet au moment où ils l'envoient dans le camp adverse.
Quant aux palets ce sont des rondelles de bois dont la périphérie est fortement encerclée d'un anneau de fer. Enfin, dernier
et important accessoire : la béquille. La béquille est une
fourche de bois à deux dents. Entre ces deux dents, et à leur
extrémité, se trouve pincée une palette de bois rectangulaire,
légèrement incurvée à l'extérieur de façon à ce que le palet
qui est destiné à s'appuyer contre elle, puisse s'enchâsser légèrement dans le creux ainsi formé.

Est-ce tout comme accessoires ? C'est tout. A cette simplicité du matériel la règle du jeu ne le cède en rien, car elle est elle-même des plus simples. Un joueur — ou plusieurs joueurs si la partie, ce qui est le plus fréquent, se joue entre équipes — se placent aux deux extrémités A et B du terrain de jeu. Chacun est approvisionné d'une série de six ou de quatre palets, et il s'agit simplement de lancer, avec l'aide de la béquille, ses palets dans une des cases numérotées, en visant naturellement celles qui contiennent les plus hauts chiffres parce qu'elles attribuent au joueur un nombre de points égal au chiffre qui s'y trouve inscrit.

Jusque-là c'est enfantin. Pas de tension d'esprit, pas d'effort physique important à faire. D'ailleurs c'est un genre de plaisir auquel on se livre généralement en tenue de ville, à l'heure du thé et sans crainte de déranger l'harmonie vestimentaire chère à tout gentlemen qui se respecte. Et les dames se mêlent volontiers à ce petit jeu ce qui permet de jouer en simple (messieurs), simple (dames), double (dames), mixte, etc., tout comme au tennis (fig. 9).

LE JEU Le jeu serait d'ailleurs d'une banalité effroyable s'il se résumait simplement à envoyer les palets dans les cases disponibles, mais, et cela ne lui donne pas beaucoup plus de valeur, la grande science consiste à déplacer un palet en en jouant un autre quand le premier est allé se loger dans un quadrilatère dont le numéro n'attribue pas au joueur un nombre intéressant de points. Exemple : quand un palet s'est arrêté à une case, il n'est pas avantageux de l'y laisser moisir. Mieux vaut jouer le suivant suffisamment fort pour le faire monter d'une ou deux cases — le faire dévier au besoin pour qu'il aille se loger dans un carré plus rémunérateur. Tous les palets étant joués, d'un côté par un camp, de l'autre par le second camp, on additionne les points respectifs de chaque joueur ou de chaque camp, et le joueur individuel — ou le camp — qui en ont totalisé le plus grand nombre se voient attribuer la victoire. Ce sport peu savoureux, on s'en doute, peut être joué avec une variante qui le rend un peu plus captivant. Cette variante consiste à attribuer à chaque équipe un ou deux « palets de renvoi ». Voici ce dont il s'agit. Lorsque tous les joueurs ont placé leur palets chaque camp passe à l'extrémité opposée à celle à laquelle il se trouvait. Ceux qui ont joué en A passent en B et réciproquement. Le meilleur joueur de l'équipe se voit alors attribuer un ou deux palets — une convention préalable en précise le nombre — et il joue alors à déloger un ou deux palets adverses — même davantage s'il le peut, afin de diminuer le nombre des points marqués par l'équipe. En revanche, il attribue à son équipe la quantité de points fixé par la case dans laquelle il a logé son palet, à la place de celui qui s'y trouvait. C'est en somme la tactique du « Ote-toi de là que je m'y mette ». Ainsi, pour prendre un exemple : Le camp A a marqué 25 points ; le camp B s'en est attribué 19 seulement. Le meilleur joueur de l'équipe B dispose — supposons-le — d'un palet. C'est avec ce palet qu'il essaye de chasser de la case 9, si elle est occupée, le palet adverse qui s'y trouve. Admettons qu'il y réussisse. La situation du camp A est la suivante :

$$A \ldots\ldots\ldots\ldots\ldots\ldots\ldots 25 - 9 = 16 \text{ points.}$$
$$B \ldots\ldots\ldots\ldots\ldots\ldots\ldots 19 + 9 = 28 \ —$$

Le camp A perd 18 points du coup : 9 qui lui sont supprimés et 9 qui passent à son adversaire. Donc il a 12 points de retard — (nous prenons ici l'exemple d'un coup particulièrement heureux). C'est au meilleur joueur de A qu'il appartient de sauver son équipe. Douze points à rattraper nécessitent encore un certain travail et aussi une certaine chance pour y arriver. Supposons, pour simplifier les choses, que dans le camp B il y ait aussi une case 9 occupée et que par un coup d'adresse ou de fortune le joueur du camp A en chasse le palet qui s'y trouve et installe le sien à la place. Il diminue de 9 points le total des équipiers B et augmente de 9 points le total des siens. D'où :

$$A \ldots \ldots \ldots \ldots \quad 16 + 9 = 25 \text{ points.}$$
$$B \ldots \ldots \ldots \ldots \quad 28 - 9 = 19 \quad -$$

Donc l'équipe A gagne encore par 6 points. Mais nous supposons ainsi que le joueur du camp A ait pu répondre du tac au tac. Admettons que parmi les six palets avec lesquels le camp B a marqué 19, la case la plus haute couverte soit un 5. S'il ne déloge que le palet qui s'y trouve, sa situation sera un peu améliorée, mais son équipe perdra quand même la partie parce qu'on arrivera au résultat suivant :

$$A \ldots \ldots \ldots \ldots \quad 16 + 5 = 21 \text{ points.}$$
$$B \ldots \ldots \ldots \ldots \quad 28 - 5 = 23 \quad -$$

Il faut donc que par un carambolage savant, il mette la débâcle dans le camp B afin de déranger non plus un seul palet, fût-il le 5 qui est le plus élevé, mais deux et au besoin trois d'entre eux, pour compenser avantageusement la perte que le joueur de B lui a infligée. Et c'est ainsi que s'il parvient — question de chance — à faire déguerpir par un savant carambolage les palets qui occupent, par exemple, les cases 4 et 3, et que dans la tourmente cet excellent ouvrier ait réussi à se caser dans la case 6, les deux camps comptent respectivement :

$$A \ldots \ldots \ldots \ldots \quad 15 + 6 \quad\quad = 22 \text{ points.}$$
$$B \ldots \ldots \ldots \ldots \quad 28 - (4 + 3) = 21 \quad -$$

Donc le camp A sort vainqueur de la compétition. Ce sport — si tant est qu'on puisse appliquer ici ce terme — a un grave défaut. C'est qu'il constitue une prime à celui qui « tape comme un sourd » dans le tas. Un camp a réussi en jouant bien à occuper les cases les plus haut chiffrées, et par un coup de chance une équipe — qui a beaucoup moins bien joué — peut s'attribuer la victoire en démolissant tout simplement ce que les adversaires ont fait. Il est juste de dire que la réciproque est vraie, puisque les joueurs de l'autre camp peuvent en faire autant à leur tour. Cet exercice, qui n'exige pas une bien grande subtilité fit fureur, il y a quelques mois encore, à New-York. On y jouait surtout sur les terrasses des gratte-ciel, et il n'était pas un hôtel qui se respectât qui n'eût, sur sa terrasse à lui, une installation et un matériel permettant aux voyageurs de goûter les joies de ce jeu vraiment banal en somme.

LE JEU DE BALLE

Si elles n'évoquaient des souvenirs de jeunesse bien éloignés hélas ! pour quelques-uns d'entre nous, nous trouverions un peu puériles les lignes qui vont suivre et nous ne pourrions nous défendre d'en sourire.

L'évolution sportive en France a été si complète depuis l'époque où les classiques « jeux de balle » faisaient la joie de nos récréations, que les collégiens, même ceux des petites classes, les estiment comme une distraction sans importance. En fait ils sont le prélude des grands jeux sportifs. Dès que le bambin a pris de l'étoffe, il brûle joyeusement ses idoles du premier âge, et s'oriente vers des exercices physiques plus sévères que ceux auxquels il s'était jusque-là consacré. C'est le rugby, la course à pied, la boxe, le cyclisme qui le passionnent aujourd'hui, à un âge où autrefois il se contentait du classique jeu de barres dans la cour du collège ou des formidables parties « d'ours » que certains proviseurs interdisaient d'ailleurs parce qu'ils considéraient ce genre d'exercice comme trop violent. Ah « l'ours » ! Quel scolaire des générations actuelles connaît le jeu de « l'ours » ? Cette petite fantaisie acrobatique sévissait jadis, il est vrai, parmi les « grands ». Maintenant les « grands » marchent avec leur époque ; ils sont tout au football, au lancement du disque, au 100 mètres plat et au 110 mètres haies. Les vieux jeux de l'école ont cédé la place au sport pur. Il n'y a guère que parmi les petits qu'on retrouve trace des vieilles traditions.

C'est ainsi que l'humble jeu de balle, sous ses formes variées, conserve encore pas mal de jeunes fidèles. Excellent exercice physique d'ailleurs qui secoue le gamin, l'oblige à courir, à sauter, exerce son adresse, et le distrait. Et puis, il présente l'avantage de mettre l'enfant en mouvement au plein air, et quel que soit l'âge d'un individu — eût-il la bagatelle de dix ans, ou franchi le cap de la cinquantaine — aucun exercice en salle close ne vaut celui auquel on se livre au grand air.

Les jeux de plein air et d'intérieur sont extrêmement nombreux. Il en est de simples et de très compliqués. Les uns ne nécessitent aucun accessoire coûteux, les autres, au contraire, exigent soit une installation, soit un matériel spéciaux — quelquefois les deux en même temps — qui entraînent à une certaine dépense. Enfin, il en est dans lesquels le — ou les joueurs — font seuls les frais de la fête. Ce sont là plaisirs démocratiques au premier chef.

Ne riez pas de l'humble jeu de balle. Et si vous êtes un tant soit peu sportif, vous vous garderez de commettre cette hérésie.

Il est, parmi tous les exercices de plein air, un de ceux qu'on peut considérer comme le plus complet.

Le jeu de balle, le simple et modeste jeu de balle, fait travailler sinon tout, du moins presque tous les groupes musculaires. Il fait intervenir :

1° *La vitesse ;*

2° *La souplesse ;*

3° *La force ;*

4° *L'endurance ;*

5° *L'adresse* qui elle-même met en jeu la justesse d'appréciation, le sentiment de la distance, et l'économie de l'effort.

L'enfant, objectera-t-on, lorsqu'il joue à la balle, ne règle

pas d'une façon aussi réfléchie son effort physique et la tension morale qu'il apporte au jeu n'est qu'extrêmement superficielle.

D'accord ; mais pas entièrement. Si pour arriver à bien jouer l'enfant ne réfléchit pas, instinctivement ceux qui jouent bien s'observent, et ceux qui fournissent des efforts irréfléchis et désordonnés jouent mal, même malgré les moyens physiques avantageux que la nature a pu mettre à leur disposition.

Comment dès lors ne pas apprécier un jeu qui fait appel à la fois aux qualités physiques et mentales de l'enfant.

Le jeu au plein air se défend d'ailleurs par lui-même. La gymnastique éducative pratiquée dans les écoles de la ville et dans les lycées en conformité du manuel de l'instruction publique prévoit la pratique de certains jeux qui viennent rompre la monotonie des mouvements d'assouplissement lesquels sont eux-mêmes très variés pour ne point devenir monotones.

On s'est attaché à ce que la leçon de gymnastique soit, en même temps que rigoureusement rationnelle, distrayante, pour que l'enfant y prenne goût et ne la considère à aucun moment comme une corvée. C'est quand elle remplit cette double condition — influence physique et distraction de l'esprit — qu'elle est complètement utile.

D'où l'intervention de jeux qui apparaissent alors comme une récréation au milieu d'un travail qui lui-même en est une.

Mais revenons aux jeux de balle, en commençant par le plus simple pour finir par le plus compliqué qui ne l'est pas beaucoup, au reste. (Il va sans dire que nous ne passons en revue ici que les « jeux » au sens absolu du mot, auxquels la balle sert de prétexte. Tout ce qui est sport, longue et courte paume, tennis, football, n'a pas sa place ici et fait l'objet d'un autre volume[1].

---

1. « *Tennis, Hockey, Balles et Boules*. P. » Lafitte et Cᵒ, éditeurs.

EXERCICES INDIVIDUELS Dans la plupart des sports, et partant des jeux, qui nécessitent l'emploi d'un engin quelconque, il est indispensable de « faire ses classes primaires », c'est-à-dire d'apprendre à manier l'accessoire avec lequel on désire jouer.

Les jeux de balle sont avant tout des jeux d'adresse, il importe donc de s'exercer individuellement à manier celle-ci, à l'avoir en main, à la lancer, à la recevoir, en somme à en « jouer librement », avant de s'en servir selon les règles déterminées d'un des jeux auxquels elle sert de prétexte.

Cela n'a l'air de rien ; et pourtant ces préliminaires comportent une série d'exercices variés par lesquels il est indispensable de commencer. Il est même excellent d'y revenir quand on a acquis une certaine habileté, comme un pianiste revient à ses gammes et à ses arpèges alors même qu'il est déjà un virtuose.

Les exercices sont à quatre degrés. A vrai dire les trois premiers seuls sont individuels, le quatrième est un exercice d'entraînement par travail à deux, l'enfant jouant avec un adversaire. Il aura soin d'ailleurs de choisir dans ce cas le plus adroit de ses petits camarades parce qu'il aura tout à apprendre avec un partenaire plus fort que lui. Si tous deux ont une inexpérience égale, ils tâcheront à se perfectionner mutuellement.

Que de conseils, pensera-t-on, pour un exercice si simple. Jadis on ne perdait pas dans le maquis des explications préliminaires. On jouait franchement, au petit bonheur, confiant dans le hasard, attendant simplement d'avoir été dégrossi par un peu de pratique. Au besoin on trouvait même une saveur plaisante à sa maladresse. A quoi bon se faire de la bile pour une balle mal jouée ! C'était la pratique qui guérissait de toutes les gaucheries premières. Et combien, à leurs débuts, les plus petits étaient délicieusement maladroits, maladroits comme le jeune chien à peine en équilibre sur ses pattes et qui veut jouer avec une boule.

Mais aujourd'hui, une précocité, parfois très accusée, veut qu'on ait de l'ambition, surtout au jeu, à un âge auquel on pourrait facilement se dispenser d'en avoir. D'où la nécessité, si l'on tient à être *primus inter pares* dans le clan des petits camarades, de « potasser » sérieusement des exercices qui, jadis, ne justifiaient aucun travail sérieux préalable.

Donc, mes jeunes amis, si vous voulez damer le pion à vos rivaux, faites en petit ce que les hommes de sport font en grand, entraînez-vous.

Et voici comment. Mais d'abord deux mots sur la balle. Celle qui va vous servir n'a pas besoin de sortir de chez le grand faiseur. Approvisionnez-vous là où vos pères avaient accoutumé de s'approvisionner eux-mêmes, au bazar, chez la marchande qui tient éventaire à deux pas du square où vos mamans vous conduisent et dont le fond de commerce est riche d'objets dont le prix oscille entre les sommes folles de cinq à trente centimes. Enfin, ultime ressource, la balle que vous cherchez vous la trouverez chez le modeste épicier du coin — pas chez le commerçant somptueux inféodé aux grandes maisons alimentaires — mais chez le pauvre petit épicier d'ambitions modestes qui vous fournira de bonnes et robustes balles au prix démocratique de dix centimes. Si votre fortune vous permet d'aborder l'article de luxe, oh, alors, pour trois sous, vous aurez quelque chose de soigné, avec tous les égards du fournisseur aux regards de qui vous passerez déjà pour un petit client sérieux qui sait apprécier la marchandise.

Décrire cette balle qui nous a tant amusé dans notre jeune âge est inutile, n'est-ce pas. Vous savez comment elle est faite ? Choisissez-la garnie d'une peau bien solide, avec des coutures soigneusement faites. De plus, prenez-la de fabrication récente, alors que le fil de ces coutures a encore toute sa souplesse, sans quoi elle sera vite hors d'usage. Adjugez-vous celles qui, sans avoir la dureté de la pierre, sont bien fermes ; les balles molles ne valent rien. Pas d'élasticité, pas de souplesse, pas de résistance. Leur existence est éphémère, il faut les remplacer souvent. Apprenez donc à restreindre les frais généraux en ne choisissant que des balles de bonne qualité avec lesquelles vous jouerez mieux et que vous changerez moins souvent. Observation précieuse à retenir : la balle populaire à deux sous — ou à trois — et qui est celle qui vous convient craint l'humidité. La grande eau lui est néfaste. Si vous ne voulez pas la voir devenir molle, flasque, et bientôt inutilisable, évitez-lui les plongeons dans les flaques d'eau nuisibles à sa santé. Chaque bain que vous ne saurez lui éviter est une atteinte grave à sa résistance, et si les récidives sont fréquentes elle ne tardera pas à rendre l'âme.

Une balle mouillée et séchée a perdu les neuf dixièmes de son élasticité.

Enfin, la balle — personne décidément bien délicate — a l'épiderme sensible. Les silex pointus ou tranchants lui font d'irréparables blessures.

Choisissez donc votre terrain de jeu : un sol sec et sans cailloux.

Ainsi vous prolongerez son existence. Il n'y a pas d'autre remède à lui administrer. Lorsque vous lui avez imposé des efforts trop sévères — et soyez justes, vous la malmenez toujours la pauvre — sa carrière est terminée sans espoir de la prolonger par une réparation quelconque. Dites-lui adieu et cherchez-lui vite une remplaçante chez votre fournisseur ordinaire.

EXERCICES PRÉLIMINAIRES Les exercices préliminaires ou exercices d'entraînement comprennent les jeux de :

1° *La balle en l'air ;*

2° *La balle à terre ;*

3° *La balle au mur ;*

4° *La balle à deux joueurs et même à trois.* D'ailleurs la quantité est ici insignifiante, mais pour ce dernier genre d'exercice, il ne faut pas être trop nombreux sans quoi la balle ne vous revient pas assez souvent.

LA BALLE EN L'AIR PREMIER EXERCICE Ce premier exercice, d'une rare simplicité, est celui par lequel on commence lorsque, tout gamin, on a pour la première fois une balle entre les mains.

Voici en quoi il consiste :

On prend la balle de la main droite, on la jette en l'air pour qu'elle s'élève verticalement, puis on la reçoit dans les deux mains, rapprochées l'une contre l'autre, à l'extrémité des bras tendus et formant en quelque sorte cuvette (schéma 17).

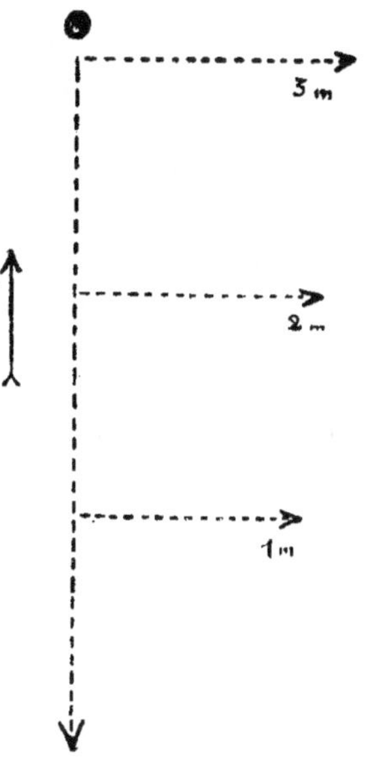

Schéma 17.

Toujours pour procéder par une gradation logique, la lancée se fait d'abord à petite hauteur, puis de plus en plus haut, jusqu'à l'élévation maxima qu'on peut lui donner.

Comme, pour devenir complètement adroit, il faut s'attacher à jouer également bien des deux mains, on lance alternativement la balle de la main droite et de la main gauche. Cette interversion est indispensable pour tous les exercices quand on veut par la suite avoir un jeu bien équilibré.

DEUXIÈME EXERCICE Le lancement de la balle se fait exactement comme pour l'exercice précédent. Mais au lieu de rattraper la balle des deux mains on la reçoit de la seule main qui l'a lancée. Agir comme précédemment en augmentant graduellement la hauteur de lancée. Beaucoup d'enfants — on peut hardiment affirmer tous les enfants — ont une tendance, lorsqu'ils font cet exercice pour la première fois, à lancer la balle tout de suite le plus haut possible. Il s'ensuit qu'ils ne la lancent pas verticalement et qu'ils sont obligés de courir pour la reprendre à la chute. C'est ainsi qu'ils débutent, sans s'en douter, par un exercice d'un degré supérieur : la reprise à la course.

Qu'elle soit rattrapée des deux mains ou d'une seule, le joueur, dans ce premier exercice, ne doit pas bouger de place. Il reste le corps droit, les talons réunis, et le bras seul qui lance la petite boule en l'air doit bouger jusqu'à ce que l'autre bras intervienne — c'est le cas de l'exercice nº 1 — pour reprendre la balle à la chute. C'est à cette seule condition qu'on obtient un lancer précis et ces exercices ont justement pour objet d'éveiller et d'exercer chez l'enfant le sens de la précision et de la justesse.

Ce n'est que plus tard, quand on a acquis une sûreté définitive dans le lancer et dans la reprise, qu'on peut faire gagner à la balle de la hauteur, en accompagnant le mouvement du bras d'une impulsion du corps qui s'élève alors sur la pointe des pieds et même quitte terre par un saut sur place plus ou moins élevé.

TROISIÈME EXERCICE Lancer la balle d'une main et la rattraper de l'autre, sans bouger de place.

La balle doit s'élever dans le sens rigoureusement perpendiculaire et ne pas s'écarter du plan vertical par lequel passe la main au moment du lancer.

Au moment de la reprise, la main gauche — supposons que le lancer ait été fait de la main droite — se déplace seule dans le sens gauche — droite pour recevoir la balle.

Ce déplacement du bras doit être fait sans que le corps bouge ; il faut qu'il reste droit et immobile, seule l'articulation de l'épaule est en mouvement pour permettre le déplacement de la main.

Cette manière de faire a sa raison d'être. Elle habitue l'enfant à n'accomplir pour tout exercice que les mouvements exacts que celui-ci exige et à supprimer tout mouvement inutile.

Il apprend ainsi à économiser ses efforts et ne prend pas la fâcheuse habitude de se laisser aller à des contorsions disgracieuses nuisibles à la qualité du style dans lequel on doit pratiquer un exercice physique quelconque. Or le jeu de balle est l'exercice physique de la prime jeunesse. En s'accoutumant à y bien jouer, avec une grande sobriété de mouvements, on s'habitue à régler ses mouvements, à n'exécuter que ceux qui ont leur raison d'être, et plus tard, on retrouve dans la pratique des grands sports les bienfaits de cet apprentissage de la première heure.

Les gestes inutiles entraînent une dépense de force qu'il est nécessaire de ne pas gaspiller et qu'on doit, au contraire, tenir en réserve pour soutenir un effort prolongé. Enfin ils sont généralement la cause d'un essoufflement prématuré.

QUATRIÈME EXERCICE Cette fois, les choses se compliquent. Il s'agit de lancer la balle en l'air et, au lieu de la rattraper soit des deux mains, soit d'une seule,

de la renvoyer à nouveau en l'air en la frappant, au moment
où elle retombe, avec la paume de la main.

Il s'agit alors d'avoir des mouvements bien réglés, afin de
renvoyer la balle dans une direction
bien verticale de façon à ne pas avoir
à bouger les pieds de place. Car cet
exercice est encore un exercice sur place
qui exige de la précision dans les mouvements. C'est pourquoi il est nécessaire d'avoir une grande indépendance
de l'épaule. Si le bras en mouvement
est noué au corps, celui-ci se déplace
et la balle ne s'élève plus selon la verticale, mais suivant une ligne oblique,
à droite ou à gauche, mais le plus généralement à droite.

Pour la rattraper et lui imprimer
une ascension nouvelle, il faut se déplacer, lui courir après, et ce n'est pas
ainsi que l'exercice doit être accompli.

Pour exécuter cet exercice, tout de
justesse et de précision, il est utile de
procéder avec lenteur et suivant une
sage progression (schéma 18).

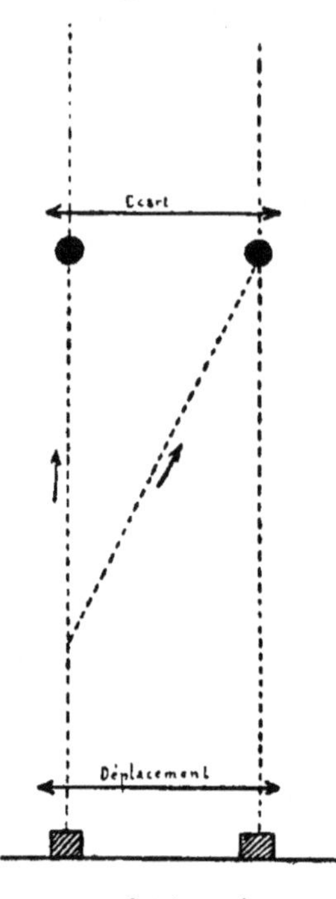

Schéma 18.

Au début, n'ayez pas trop d'ambition;
contentez-vous de renvoyer la balle à chaque reprise à faible
hauteur, et de ne pas multiplier les coups de renvoi. Attachez-
vous au contraire à soigner l'élévation verticale de la balle.
L'enfant se rendra d'ailleurs compte par lui-même qu'il est
assez difficile pour lui d'assurer cette élévation à grande hauteur
en obligeant la balle à accomplir son mouvement ascensionnel
suivant la perpendiculaire.

Il n'y parviendra qu'après avoir acquis une certaine habileté, conséquence de son adresse naturelle et d'une pratique suivie.

CINQUIÈME EXERCICE — C'est le plus difficile des exercices sur place. Il consiste à lancer la balle d'une main, comme dans l'exercice n° 4 et à la renvoyer en l'air, en la frappant alternativement de la paume de la main droite et de la paume de la main gauche. Ainsi, à tour de rôle, chaque main fait le service de la balle pour l'autre main. Dès lors, la balle ne s'élève plus perpendiculairement, mais au contraire, latéralement suivant une légère oblique. C'est le degré d'obliquité qu'il faut lui donner qui crée la difficulté de l'exercice. Il doit être déterminé avec une juste mesure, de façon à ce que le joueur ne soit pas obligé, pour rattraper la balle, de se déplacer ni latéralement, ni en avant, ni en arrière (schéma 19).

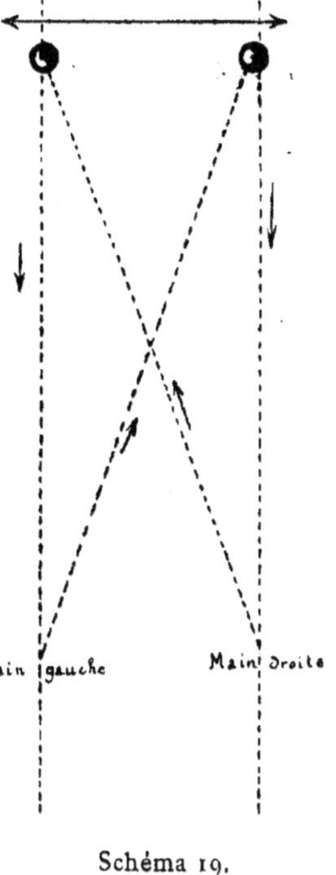

Schéma 19.

C'est un résultat auquel on n'arrive pas tout de suite, et dans le cas présent plus que jamais, la nécessité se fait sentir, pour réussir un certain nombre de reprises de « jouer bas », c'est-à-dire de ne pas envoyer la balle trop haut jusqu'à ce qu'on soit parvenu à une complète précision de mouvements.

Dans ses déplacements — droite à gauche et gauche à droite — la balle suit une trajectoire qu'on réduit au début de l'exercice à son minimum possible de longueur.

On lui fait alors accomplir un parcours analogue à celui que les jongleurs font faire à leurs boules quand leurs mains échangent en même temps plusieurs balles (schéma 20).

Les bras et les mains seuls doivent travailler dans cet exercice, pendant lequel le corps reste droit et ne bouge pas, ou n'indique qu'un léger mouvement. Le rôle des poignets est également à considérer. Il ne faut pas que le mouvement par lequel on frappe la balle soit exclusivement fait de l'épaule. L'articulation de l'épaule n'est en fonction — quand on « joue bas » — que pour assurer le déplacement du bras et de la main. C'est cette dernière qui fait raquette et le coup qu'elle donne doit partir du poignet.

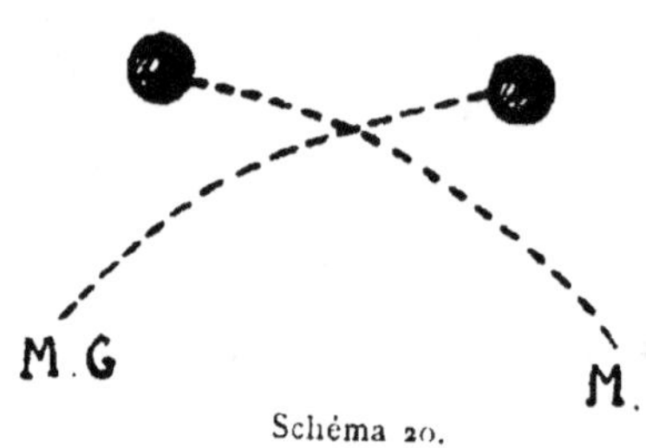

Schéma 20.

Passons à un autre genre d'exercice : la balle à terre.

LA BALLE A TERRE — Les exercices de cette série sont ceux par lesquels on provoque le rebondissement de la balle sur le sol. Ce sont encore des exercices à faire sur place, mais cette fois avec une balle élastique.

PREMIER EXERCICE — Jeter de la main droite, la balle de telle façon qu'elle frappe le sol suffisamment fort pour rebondir sans qu'on ait à fléchir sur les jambes pour la reprendre et la rattraper de la même main.

Accomplir cet exercice alternativement de la main droite et de la main gauche.

Bien faire attention à frapper de façon à ce que la balle rebondisse perpendiculairement (schéma 21).

Il s'agit encore ici d'un exercice de précision qui n'a de valeur qu'à la condition que le joueur ne soit pas entraîné à se déplacer. Les balles pleines, les vulgaires balles à deux sous, ne sont pas obéissantes comme des balles de caoutchouc. On n'en fait pas toujours ce qu'on en veut, et de plus, lorsqu'en frappant le sol elle tombe sur un terrain qui n'est pas uni, elles ne rebondissent pas suivant la perpendiculaire. Il faut donc rechercher pour cet exercice un terrain plat dont la terre ne soit pas meuble, mais au contraire bien ferme, si l'on joue avec une balle ordinaire.

L'asphalte est ce qui convient le mieux en l'espèce.

Pour obtenir un rebondissement à peu près vertical — la perpendicularité absolue n'est pas possible — il importe de ne lancer la balle ni trop fort ni trop doucement. Mais à ce point de vue, il est difficile de donner un conseil précis, parce que le degré de force dans l'envoi est réglé par l'élasticité de la balle. Les unes et les autres exigent d'être frappées avec une vigueur différente. C'est au joueur à éprouver l'élasticité de la balle et à déterminer le degré de vigueur avec lequel il doit l'envoyer sur le sol pour qu'elle rebondisse à la hauteur voulue.

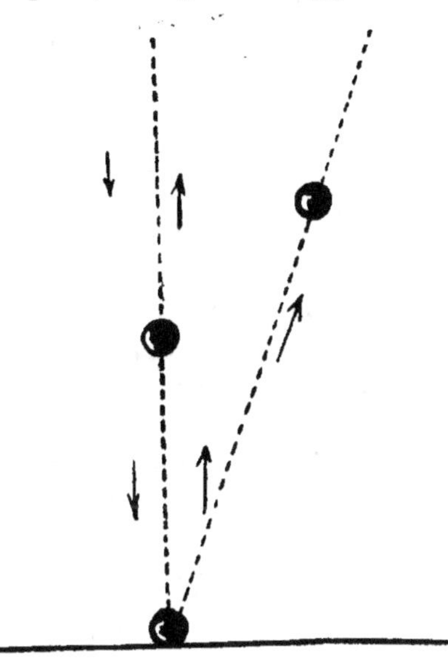

Schéma 21.

L'exercice s'accomplit ici de trois manières ou plutôt à trois hauteurs différentes.

1° Pour que la balle puisse être reprise le bras étant plié à angle droit le coude au corps ;

2° Pour qu'elle puisse être rattrapée après avoir rebondi à hauteur de la tête.

3° Pour qu'il faille fléchir sur les jambes afin de la reprendre au bond.

Cette dernière manière constitue un excellent exercice d'assouplissement pour les jambes.

DEUXIÈME EXERCICE Lancer la balle contre le sol de la main droite et la rattraper de la main gauche, aux trois hauteurs et dans les conditions fixées pour l'exercice précédent.

La chose se fait comme nous l'avons vu à propos de la balle en l'air, sans déplacement de corps et par un seul déplacement des bras alternativement de gauche à droite et de droite à gauche.

TROISIÈME EXERCICE Celui-ci exige des balles bien roulées, bien régulièrement rondes, et au prix où on les achète, on n'en trouve pas tous les jours. Mais enfin, il y en a. L'exercice consiste à lancer la balle contre le sol de façon à

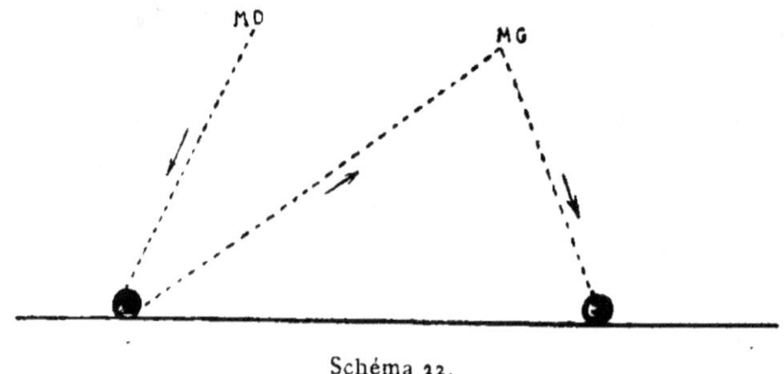

Schéma 22.

ce qu'elle rebondisse suivant une ligne oblique latéralement, qu'elle passe du côté droit au côté gauche, et qu'elle soit reprise par la main qui ne l'a pas lancée sans que celle-ci se déplace — la droite à gauche, la gauche à droite — comme nous l'avons vu dans l'exercice précédent (schéma 22).

Travailler le renvoi de la balle aux trois hauteurs déterminées par l'exercice n° 1.

Toujours éviter de se déplacer soit dans le sens latéral, soit en avant, soit en arrière.

QUATRIÈME EXERCICE Auquel s'applique la remarque faite précédemment et relative aux qualités de fabrication des balles. Il faut pour bien le réussir que ces balles soient d'une bonne venue (s'il s'agit d'une balle à deux sous).

Voici en quoi il consiste :

Lancer la balle à terre de la main droite et lorsqu'elle rebondit la renvoyer contre le sol en la frappant avec la paume de la main. Exécuter cet exercice alternativement de la main droite et de la main gauche sans avoir à fléchir sur les jambes pour la reprise.

Après quoi, on peut essayer de reprendre la balle soit plus haut soit plus bas, mais toujours à des hauteurs qui permettent de la frapper, non point en faisant partir le coup de l'épaule mais bien du poignet. En somme, l'observation relative à ce mouvement de poignet et faite à propos de la balle en l'air trouve son application complète ici.

Enfin, dernier exercice, le plus difficile de la balle à terre et, il faut le reconnaître, à peu près inexécutable avec les plébéiennes balles à dix centimes.

CINQUIÈME EXERCICE Lancer la balle à terre de la main droite, la renvoyer en la frappant avec la paume de la main de façon à ce qu'elle rebondisse obliquement à gauche, afin de la rabattre avec la paume de la main gauche

pour qu'elle revienne suivant une ligne oblique du côté droit,
où elle est refrappée par la main droite pour retourner sur la
gauche et ainsi de suite. N'insistons pas autrement sur cet
exercice. Nous le signalons simplement en conseillant à ceux
qui veulent s'y livrer de ne pas s'entêter à vouloir le faire autrement qu'avec des balles de caoutchouc plus dociles aux directions qu'on veut leur imprimer.

LA BALLE AU MUR La balle au mur est de la courte paume réduite à
l'état presque embryonnaire. Mais c'est un exer-
cice préliminaire qui a pour avantage de beaucoup amuser les enfants. C'est même dans le genre un de
ceux qui les amuse le plus.

Avant toute chose il faut leur recommander de jouer contre
un mur uni. Ceux qui présentent des aspérités, alors même
qu'elles ne sont pas très accusées ne valent rien. Ils renvoient
la balle dans une direction opposée à celle à laquelle on veut
la faire revenir et ces retours inattendus ne permettent pas de
jouer sur place. Or, quand bien même on voudrait reprendre la
balle en se déplaçant, comme on n'est pas certain du côté où
elle reviendra, on joue dans l'inconnu et l'on court à droite
alors qu'on comptait courir à gauche et réciproquement. A
tout bien prendre cet exercice n'est pas mauvais puisqu'il fait
appel à des qualités de vitesse qu'il est bon de toujours tenir en
éveil.

Mais pour la facilité des débuts, le mur uni s'impose. Méfiez-
vous des murs de brique, ils ne renvoient pas toujours la balle
dans la direction prévue. Quant aux murs de meulière, rien à
faire avec eux, et puis c'est la mort sans phrase et à brève
échéance des balles.

PREMIER EXERCICE Très simple. Il consiste à lancer la balle de la main droite, et ensuite de la main gauche et de la rattraper des deux mains (schéma 23).

Lorsqu'ils font cet exercice pour la première fois tous les

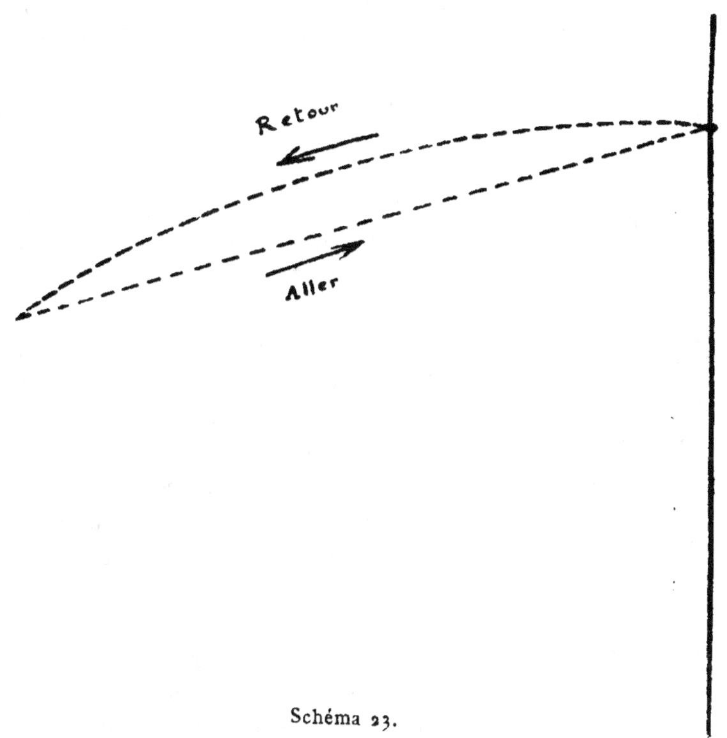

Schéma 23.

enfants — ou la très grande majorité — tombent dans cette erreur qui leur est commune et qui consiste à se placer résolument trop loin du mur. D'où effort excessif pour lancer la balle qui la plupart du temps frappe le mur à faux et obligation de se déplacer, de courir en avant pour la rattraper. Ils ne doivent au contraire pas bouger de place, et la distance à laquelle ils doivent se placer dépend :

1º De la force avec laquelle ils peuvent envoyer la balle;
2º Du degré d'élasticité de celle-ci.

Or le débutant ne doit pas chercher à jouer fort; il doit avant tout s'attacher à jouer juste en ne dépensant qu'une somme minime d'efforts. Lorsqu'il a acquis de la précision et qu'il sait bien reprendre la balle alors seulement il peut déployer plus de force dans le lancer et augmenter la distance qui le sépare du mur.

DEUXIÈME EXERCICE — Lancer la balle de la main droite contre le mur et la rattraper de la même main. Exécuter le même exercice de la main gauche.

TROISIÈME EXERCICE — Lancer la balle d'une main et la rattraper de l'autre sans se déplacer. La réussite de cet exercice est tributaire de deux conditions essentielles indépendantes quelquefois du joueur qui ne peut pas toujours choisir ni son mur ni ses balles. Il faut que celles-ci soient régulièrement rondes et que le mur présente une surface bien unie afin que la balle revienne directement sur celui qui l'a lancée ou ne s'écarte que très faiblement suivant l'oblique.

QUATRIÈME EXERCICE — Lancer la balle contre le mur et l'y renvoyer en la frappant avec la paume de la main. Débuter à toute petite distance et s'éloigner progressivement du mur. Ici ce n'est pas par le jeu seul du poignet que le coup de paume est donné. Le coup doit partir de l'épaule. La position à prendre est la suivante : le pied droit légèrement en arrière, formant équerre avec le pied gauche dont la pointe est légèrement en dehors. C'est dans cette position qu'on assure un bon équilibre sur les jambes.

Les reprises ne doivent être ni trop hautes ni trop basses.

Le coup de renvoi perd de sa force quand il faut sauter pour rattraper la balle ; il en manque totalement quand il faut se baisser. La balle doit être reprise à hauteur du bras tendu et légèrement plié. Le corps légèrement renversé en arrière et le bras aussi, les doigts à peine courbés.

C'est la jambe droite qui porte presque tout le poids du corps. Il est préférable de recevoir la balle sur les doigts que sur la paume de la main. Ainsi reprise, le coup de renvoi se fait avec beaucoup plus de sûreté et beaucoup plus de force.

Exception faite des gauchers, la balle au mur ne se joue que d'une main. On peut s'exercer, si l'on est droitier, à jouer de la main gauche, mais l'habileté qu'on peut acquérir ainsi n'est que relative, et il est assez rare qu'on ait à l'utiliser.

LA BALLE A DEUX JOUEURS Avec ce jeu, l'entraînement à deux, nous revenons à certains exercices précédents — excepté ceux au mur — sur lesquels il n'y a pas lieu de s'étendre.

Récapitulons-les simplement.

1. Envoi simple.

L'un des joueurs lance la balle à l'autre de la main droite. Le second la reçoit des deux mains et la renvoie à son camarade qui la rattrape de la même façon. Même exercice de la main gauche. Se placer d'abord assez près l'un de l'autre et augmenter progressivement la distance qui vous sépare.

2. Lancer la balle de la main droite à un camarade qui la reçoit également de la main droite. Apprendre à la recevoir à son tour de la même façon. S'exercer également de la main gauche.

3. Lancer la balle de la main droite à un camarade qui la renvoie en la frappant avec la main. C'est le jeu de paume en honneur chez les scolaires du jeune âge.

Toutefois cet exercice est préparatoire. Dans le jeu même, l'envoi et le renvoi de la balle sont faits avec la paume de la main.

Naturellement cet exercice est commencé à courte portée. D'ailleurs plus les exercices d'entraînement sont difficiles, plus il est indiqué de les faire, au début, très près.

Tous les exercices qui précèdent font partie de la série des exercices préliminaires sur place.

Mais le jeu de balle n'est pas de ceux où l'on reste cantonné au même endroit; au contraire, la grande mobilité est une qualité dont un bon joueur doit faire preuve.

Il y a donc lieu de s'exercer à reprendre les balles en mouvement, et même à s'habituer le plus vite possible à la reprise des balles difficiles.

C'est ainsi qu'on procédera à la série des exercices suivants :

BALLE EN L'AIR — Lancer la balle en l'air devant soi, d'abord à distance peu éloignée, plus loin ensuite et la reprendre des deux mains (schéma 24).

Pas d'exagération au début, ni dans la distance en avant, ni dans la hauteur.

Le même exercice se fait également en lançant la balle latéralement, soit à droite, soit à gauche.

Ceux-ci comme le précédent ont pour but d'habituer l'enfant à se déplacer rapidement.

De même la balle est lancée derrière soi et il faut la rattraper de deux façons (schéma 25).

1° En courant de quelques pas en arrière;

2° En faisant un tour complet sur soi-même avant de prendre sa course pour aller au-devant de la balle.

Lorsque cet exercice a été accompli en rattrapant la balle

des deux mains, on s'habitue à le recommencer dans tous les
sens, en ne rattrapant la balle que d'une seule main.

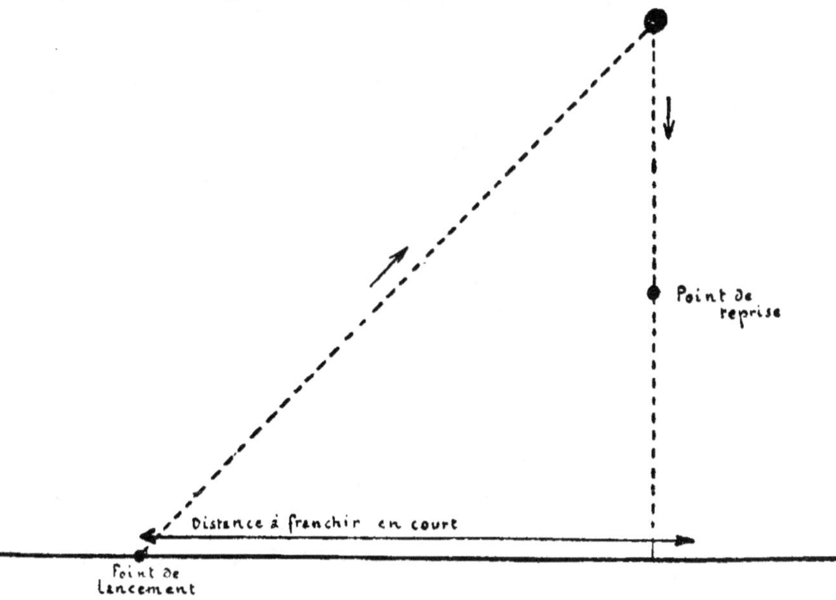

Schéma 24.

Et quand, suffisamment entraîné, on est — comme on dit en
langage sportif — très « vite sur ses
jambes », on lance la balle loin devant
soi ou de côté, mais sans l'envoyer trop
haut, pour courir la rattraper. La hauteur d'envoi est proportionnée à la
distance à laquelle doit se faire la reprise.

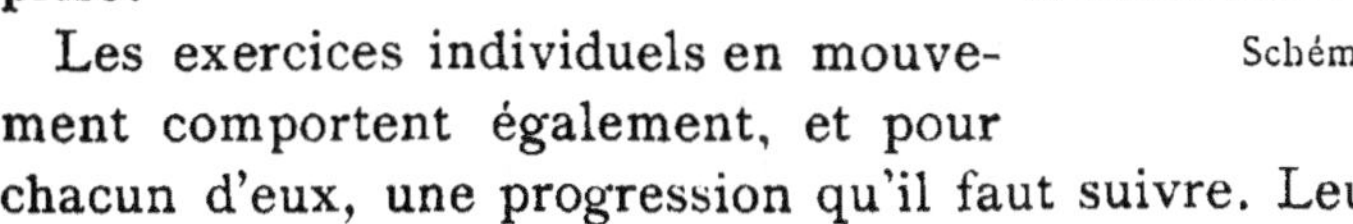

Schéma 25.

Les exercices individuels en mouvement comportent également, et pour
chacun d'eux, une progression qu'il faut suivre. Leur principe

est de faire acquérir au joueur la plus grande mobilité possible.
Quiconque peut se déplacer rapidement se trouve particulièrement bien préparé à reprendre les balles difficiles, dans les jeux
élémentaires comme dans les jeux savants, comme la paume et
le tennis.

On n'apprend jamais trop tôt à se servir de cette qualité essen-
tielle de la jeunesse : la vitesse. C'est au développement de cette
qualité que tendent les exercices individuels en mouvement.
Le plus simple est celui qui consiste à lancer la balle d'une
main devant soi et à la rattraper des deux mains.

C'est en somme un retour à l'exercice initial de la série que
nous venons de parcourir, avec cette variante que le joueur se
déplace, la balle au lieu d'être lancée verticalement l'étant suivant une ligne oblique.

La progression exige que le lancer se fasse suivant un angle
de plus en plus aigu avec le sol, en commençant par un angle
presque droit. Mais il y a deux façons de procéder, la seconde
manière créant, bien entendu, une difficulté qu'on ne rencontre
pas dans la première.

On comprend en effet facilement que plus la balle est lancée
haut plus on a devant soi le temps de la rattraper, et moins on
a à faire preuve d'adresse pour la recevoir.

Donc, l'enfant commence par le plus simple pour passer
ensuite, et graduellement, au plus compliqué.

**LANCER DE-
VANT SOI** (Première manière). Lancer la balle d'une main
à des hauteurs proportionnées aux distances
auxquelles on la lance.

Le petit schéma annexé ici fera comprendre mieux que de
longs commentaires comment il faut procéder,

On voit donc que plus la balle est lancée loin devant soi, plus
on doit la lancer haut pour la rattraper (schéma 26).

Il faut s'habituer, pour apporter par la suite de la précision
dans le jeu, à ne s'entraîner d'abord que sur des reprises effec-
tives sur des envois de balle toujours à même hauteur.

Les distances 1 mètre, $2^m,50$, $3^m,50$ sont prises simplement
comme exemple pour les besoins de cette naïve et rudimentaire
démonstration. Les distances, tant en hauteur qu'en longueur,
c'est-à-dire en ce qui concerne ces dernières, le degré d'obliquité

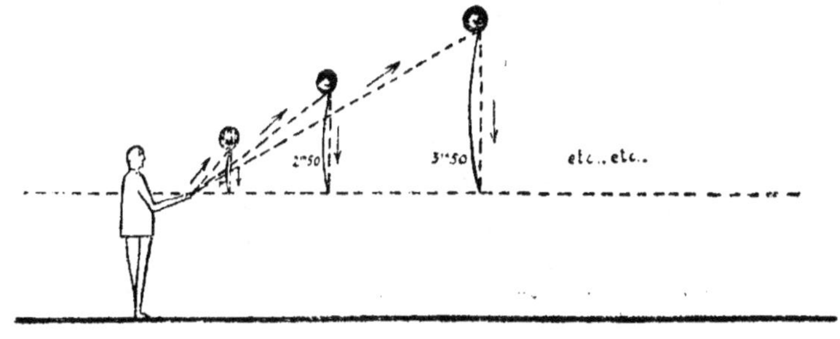

Schéma 26.

du lancer, sont celles que le joueur fixe lui-même. Et naturellement, elles ne sont qu'approximatives.

**LANCER DE-
VANT SOI** (Deuxième manière). C'est le même exercice
que le précédent, mais dont on augmente la
difficulté en s'attachant à lancer la balle le
moins haut possible afin d'être obligé de courir beaucoup plus
vite pour la rattraper.

Et pour expliquer la différence par un simple schéma le
voici :

Plus la balle est lancée bas et loin, plus elle est difficile à rattraper. L'exercice se fait en effectuant la reprise de la balle des
deux mains d'abord, d'une main ensuite. On lance successivement la balle de la main droite et de la main gauche pour équi-

5

librer son lancer, c'est-à-dire l'envoyer avec la même aisance à droite et à gauche, la balle dans une direction et à une distance déterminées.

LANCER LA BALLE LATÉRALEMENT L'exercice consistant à lancer la balle latéralement est exécuté selon les mêmes principes que l'exercice précédent. La balle doit être lancée à droite, de la main droite, à gauche, de la main gauche. Dans ce mouvement, les pieds du

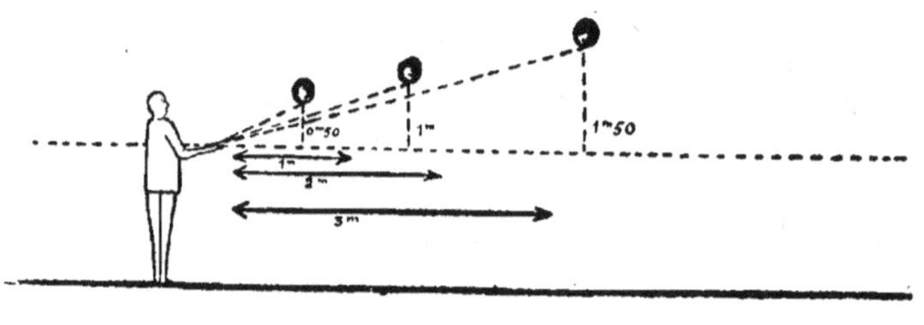

Schéma 27.

joueur ne doivent pas bouger de place, le buste seul accomplit un léger mouvement de rotation au moment du lancer. La course ne commence qu'après le lancer. Suivre comme précédemment une progression dans les distances et dans les hauteurs d'envoi. (Schéma 27).

RATTRAPER DE LA BALLE AU MUR Cet exercice individuel élémentaire constitue une excellente préparation au jeu de paume. L'enfant doit se placer face au mur, à une distance de 3 à 4 mètres, d'abord, et lancer la balle contre celui-ci assez doucement pour qu'en rebondissant elle ne revienne pas jusqu'à lui et qu'il soit obligé de courir pour la rattraper.

La distance à laquelle il se tient du mur augmente progressivement afin qu'il soit obligé de fournir une course plus longue. Plus il s'éloigne du mur, plus il lui faut lancer la balle haut, et accentuer la vigueur d'envoi. Cet exercice comporte la variante suivante : l'enfant lance la balle suffisamment fort pour qu'elle rebondisse derrière lui. Pour la recevoir il fait demi-tour et court jusqu'au point où la balle retombe, afin de la reprendre dans ses mains.

LA BALLE AU MUR

L A balle au mur qui si souvent récréa notre jeunesse est l'ancêtre du jeu de pelote et — on peut le dire — de tous les jeux de paume. C'est aussi le plus simple sous tous les rapports. Le matériel qu'il exige se réduit à ceci : une balle et un mur contre lequel celle-ci rebondit.

La balle : elle est faite de bourre de laine ou de fibre de corde enveloppée dans une gaine en cuir. En somme, elle est de même modèle et de même composition que les balles dont on se sert pour les jeux précédents. Toutefois, la consistance de la balle, sa dureté, doivent avoir une limite raisonnable. Il faut, en effet, qu'elle conserve les qualités d'élasticité nécessaires. Une balle trop molle rebondit mal, elle devient vite, au contact répété du mur, flasque et inutilisable. Une balle exagérément dure éclate facilement et ne rebondit pas à la perfection. Mais le bon marché de cet accessoire — la plupart des enfants se servent de la classique balle à deux sous — ne permet pas d'espérer l'idéal.

Il faut tenir compte, d'autre part, de l'inconvénient que présente une balle extrêmement dure pour le joueur. Elle fait mal à la main, car dans le jeu de balle au mur, celle-ci n'est pas lancée à pleine main, mais frappée à tour de bras, à la volée, avec la partie supérieure de la main. Si la balle, dure comme pierre, n'a pas d'élasticité, ce sont les doigts du joueur qui en souffrent.

Le mur : le mur est du type de ceux qu'on trouve dans les cours des établissements d'enseignement, 4 à 5 mètres de haut, 5 ou 6 de large.

Plus le mur est uni, plus le joueur est maître de « ses effets ». Car — qui l'eût cru ? — ce jeu, sommaire quant aux règles, et de matériel si réduit, comporte des effets. Il ne vit même pour ainsi dire que d'effets, encore que ceux-ci ne nécessitent pas des combinaisons bien savantes ni bien compliquées.

Le mur n'a pas besoin d'être absolument uni pour ce jeu rudimentaire qui n'est en somme que la caricature de la paume. Mais s'il présente des cavités trop accentuées, le joueur, en renvoyant la balle, n'est pas certain d'obtenir l'effet qu'il désirait. Il en va de même lorsque le mur est inégal ou qu'il offre des aspérités vives qui renvoient la balle sous un angle inattendu. Dès lors il peut arriver qu'un coup bien joué vaille une pénalité au joueur, parce que la balle retombe en deçà de la limite prévue par le règlement. En outre, les murs présentant des arêtes vives abîment très vite les balles par une usure prématurée qui les met bientôt hors d'usage.

Sur le mur, et à un mètre de hauteur du sol, est tracée une ligne horizontale. C'est au-dessus de cette ligne que la balle doit frapper le mur.

A 2 mètres en avant de la base du mur et sur le sol est tracée une seconde ligne. Celle-ci marque la limite au delà de laquelle la balle doit tomber après avoir rebondi contre le mur, si l'adversaire la manque, c'est-à-dire ne la rattrape pas à la volée.

Enfin, en avant du mur, au delà de la ligne tracée à terre, un espace de 10 à 15 mètres est nécessaire pour que les joueurs puissent évoluer, c'est-à-dire courir au-devant de la balle, se retirer en arrière pour la rattraper si elle dépasse, en rebondissant, la limite où ils l'attendent. Cet espace de 10 à 15 mètres en profondeur, s'étend sur toute la largeur du mur. S'il va au delà, tant mieux, ceci permet en effet de faire des « effets » de côté plus accentués.

L'agencement du jeu est peu coûteux et peu compliqué. Les règles relèvent de la même simplicité.

RÈGLE DU JEU 1° La partie se joue en 12, 15, 20 points. Le nombre dépend de l'habileté des joueurs et du temps qu'on peut consacrer à la partie. Plus les adversaires sont forts, moins souvent ils manquent la balle et plus ils jouent en un petit nombre de points. (C'est donc le contraire de ce qui se produit dans à peu près tous les jeux.)

2° Chaque joueur compte à son actif les fautes que commet l'adversaire.

3° Il y a faute — donc un point pour l'adversaire :

a. Quand le joueur, en envoyant la balle au mur, frappe celui-ci au-dessous de la ligne horizontale qui s'y trouve tracée.

b. Lorsque la balle, après avoir rebondi contre le mur, tombe *en deçà* de la ligne tracée à terre, parallèlement à celui-ci.

c. Lorsque la balle n'est pas rattrapée à la volée immédiatement après avoir rebondi contre le mur.

4° Chaque faute est au profit de l'adversaire.

LE JEU Il est facile, dès lors, de se rendre compte en quoi consiste le jeu.

La balle est envoyée au mur en la frappant avec la paume de la main. C'est-à-dire — si le joueur est droitier, en la lançant verticalement en l'air, — soit de la main gauche, soit de la main droite — à une hauteur à laquelle il juge pouvoir la frapper le plus utilement. Placé de trois quarts, le corps légèrement incliné sur le côté, la jambe droite fléchie, la jambe gauche tendue, il frappe la balle avec la main, comme il la frapperait avec une raquette, et l'envoie contre le mur. Elle rebondit. Le joueur adverse la voit venir, prend position pour la frapper à son tour, à la volée, avec la main ouverte et la renvoyer contre le mur et ainsi de suite jusqu'à ce qu'il y ait une faute commise. L'adversaire bénéficie de cette faute et redonne le coup d'envoi.

Pour bien envoyer la balle, il ne faut pas frapper celle-ci, avec le milieu de la paume de la main comme on l'indique couramment. Il faut au contraire que le coup soit donné avec les doigts, mais pas trop haut.

Les doigts ayant été réunis et légèrement cintrés, la main infléchie en arrière sur le poignet, on joue fort et avec sûreté, en frappant des doigts, la deuxième phalange touchant la balle à peu près aux deux tiers de sa hauteur.

En outre il faut, indépendamment de sa lancée, bénéficier de la détente du bras, c'est pourquoi celui-ci doit être légèrement plié quand la main reçoit la balle à la volée. Le coup est donc porté à la fois, par la main, par la détente du bras, par le mouvement qu'il accomplit d'arrière en avant, par le déplacement vigoureux de l'épaule et par le retour du corps, qui se trouve placé de trois-quarts, face au mur.

On conçoit dès lors facilement que puisque chaque fois qu'un joueur manque la balle l'adversaire compte un point à son actif, l'art de bien jouer ne consiste pas uniquement à envoyer la balle contre le mur, assez haut pour qu'elle frappe au-dessus de la ligne horizontale, assez fort pour qu'elle tombe, si elle n'est pas reprise, au delà de la ligne tracée à terre en avant du mur.

Ce qu'il faut rechercher, c'est de rendre la balle « difficile » à la reprise, c'est-à-dire l'envoyer frapper le mur de telle façon qu'elle rebondisse sous un angle inattendu et à une distance tels qu'étant donné le point où l'adversaire l'attend il soit complètement dérouté et éprouve la plus grande difficulté possible à la reprendre à la volée.

S'il ne peut, sans se retourner, courir en arrière assez rapidement afin de prendre position pour recevoir la balle, il lui faut faire demi-tour, courir, se retourner à no, manœuvre qui le met en difficulté surtout s'il n'est pas vite sur ses jambes.

Les reprises de côté à longue distance sont également peu commodes, surtout lorsque la balle revient sous un angle très aigu. Faire revenir la balle du côté où l'adversaire ne l'attend pas est une tactique de premier ordre.

Enfin, le retour de la balle en avant, sous un angle très aigu met encore le partenaire en difficulté. Mais jouer ainsi est scabreux, quand le mur n'a pas de surface unie. On va alors au-devant de l'inconnu, car si la balle frappe sur une aspérité quelconque ou dans une cavité, l'angle de retour peut être plus aigu qu'on ne l'aurait voulu. La balle tombe contre le pied du mur et la ligne de terre; et c'est une faute dont profite l'adversaire.

Tel est le jeu de la balle au mur, sur lequel il n'y a guère plus à dire, si ce n'est qu'il est un excellent exercice pour l'enfant, parce qu'il se pratique au grand air, exige une mobilité perpétuelle, et exerce chez le joueur le sentiment de l'appréciation des distances, la décision et la spontanéité dans la conception des feintes.

Prix de revient? Dérisoire. Un mur dont on peut presque toujours user gratuitement sans en être le propriétaire, une balle de deux ou trois sous, avec possibilité d'aller jusqu'à vingt centimes quand on a la folie du luxe.

LA BALLE AUX POTS

Et voici, parmi tous les jeux de balle, un de ceux qui ont le plus amusé notre enfance. Jadis, lorsque la jeunesse ignorait tout des sports, on jouait encore à la balle aux pots, au lycée, et dans tous les établissements d'enseignement, jusqu'à quinze et seize ans. Cette coutume n'est plus. Les jeux du jeune âge, autrefois si longtemps en honneur, sont aujourd'hui vite délaissés. Les exercices en plein air prennent de bonne heure un caractère plus essentiellement sportif. Ceci a tué cela.

Comme tous les jeux élémentaires de balle, celui-ci encore se signale par son extrême simplicité et son prix de revient démocratique.

Le matériel consiste en ceci : une balle de deux sous et c'est tout. Il faut entendre par là le matériel sommaire qui nécessite l'énorme mise de fonds de dix centimes.

Mais il y a les « pots ». Ils ne coûtent que la peine qu'on a à les faire. En parler conduit à examiner sans plus attendre l'installation du jeu.

INSTALLATION Au pied d'un mur, d'une palissade, on trace un quadrilatère de 2 mètres sur 3. Dans ce carré, on creuse, à 35 centimètres l'un de l'autre, 9 trous suffisamment larges et assez profonds pour que la balle, en roulant, puisse tomber et rester dedans.

On obtient donc le dispositif représenté par le schéma 28.

Les jeux peuvent comporter 6, 9 ou 12 trous, cela dépend du nombre de joueurs — un trou étant attribué à chaque joueur — mais, en général, la partie se joue à 9. Le quadrilatère s'appelle le « camp ».

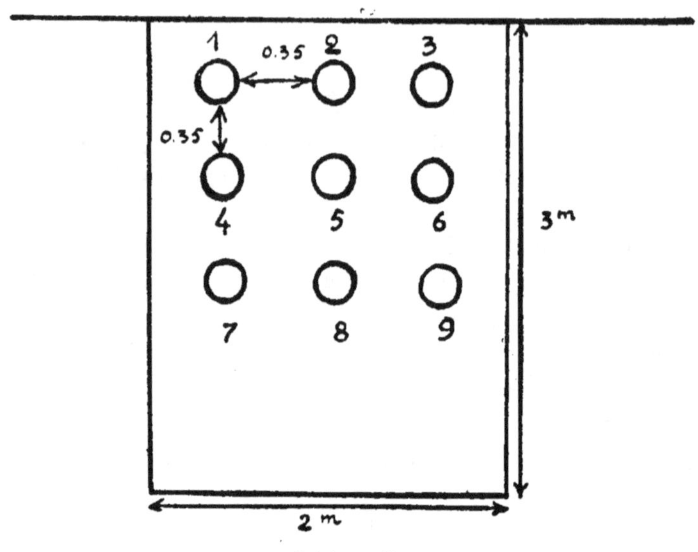

Schéma 28.

A 1 mètre — ou 1^m,50 — en avant du camp, se trouve le but représenté par une ligne horizontale. (On se demande pourquoi cette ligne est appelée « but », étant donné que ce n'est pas elle qu'on vise.)

Le camp doit autant que possible offrir une surface nette, afin que la balle puisse bien rouler. Ce résultat est obtenu en éliminant les cailloux s'il s'en trouve, après quoi, un magistral coup de balai donne à l'emplacement, par sa netteté, une petite allure de piste.

RÈGLE DU JEU   La règle du jeu comporte le jeu lui-même et
son « avantage » qui cesse quelquefois d'en
être un parce qu'il peut tourner mal pour celui qui en a béné-
ficié.

1° A chaque joueur est attribué, par voie de tirage au sort,
un pot. Il en est le légitime propriétaire et il en subit les avantages et les désagréments. Le joueur qui tire le n° 9, au commencement du jeu, prend le rôle de *lanceur* ou de *rouleur*
(appellation qui n'est pas toujours la même et qui varie suivant
les régions). Le rouleur se place sur la ligne de « but ».

2° Les 8 autres joueurs, à raison de 4 de chaque côté, se portent à droite et à gauche des pots, chacun ayant l'œil sur le
sien afin de s'emparer de la balle si elle y tombe.

LE JEU   Passons au jeu.
Lorsque tout le monde est à son poste, le lanceur
fait rouler la balle afin qu'elle pénètre dans le camp et tombe
dans l'un des pots.

Supposons qu'elle tombe dans le « pot » n° 4.

Le joueur qui est détenteur de cette petite cavité saute pres-
tement sur la balle, la ramasse et la lance pour toucher un des
7 joueurs qui détalent au plus vite de leurs jambes. Plus on
est loin, moins on a de chances d'être touché par la balle. Toucher ainsi un adversaire s'appelle le « caler » ou le « buter ».

Le joueur « buté » perd 1 point. Il devient à son tour lanceur,
les joueurs ayant repris leur position dans le camp.

Mais, au contraire, si la balle n'a atteint personne, c'est celui
qui l'a lancée qui perd 1 point et qui devient à son tour rouleur.

Lorsque la balle s'est logée dans un pot, tous les joueurs
doivent fuir le camp. Si l'un d'eux s'est attardé, le « buteur »
doit lui accorder 3 pas francs hors du camp. Dès qu'il les a

parcourus il a le droit de l'atteindre avec la balle. Tant pis pour le retardataire.

Il est une convention spéciale du jeu qu'on n'applique pas dans toutes les régions où il se joue et qui consiste en ceci. Si l'un des joueurs arrête la balle au vol dans ses mains, le « caleur » qui l'a lancé est pénalisé d'un point et devient rouleur comme s'il n'avait touché personne. Mais cette clause particulière est conventionnelle et toute facultative. Elle ne fait pas partie de la règle même du jeu.

Lorsque le « rouleur » a envoyé 3 fois la balle dans le camp sans réussir à la faire pénétrer dans l'un quelconque des 9 pots — car si elle rentre dans le sien, il est soumis à la règle du jeu et c'est alors à lui de courir prendre la balle dans son « pot » et de caler les fuyards — si donc il manque trois fois de suite l'entrée il est pénalisé d'un point.

Quand, pour une des raisons que nous venons d'indiquer, un joueur a perdu 3 points, il est hors-jeu, c'est-à-dire qu'il ne joue plus et que, simple spectateur du débat qui se poursuit, il peut se croiser les bras et méditer sur l'infortune de son sort. Tout à l'heure, lorsque tout sera terminé, il sera rappelé pour la « fusillade » générale.

On « capuchonne » alors son pot, pratique qui consiste à le couvrir avec une touffe de gazon ou une petite planchette de bois, afin d'indiquer qu'il n'est plus dans le jeu et pour que la balle ne vienne plus tomber dedans.

Celui qui reste le dernier, autrement dit qui n'a pas marqué trois points, gagne la partie.

DÉFI AU CALEUR — Il arrive quelquefois que le caleur ne ramasse pas la balle dans son trou suffisamment vite pour viser utilement un des adversaires avant que ceux-ci se soient mis hors de portée. Bien que les adversaires puissent

persister à profiter de cet avantage, il leur est permis de se
montrer beaux joueurs et de se rapprocher à portée de leur
camarade. Ils le font soit en marchant, soit en passant devant
lui en courant, enfin, troisième manière — la plus héroïque,
mais aussi la plus risquée — en venant se placer immobiles,
les bras étendus latéralement, à la distance à laquelle ils peuvent être atteints si on les vise bien. Cette position d'immobilité peut être prise alternativement par chaque joueur ou simultanément par plusieurs d'entre eux. Celui qui se trouve touché
par la balle paye le prix de son audace. Il est pénalisé d'un
point et devient « rouleur ». S'offrir ainsi immobile au coup du
« caleur » s'appelle faire « l'homme de bois ».

LA FUSILLADE   La fusillade est partielle ou générale. Question de convention. Elle est partielle quand
il n'y a qu'un joueur de fusillé, le premier qui a été hors de
partie; elle est générale quand tous les joueurs, à tour de rôle,
servent de cible au gagnant.

Voici en quoi consiste ce petit passe-temps.

Si la fusillade est partielle, le premier sorti du jeu pour
avoir été pénalisé de 3 points compte 10, 12 ou 15 pas — cela
dépend de ce qui a été décidé — à partir du mur au pied duquel
se trouve le carré. Après quoi il va se coller au mur, face à
celui-ci, le corps droit, les jambes réunies, les bras écartés latéralement. Puis il déclare défendre deux parties du corps — par
exemple les jambes et la tête, ou bien le dos et la tête, au
choix.

Le gagnant se place à la distance préalablement fixée — 10,
12 ou 15 pas — et cherche à atteindre le joueur qui lui sert de
cible — excepté aux endroits défendus. Il a « trois coups à la
chandelle », c'est-à-dire qu'il lance la balle à trois reprises. S'il
ne touche pas une seule fois ou si la balle atteint une des

régions défendues, c'est à son tour à aller se coller au mur et
à subir trois fois la balle de son adversaire, en défendant lui-
même les endroits où il ne veut pas être touché. S'il touche un
de ces endroits-là, il va se remettre à son tour au mur et subit
trois fois l'assaut de la balle sans avoir aucune partie du corps
à défendre.

En somme, la partie se termine par un jeu de massacre entre
le premier sorti et le vainqueur.

Lorsqu'il y a fusillade générale, chaque joueur sert de cible
à tour de rôle au gagnant. Et les choses se passent chaque fois
suivant les mêmes principes que lorsque la fusillade n'est que
partielle.

Si la « balle au pot » est un exercice d'adresse et de vitesse,
la « balle à cheval » ou à âne — jeu non moins ancien — met
à contribution les qualités de résistance au poids.

LA BALLE A ANE

DE la balle à âne il n'y a que bien peu de choses à dire. Comme accessoires? Une balle, sans plus. La partie se joue en un nombre de points quelconque, uniquement pour savoir laquelle de deux équipes aura le mieux tiré son épingle du jeu. Mais en réalité, on joue le plus souvent sans se préoccuper de la question insignifiante des points.

La « balle à âne » exige un nombre pair de joueurs, 6, 8, 10, 12, etc. On va quelquefois jusqu'à 20, mais c'est le maximum.

Prenons dix joueurs, cinq montés dans chaque camp. On tire au sort le camp qui sera de « montures », l'autre étant de « cavaliers ».

Désignons les camps par les lettres A et B et supposons que le sort ait désigné les joueurs du camp A pour servir de montures aux joueurs du camp B.

On trace alors à terre un cercle dont le diamètre varie suivant le nombre des joueurs. Pour 10 joueurs un cercle de 6 mètres de diamètre suffit. Les équipiers du camp A se placent sur la périphérie de ce cercle, à distance égale les uns des autres. Puis chaque équipier du camp B se place à cheval sur les reins de sa monture (fig. 11).

(Les équipiers qui servent de montures (ou baudets) soutiennent le cavalier en passant leurs avant-bras sous les jambes de celui-ci.)

Dès lors, la balle entre en mouvement. Les cavaliers se la renvoient de l'un à l'autre, mais sans ordre fixé, au gré de leur fantaisie.

Lorsque l'un d'eux manque la balle et qu'elle tombe à terre, ils descendent vivement de leur monture et s'enfuient à toutes jambes, tandis que le « baudet » le plus près de la balle s'en saisit et cherche à atteindre un des cavaliers en fuite.

Deux hypothèses sont alors à envisager qui règlent la situation du jeu.

1° Aucun des cavaliers n'est atteint. Dès lors ils ne sont pas déchus de leurs prérogatives et le jeu continue, les baudets reprennent leur rôle.

2° Ils atteignent un des cavaliers. Celui-ci, ou l'un deux, riposte. S'il touche un des « baudets », rien de fait, ceux-ci demeurent « baudets » comme devant. S'il n'atteint aucun d'eux, la face des choses changent. Les cavaliers deviennent baudets et inversement.

Dans tous les cas — qu'il s'agisse des cavaliers ou des montures, ce n'est pas celui qui ramasse la balle qui doit forcément la lancer contre un adversaire. Il peut la passer au joueur le plus adroit de son équipe afin que celui-ci sauve, si possible, la situation.

Tel est ce jeu dans toute son extrême simplicité.

LA BALLE « AU CAMP »

Si la balle « au camp » n'exige pas un bien grand luxe d'accessoires, le règlement qui la régit est sensiblement plus compliqué que celui des petits divertissements précédents.

Il y a donc lieu de procéder par ordre pour expliquer de quoi il retourne.

JOUEURS Les joueurs doivent être en nombre pair, mais ne pas excéder, autant que possible, une douzaine, pour ne pas rendre impossible la course du « paumeur » dont il sera question plus loin.

Les joueurs s'étant divisés en deux camps — A et B — il est procédé à l'installation du jeu.

INSTALLATION La *base*. — On trace sur le sol une circonférence de 3 à 4 mètres de diamètre, un peu plus si c'est nécessaire, l'essentiel est que tous les joueurs — moins un — puissent prendre place dans le cercle inscrit. C'est ce cercle qui s'appelle la *base*.

Le but. — Tangeant au cercle, et de façon à ce que les joueurs l'aient devant eux, est fixé à terre un morceau d'étoffe de 25 à 30 centimètres carrés qui forme le *but*.

Les postes. — A des distances variant de 7 à 12 mètres en avant de la *base* déterminés par des piquets, 4 ou 5 points

6

distants les uns des autres de 5 à 6 mètres. Ce seront les postes.

LE JEU   Les joueurs se répartissent en 2 camps.
Désignons-les par les lettres A et B.

Supposons qu'après tirage au sort le camp A occupe la base et que les joueurs du camp B défendent les postes.

Le premier joueur du camp A se place en avant et à gauche du « but », à 3 mètres ou 3 m. 50 environ, avec une balle à la main. Il occupe la position dite « sur pied » et fait fonction de « paumeur » ou gardien de but. Les autres joueurs du camp A prennent place dans la « base ». Leur rôle est pour le moment expectant.

Le premier joueur du camp B se place sur le « carreau », emplacement situé face au but, et à une douzaine de mètres de celui-ci. Quant aux autres joueurs de son camp, ils prennent position derrière lui et à proximité des piquets appelés « postes ».

Voici dès lors en quoi consiste le jeu :

Le premier joueur — le capitaine de l'équipe B — cherche, en lançant la balle, à la faire choir *directement* dans le carré appelé « but ». (La balle ne doit pas rouler à terre, ni rebondir avant de pénétrer dans le carré. Lorsque le fait se produit, le coup est déclaré nul.)

Le gardien de but — le chef de l'équipe A — s'oppose à l'entrée de la balle en la renvoyant à l'équipe B, à l'aide de la balle qu'il tient en main. (Il va sans dire que quand un joueur est gaucher il se place, quand il fait fonction de « paumeur », à droite du but au lieu d'être à gauche.)

Les hypothèses suivantes se présentent alors :

a. Le « balleur » du camp B a bien lancé la balle qui, conformément à la règle, est tombée directement sur le but. Le paumeur l'a donc manquée puisqu'il ne l'a pas reprise pour la repaumer vers l'équipe B.

Conclusions : un point acquis à l'équipe B. Quant au « paumeur » non seulement il est déchu de sa fonction, mais encore il est rayé du contrôle de son équipe. Il est définitivement éliminé pour le restant de la partie ; il est mort.

Le fait de toucher ainsi le but s'appelle « abat ».

b. Il y a « passe » quand la balle n'atteint pas le but et que le paumeur en manque la reprise.

c. Le paumeur peut recevoir la balle 4 fois. S'il la manque 3 fois de suite, il est encore éliminé, remplacé par son suivant immédiat de l'équipe et l'équipe adverse bénéficie d'un point. Toutefois le paumeur a le droit de refuser les balles trop mauvaises. Cela se conçoit. On n'aurait qu'à toujours les lancer dans telles conditions que la reprise soit impossible pour totaliser de ce fait des points faciles.

d. Si le gardien du but manque la balle et abandonne le pied, il est encore éliminé et l'équipe adverse marque un point. On voit que si la fonction de paumeur a quelque chose d'honorifique, elle comporte aussi des risques.

Mais il n'a été examiné ici que les cas où il se trouve en mauvaise posture. Qu'advient-il s'il réussit à reprendre la balle et à la renvoyer au camp B ?

S'il y réussit, il abandonne immédiatement la balle et son rôle devient encore plus périlleux.

En effet, il court vers le poste n° 1, le touche et va en faire autant aux autres postes, puis il revient à la base. Il marque alors 5 points à l'actif de son équipe.

Mais — car il y a un mais — les joueurs du camp adverse se sont aussi vite que possible emparés de la balle, et par une succession de passes rapides, ils la font parvenir au joueur le plus rapproché de l'endroit où le paumeur se trouve dans sa course de façon à ce qu'il puisse être frappé par la balle. S'il est touché l'équipe des « postiers » marque 1 point et les rôles sont changés. Ce sont eux qui, à leur tour, prennent place à la base.

Cependant, si le paumeur ne voit pas la possibilité d'accomplir sans danger le périple des postes, il peut s'arrêter à l'un d'eux en criant « Reste ! » ; et là il est intangible. Il demeure donc où il s'est arrêté, et sa place au but est reprise par son suivant immédiat d'équipe.

Si celui-ci réussit à reprendre la balle et à la renvoyer, aussitôt le joueur qui s'était arrêté continue à parcourir les postes et retourne à la base, tandis que celui qui a réussi à renvoyer la balle commence sa course de poste en poste comme l'a fait précédemment son camarade. Il y a un point acquis à l'équipe par celui qui a terminé la course qu'il avait commencée et 5 points de plus si le second paumeur réussit la « course franche », c'est-à-dire le passage à tous les postes en une seule fois.

Sous peine d'élimination, un « paumeur » ne peut franchir les postes en plus de 3 fois. Donc il a droit à deux arrêts en supposant que le nombre des postes soit au moins de 5, sans compter la base.

INVASION DU CAMP Supposons que le camp soit occupé par l'équipe A. Si celle-ci commet une faute, les joueurs de l'équipe B prennent immédiatement leur course et pénètrent tous dans l'enceinte du camp. Mais les défenseurs — c'est-à-dire le plus adroit ou le mieux placé d'entre eux — ramasse la balle et tâche d'en frapper un des adversaires. S'il réussit, chaque équipe conserve sa position respective et de plus le camp A marque un point. S'il échoue, l'équipe B s'installe dans le camp et marque un point. L'équipe A va occuper les postes.

Lorsqu'un des joueurs attrape au vol la balle renvoyée à son

équipe par le paumeur, il la jette à terre en criant « au camp ! »
Toute son équipe court dès lors pour envahir le camp. Un des
joueurs de l'équipe adverse cherche alors à s'emparer de la balle
et à atteindre un des agresseurs. Y parvient-il ? Son camp marque un point et les envahisseurs doivent battre en retraite et
regagner leurs postes.

S'il échoue son équipe perd 1 point et évacue le camp. Les
rôles des équipes se trouvent dès lors intervertis.

PÉNALITÉS Indépendamment des cas précédemment cités,
il en est d'autres prévus par le règlement du
jeu. En principe, lorsqu'un joueur commet une faute il est
pénalisé d'un point dont bénéficie l'équipe adverse. C'est ainsi
que :

1° Quand un paumeur, après avoir renvoyé la balle et pris
sa course pour aller de poste en poste, est atteint par la balle
entre deux postes il y a *touche*, faute qui vaut un point aux
adversaires. On dit également qu'il y a *touche* (donc un point
acquis à l'équipe opposée), lorsque le paumeur, arrivant à un
poste, est touché par la balle avant de crier *reste* s'il déclare y
rester.

2° Même pénalité quand trois paumeurs qui se sont succédé à
la base, se trouvent rassemblés pendant leur course au même
poste. Dans ce cas on dit qu'il y a relais.

3° Il y a « surcoupe » — entraînant toujours le bénéfice d'un
point pour les adversaires — lorsque plusieurs paumeurs étant
en course (ou deux seulement) l'un d'eux arrive à un poste avant
un de ceux qui l'ont précédé à la base, donc qui ont quitté
celle-ci avant lui.

4° *Brûler un poste* consiste à ne pas toucher un des postes qui
doivent être atteints successivement.

5° Une *renonce* — qui est une faute — consiste en l'abandon du poste avant le coup suivant, par un paumeur qui a déclaré y vouloir rester.

6° Le *défaut* est le retour à un poste qu'on a quitté.

7° Lorsqu'un paumeur en course, voulant éviter la balle, franchit les limites indiquées du jeu, il est dit en « fuite ». Un point pour les adversaires.

8° On dit qu'il y a *désertion* ou *manque*, quand tous les joueurs du camp étant en course, celui-ci est vide ;

9° Lorsqu'un des joueurs de poste saisit à la volée la balle envoyée par le paumeur et la conserve en mains au lieu de la laisser immédiatement tomber à terre, il y a *garde* et l'équipe du camp marque un point ;

10° Crier « Au camp » sans que les circonstances justifient cet appel constitue un « malcri », comme on dit dans certaines pensions de Normandie.

La balle au camp comporte donc un certain nombre de restrictions et par conséquent le jeu donne fréquemment lieu à des contestations entre équipes qu'il faut trancher. Cette mission de confiance incombe à un juge-arbitre accepté d'un commun accord par les deux parties.

Mais quand on ne dispose pas d'une compétence pour arbitrer la partie, les différends sont réglés à l'amiable par les deux chefs de camp.

C'est le plus généralement ainsi que les choses se passent, les intérêts en jeu étant, somme toute, bien minimes.

En combien de points se joue la partie? Rien n'est fixé à cet égard. Cela dépend du temps que l'on a devant soi. Généralement, quand on n'est qu'une douzaine de joueurs, on joue en 15 ou en 20 points.

BALLE AU CAMP (2ᵉ MANIÈRE Le jeu de la balle au camp comporte une variante — à peine sensible d'ailleurs — et spéciale aux départements du nord de la France. La voici : il n'y a pas grand'chose à en dire, tant les deux manières se ressemblent.

Cependant il présente ceci de particulier qu'on peut le jouer à deux seulement — un contre un —; en plus grand nombre, la quantité des joueurs n'est pas limitée.

Quoi qu'il en soit, c'est toujours le même principe : équipe contre équipe.

Allons du plus simple au plus compliqué et envisageons d'abord l'hypothèse du jeu à deux : X contre Y.

Les limites du jeu et sa forme tracées à terre attribuent à chacun un camp A et B.

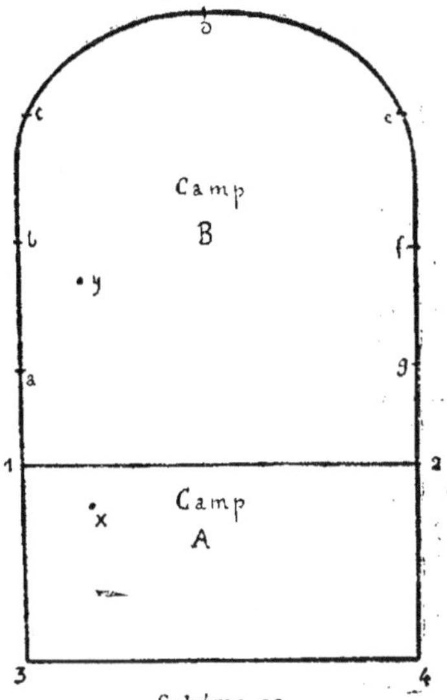

On trace à terre une ligne courbe ellipsoïdale 3, 1, 5, 2, 4, la longueur de la périphérie variant suivant le nombre des joueurs. Ce sont les limites du jeu (schéma 29).

Schéma 29.

Le camp occupe un tiers de cet emplacement, soit le quadrilatère 1, 2, 3, 4.

X prend position dans le camp A ; Y dans le camp B face à face.

X lance la balle en l'air et, la frappant avec la main ouverte l'envoie à B, non sans lui avoir préalablement annoncé le coup d'envoi par le mot *Balle*. Y se saisit de la balle, soit à la volée, soit en la ramassant à terre s'il la manque, tandis que X, dès sa balle lancée, prend sa course et fait le tour du jeu, en suivant la périphérie pour rentrer au camp avant, ou en évitant que Y l'ait atteint avec la balle.

Si X n'a pas été touché par la balle, il gagne 1 point et change de camp.

S'il a été atteint, il s'empare à son tour de la balle et cherche à son tour à toucher Y avant que celui-ci n'ait eu le temps de rentrer au camp dans lequel il doit se réfugier dès qu'il a frappé X.

Si X touche Y il gagne un point; s'il ne l'atteint pas, c'est Y qui le marque et prend position dans le camp A.

Lorsque la partie comporte plusieurs joueurs on fixe, en différents points de la ligne qui limite l'enceinte du jeu, des « relais » a, b, c, d, e, f, g.

Dès lors, les choses se passent à peu près exactement comme on l'a vu précédemment.

Chaque équipe prend respectivement place dans un des camps A et B, les joueurs, dans chaque team, étant numérotés de 1 à..... autant qu'il y en a.

Le premier joueur de l'équipe A lance la balle à la paume dans le camp B et court immédiatement vers le relais a, puis vers le relais b et ainsi de suite.

Un des joueurs du team B s'étant emparé de la balle, cherche à atteindre lui-même — ou en la passant à un de ses co-équipiers, l'adversaire qui cherche à franchir les relais. Il a le droit de s'arrêter à l'un d'eux en criant « rendu! » — pour indiquer qu'il ne va pas plus loin. La balle retourne alors au camp A, le second joueur la renvoie en B, prend sa course vers les relais, et ainsi de suite.

Si le joueur du camp A a été atteint entre deux relais, les équipiers du camp B, sur le cri « Au camp! », s'élancent vers le camp A et y restent à moins que l'homme touché pendant sa course, n'ait réussi à ramasser la balle à temps et à en frapper un des joueurs de l'équipe B avant qu'il n'ait pu entrer dans les limites du camp A.

Les relais doivent être passés dans l'ordre ; jamais un joueur en course ne doit arriver à un des relais avant celui qui est parti du camp avant lui.

Tant pis si on a un hésitant devant soi.

Tout joueur qui, en envoyant la balle dans le camp B la lance en dehors des limites du jeu fait marquer un point à l'équipe adverse.

Mais il est permis de lancer les balles basses autant qu'on le veut, plus on les rend difficiles à reprendre, mieux cela vaut, puisqu'on y gagne un temps précieux pour atteindre les relais. La balle n'est pas considérée comme mauvaise — et par conséquent ne fait pas perdre un point — quand elle sort du jeu en rebondissant après avoir frappé dans les limites voulues. Les joueurs du camp B qui l'ont laissé ainsi sortir doivent rentrer dans leur camp avant de chercher à atteindre celui qui l'a ainsi envoyée et qui va de relais en relais. Quant aux fautes entraînant la pénalisation d'un point au bénéfice de l'équipe adverse, elles sont les mêmes que pour la première manière de jouer la balle au camp. Toutefois, le fait pour un équipier B d'attraper la balle à la volée n'entraîne pas l'avantage pour l'équipe de courir au camp adverse, en abandonnant la balle à terre comme on l'a vu précédemment. En somme les deux méthodes sont semblables, quant au fond, avec quelques légères modifications dans la forme. C'est ce qui se produit en France pour beaucoup de jeux dont les principes fondamentaux sont les mêmes partout, mais qui n'échappent jamais à quelques modifications régionales.

LA THÈQUE

A *thèque*, qui faisait les beaux jours de la jeunesse normande il y a quelque cinquante ans et qu'on ne joue plus guère aujourd'hui, n'est encore qu'une variante de la balle au camp. C'est un des plus anciens jeux français, d'ailleurs très simple, et d'un matériel très réduit. Il date d'une époque où l'industrie spéciale n'avait pas encore créé des jeux exigeant des accessoires coûteux. D'ailleurs les joueurs de thèque fabriquaient eux-mêmes leur matériel. Rien n'était et n'est encore plus facile : quelques piquets très courts, une balle, et une batte de bois pour la lancer. C'est tout.

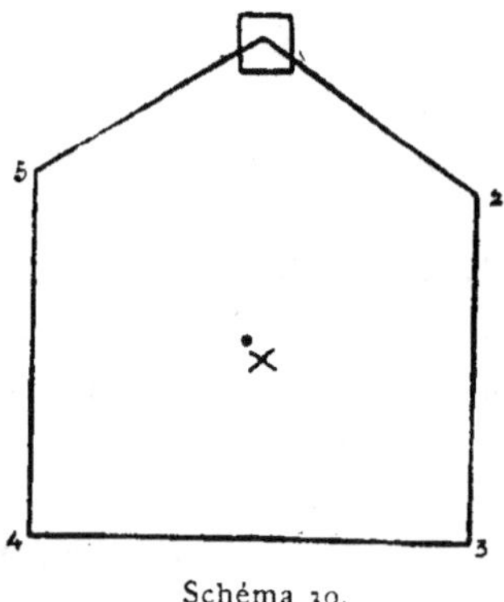

Schéma 30.

La « thèque » se joue équipe contre équipe, chacune d'elles comportant de 6 à 10 joueurs. Le terrain du jeu comporte un emplacement assez vaste — 4 à 500 mètres carrés — au milieu duquel on trace un pentagone dont chaque côté a une longueur égale, 6, 7. 8 mètres, cela dépend du nombre de joueurs (schéma 30).

A chacun des angles du pentagone, dessiné sur le sol au lait de chaux, est planté un petit piquet très court, soit 1, 2, 3, 4, 5.

Ces sommets d'angles où sont plantés les piquets s'appellent les « bases ».

Au centre du pentagone, en X, se trouve le *poste* indiqué par un piquet semblable aux précédents. Enfin, à l'un des angles — le 1 par exemple — est tracé un petit rectangle qui s'appelle la *chambre*.

Dès lors, nous revenons aux systèmes déjà connus de la balle au camp. Peu sensibles sont en effet les modifications prévues par le jeu de la « thèque ».

Deux chefs d'équipe ayant été désignés, chacun d'eux choisit ses hommes, et quand les teams sont constitués, le sort désigne celle qui doit ouvrir le jeu et prendre place dans le pentagone.

Supposons que ce rôle ait échu à l'équipe A.

Le premier joueur de cette équipe se place à l'angle 1 du pentagone, c'est-à-dire dans la « chambre », avec une batte en main pour renvoyer la balle.

Le second joueur de l'équipe se tient au « poste » en X, les autres prennent position derrière lui à l'intérieur du pentagone.

L'équipier placé en X lance la balle à son collègue de la « chambre » et celui-ci la repaume sans l'envoyer au delà des limites du jeu qui, on l'a vu, comporte un emplacement de 4 à 500 mètres carrés.

Dès qu'il a renvoyé la balle, il abandonne sa batte et court à la « base » 2, puis à la base 3 et ainsi de suite, jusqu'à ce qu'il ait pu accomplir le tour du pentagone, sans être atteint, entre deux bases, par la balle qu'un des hommes du camp B lui lance.

Si, d'une seule traite, il réussit le tour complet du pentagone, il fait gagner cinq points à son épuipe.

Mais s'il est touché par la balle, pendant son trajet d'une base à une autre, l'équipe B marque 1 point, et le joueur touché sort du jeu. Un de ces co-équipiers le remplace dans la chambre et le jeu reprend.

La règle du jeu n'admet pas que deux joueurs se trouvent ensemble à la même base. Le voyage circulaire autour du pentagone doit se poursuivre dans l'ordre des départs. Lorsque plusieurs joueurs sont en course, aucun d'eux ne doit dépasser celui qui l'a précédé.

Par conséquent, ainsi que la chose se passe dans les jeux de « balle au camp » précédemment décrits, chaque base constitue un refuge pour le joueur qui s'y arrête. Lorsqu'il y stationne il ne faut pas chercher à l'atteindre avec la balle ; si l'un des joueurs du camp B la lui lance à ce moment, il fait marquer 1 point à l'équipe A. Si le joueur du camp A n'est pas atteint par la balle, avant d'arriver à la base où il s'arrête, son camp marque autant de points qu'il a gagné de bases. Supposons qu'il aille jusqu'à la base 3 : il marque 2 points.

Les cas suivants peuvent également se présenter :

1° Il ne reste plus que deux joueurs dans le camp A, le batteur à la chambre, son co-équipier en X, au poste. Le règlement l'autorise à réclamer 3 essais pour un tour complet, afin de « repêcher » ses collègues sortis du jeu.

Et voici, dès lors, ce qui se passe :

Le joueur en X lui envoie la balle, il la repaume, et cherche à parcourir d'une seule traite tout le périmètre du pentagone. S'il y réussit, tous ses camarades éliminés rentrent dans le camp. Ils sont « blanchis ».

Au contraire, s'il échoue, c'est-à-dire qu'il soit touché par la balle entre deux bases, c'est la débâcle complète, il sort du jeu, l'équipe adverse marque 5 points.

Comme il n'y a plus, de ce fait, qu'un joueur dans l'équipe A et qu'il ne peut être à la fois lanceur et batteur, il prend place dans la chambre, paume la balle lui-même et essaye de franchir toutes les étapes du pentagone. Y parvient-il, il fait marquer 5 points à son équipe. Il récidive alors jusqu'à ce qu'un des joueurs de l'équipe B soit parvenu à l'atteindre avec la balle. Comme la partie se joue en 30, 40, ou 50 points, ce dernier équipier, ultime espoir de son camp, peut éviter la défaite en totalisant le nombre de points nécessaire à assurer la victoire à son team.

Cette prouesse est difficile à réaliser, surtout quand l'équipe a beaucoup de retard, ce qui est fatal puisque tous les équipiers sont hors jeu. Le sauveur doit donc faire très vite et se montrer très adroit à l'évitage quand la balle lui arrive dessus.

2° Enfin, une équipe qui occupait le camp est définitivement déchue de sa prérogative, lorsque ceux des équipiers qui ne sont pas hors-jeu se trouvent être arrêtés aux bases. Exemple : l'équipe A, occupante du camp, comportait 8 joueurs. Quatre ont été mis hors-jeu. Les 4 autres, arrêtés en course, sont aux piquets.

L'équipe B jette alors la balle au milieu du camp et l'envahit. C'est à son tour de l'occuper.

Telle est la Thèque; troisième formule, en somme, de la classique balle au camp.

LA BALLE AU CERCLE

LA balle au cercle exige environ une quinzaine de joueurs. Ils peuvent être plus nombreux, mais quinze compétiteurs constituent un minimum pour que le jeu soit amusant et mouvementé.

S'ils sont quinze, les joueurs se rangent sur un cercle d'environ dix mètres de diamètre, à intervalles égaux. L'un d'eux armé d'une baguette résistante se place au centre du cercle, après avoir posé à ses pieds une balle grosse à peu près comme les balles de tennis.

Son rôle consiste, en frappant la balle avec l'extrémité de sa baguette, à lui faire franchir le cercle des joueurs.

Ceux-ci doivent s'opposer à cette sortie en repoussant la balle du pied (fig. 12) vers le centre du cercle.

Mais cette réplique, si elle doit faire rentrer la balle dans le cercle, ne doit pas, en revanche, être donnée avec trop d'autorité de façon à ce que la balle ainsi renvoyée ne sorte pas du cercle, à moins que.... prévoyant cette sortie un des joueurs vers qui elle vient ne l'arrète au passage et ne la renvoie en bonne place. Pendant ces opérations successives, toujours armé de sa baguette, le joueur du centre profite de tous les incidents, de toutes les fautes, pour expulser la balle des limites du cercle.

Ce joueur-là ne doit faire exclusivement usage que de sa baguette pour en arriver à ses fins.

Quant aux joueurs qui s'acharnent à maintenir la balle dans le jeu, ils ne doivent la renvoyer qu'avec les pieds.

En outre, un seul d'entre eux doit répliquer ; il ne faut jamais intervenir plusieurs à la fois pour empêcher la balle de passer.

Lorsque le joueur du centre a réussi à faire franchir à la balle les limites du cercle, il gagne et cède sa place à un camarade dont il va occuper la position sur la périphérie du cercle, et dont le numéro d'ordre, tiré au sort, suit immédiatement le sien.

Il est donné ainsi, deux ou trois minutes à chaque joueur pour réussir le passage de la ligne.

A ce petit jeu, on ne compte pas de points. C'est un passe-temps au bout duquel il n'y a ni vainqueurs, ni vaincus.

La règle, on le voit, en est fort simple. Il convient cependant d'ajouter que les joueurs placés sur la limite du cercle ne doivent jamais se précipiter à l'intérieur du cercle, au-devant de la balle, mais attendre, pour la repousser du pied, qu'elle vienne à eux.

LA « FUNDA »

L A variété des jeux de balle est très grande et chaque jour
on invente, sinon une règle nouvelle, du moins un accessoire nouveau permettant d'envoyer la balle à l'adversaire ou de
la rattraper quand elle vous arrive.

Les fig. 13 et 14 représentent un dispositif nouveau, encore
peu répandu en France et qui consiste en ceci : sur une fourche à manche court est monté un filet en forme d'entonnoir,
rappelant beaucoup les épuisettes des pêcheurs, avec cette
différence que le fond du filet est ouvert. A cette ouverture
se trouvent deux petites joues métalliques flexibles.

Dès lors, voici ce qui se passe : la balle, d'un diamètre un peu
plus grand que l'orifice du filet, se glisse entre les joues métalliques qui la retiennent. Mais lorsqu'on la renvoie à la volée,
comme il est indiqué à gauche de la figure 14, son poids exerce
une pression sur les deux joues en question qui s'écartent et la
laissent s'échapper. Le jeu consiste donc à la lancer ainsi à l'adversaire et à la rattraper dans le filet quand on vous l'envoie.

Armé de cet accessoire, on peut multiplier les combinaisons
du jeu : jeu simple — un joueur de chaque côté —, double,
double-mixte, etc., etc., et même handicaps si la nécessité s'en
fait sentir. Nous ne donnerons pas ici une règle quelconque de
jeu ; libre aux amateurs de créer celle qui leur convient. Mais il
y a lieu de faire remarquer qu'avec l'accessoire qu'ils ont en

main, les joueurs doivent mesurer leur énergie dans le coup
d'envoi. Ce n'est pas celui qui fait l'effort le plus rapide et le
plus brusque qui envoie la balle le plus loin.

Il y a dans la manière de faire une part d'habileté, un réglage
de l'effort, qu'il est bien difficile de déterminer par des mots et
dont on se rend très vite compte soi-même par le maniement
de l'appareil.

Pour s'en faire une idée, il n'y a, au début, qu'à s'exercer à
envoyer la balle en progressant en force, à chaque coup d'envoi.

Certains joueurs logent volontiers la balle au sommet du filet,
elle glisse alors le long de celui-ci, et le mouvement du bras
est en plein effort quand la balle s'échappe de l'étreinte des
joues métalliques.

Ce système a ses partisans et ses détracteurs. Ces derniers
prétendent qu'en procédant ainsi il y a choc sur les joues, et
par conséquent arrêt de la balle qui laisse dans ce contact brusque une partie de sa vitesse. Les premiers, au contraire, estiment qu'en procédant ainsi, la balle s'échappe avec plus d'autorité.

Que chacun se fasse une opinion personnelle sur ces théories
opposées.

LA PAUME AU TAMBOURIN

L A balle au tambourin est en quelque sorte le tennis des pauvres. A vrai dire cette appellation est assez injustifiée, car le jeu de paume au tambourin a son caractère personnel et son intérêt particulier. La raquette, cela est incontestable, a détrôné le tambourin. Mais celui-ci a encore d'ardents et nombreux défenseurs, et sa déchéance n'est pas si complète qu'on veut bien le prétendre. Il existe encore quantité de gens très amateurs du jeu de balle au tambourin. Jeu d'ailleurs très « sportif » qui exige de l'adresse, du coup d'œil, du sang-froid, de la vitesse et de l'endurance. Le jeu à grande distance constitue un sport très énergique.

La balle au tambourin exige un terrain uni et découvert suffisamment vaste ; les dimensions de l'emplacement nécessaire augmentant avec la force et l'entraînement des joueurs.

Le jeu ne comporte qu'un matériel très réduit qu'on peut se procurer à des conditions particulièrement démocratiques : une simple balle de caoutchouc de 5 centimètres environ de diamètre et d'un poids variant entre 50 et 70 grammes, et un tambourin.

Les balles sont soit creuses, soit pleines ; certains joueurs préfèrent ces dernières; mais les balles creuses ont de nombreux partisans. Une balle pleine, dure comme pierre, peut occasionner un accident, les jeunes filles et les enfants feront donc bien, à tous les points de vue, de s'en tenir exclusivement

aux balles creuses, légères, et dont l'élasticité est parfaite.....
quand elles sont de bonne fabrication.

La question du tambourin est plus grave, si l'on peut dire.
Il lui faut des qualités de résistance et d'élasticité très grandes,
quand on veut qu'il fournisse une longue carrière et jouer
agréablement sans être obligé de se défendre contre un accessoire « qui ne rend pas ». Un tambourin peut avoir les qualités
requises sans qu'il en coûte beaucoup à celui qui veut se le
procurer. Le prix d'un bon tambourin — prix naturellement
variable avec les dimensions et la qualité de la peau — va de
3 à 6 francs. Six francs est un maximum de grand luxe ; la
moyenne est de 4 à 5 francs. A ce prix-là on peut avoir quelque chose de très bien.

Nombreux sont les fanatiques de ce jeu qui montent eux-
mêmes leurs tambourins en achetant un cerceau de bois chez
le fabricant, et une peau chez un marchand de peaux de tambour. Par ce procédé on sait ce que vaut la peau, on la tend
comme l'on veut, et on joue ainsi avec un instrument fait par
soi et pour ses goûts personnels.

Cependant, sans en arriver à cette extrémité, on trouve dans
le commerce des tambourins parfaits, tant au point de vue de
la qualité de la peau que du montage et qui ne coûtent pas plus
cher que ceux que l'on fabrique soi-même.

Un tambourin se compose donc d'un cerceau de bois de hêtre
ou de frêne — d'un bois à la fois léger et solide et ne
« travaillant » pas à l'humidité — et composé de petites lamelles
jouxtées et clouées ensemble, de façon à ce que les cercles
superposés aillent en diminuant et que celui d'en haut — le
plus près de la peau — ait 3 ou 4 centimètres de diamètre de
plus que celui du bas.

L'épaisseur de cerceau sur lequel est monté la peau varie,
cela va sans dire, avec le diamètre du tambourin et la grandeur

de la main du joueur. Mais ces deux données marchent parallèlement, les tambourins de grand diamètre étant faits pour les
adultes. Un tambourin doit être « bien en main », condition
indispensable pour renvoyer la balle avec précision et pour ne
pas céder à une fatigue rapide du poignet et du bras. (La fatigue
générale prématurée est d'ailleurs consécutive du maniement
d'un engin défectueux.) Un cercle trop haut pour la main ne
permet pas plus qu'un cercle trop bas et trop petit, une bonne
prise. Dans les deux cas il y a contraction fâcheuse et anky-
lose rapide des doigts.

La peau fixée sur la couronne du tambourin doit être souple,
flexible, et résistante à la distension. Une peau, sous l'influence de la température ou des chocs répétés qu'elle reçoit, se
détend, se plisse, ondoie en plusieurs endroits et perd toute son
élasticité. Il faut donc en surveiller la qualité et le montage.

Les peaux employées sont d'origine différente : sanglier,
porc, veau, chèvre.

Les deux premières ne valent pas grand'chose. Si, elles sont
appréciables pour leur solidité, mais c'est tout. En revanche,
elles présentent de nombreux inconvénients qui les rendent
franchement indésirables : elles sont lourdes, mal unies parce
que grossièrement granulées, sans élasticité appréciable, enfin
elles fléchissent tout de suite et restent tendues peu longtemps.

Elles ne peuvent guère être estimées que par les joueurs
qui jouent exclusivement en force avec des balles pleines et
qui, par leur manière dure et dénuée de souplesse de frapper,
assassinent littéralement les tambourins.

La peau de veau, moins résistante — encore qu'elle soit très
solide — a sensiblement plus d'élasticité. Elle tient la place
moyenne entre le porc, le sanglier et la peau de chèvre, la
plus fine, la plus élastique de toutes, mais aussi la plus fragile.
L'usage des balles pleines est impossible avec elle. Mais en

revanche, sa souplesse infiniment supérieure à la souplesse des trois autres, la fait rechercher par beaucoup de grands joueurs.

Cependant il faut conseiller aux novices malhabiles et aux joueurs pratiquant le jeu à grande distance de se servir de préférence de tambourins en peau de veau dont la résistance est plus rassurante.

Quel que soit l'animal qui l'ait fournie, la peau se monte toujours de la même façon. Et voici comment :

On la met au bain, dans l'eau froide, quotidiennement changée pendant huit à dix jours.

Cette trempette prolongée a pour objet de la faire bien dégorger, et à chaque changement d'eau, on a soin de la tordre pour assurer l'élimination complète des impuretés qu'elle contient et particulièrement des sels dont elle n'est pas débarrassée. Faute de procéder à l'évacuation de ces derniers, la peau est imparfaite ; si bien tendue qu'elle soit, elle ne tarde pas à se détendre. Le séjour dans le bain achevé, on la tord bien pour chasser l'eau dont elle est imprégnée, et quand elle n'est plus que simplement humide, on l'essuie avec un linge bien sec. Dès lors, on procède sans plus attendre au montage, opération très simple mais qui toutefois demande à être faite avec soin et attention.

Sur le cercle O du tambourin on place la peau. On en replie légèrement la périphérie pour faire un ourlet et on la fixe sur le cercle, intérieurement, avec un petit clou à tête ronde et plate. On tire alors fortement la peau, en la tendant autant qu'on le peut pour la fixer, par un clou, comme la première fois, en un point du cercle diamétralement opposé au premier, soit au point 2 (schéma 31).

L'opération continue ainsi en clouant successivement la peau en 3 et 4 ; 5 et 6, en enfonçant toujours un nouveau clou juste au milieu de l'arc de cercle limité par deux clous précédemment posés. Finalement la peau se trouve attachée par une succession circulaire de petits clous, placés à la même hauteur et distants les uns des autres d'à peu près 1 centimètre. Après quoi, séchage — séchage naturel — dans un endroit clos, abrité du soleil et du feu. L'évaporation complète de l'eau demande un jour ou deux. La peau est dès lors tendue. Un petit liston de cuir est collé très fortement et ensuite appliqué sur le bord extérieur du cerceau et cache les clous. Lorsque, après séchage de la colle, il est bien adhérent au cerceau du tambourin, celui-ci peut commencer son service.

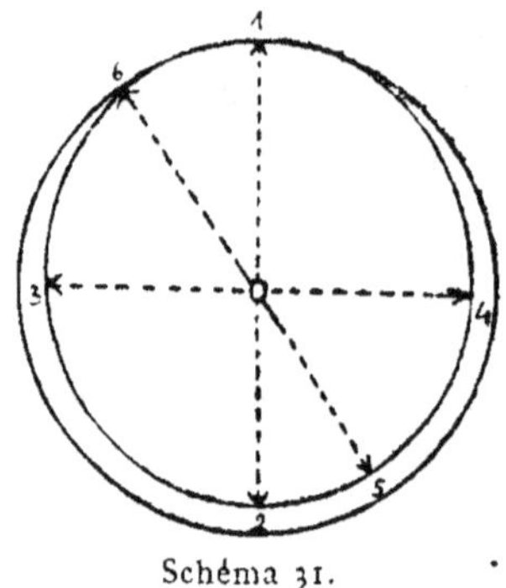

Schéma 31.

RÈGLE DU JEU Le terrain du jeu est formé d'un rectangle 1, 2, 3, 4, divisé en deux parties égales par une ligne tracée sur le sol A B et perpendiculaire aux grands côtés dudit rectangle 1-2, 3-4. C'est ce qu'on appelle la « basse ».

Des grands côtés la longueur est assez variable, mais, en général, elle va de 100 à 120 mètres. Quelquefois, cependant elle atteint jusqu'à 130 mètres. Il est peu fréquent qu'on joue sur cette distance. (Schéma 32).

Les deux lignes 1-4, 2-3 ont de 30 à 35 mètres. Cette longueur de 30 mètres est celle qui est presque toujours adoptée quand le rectangle de jeu s'étend en longueur sur 100 mètres.

Les joueurs, en nombre pair, sont répartis en deux camps, chaque équipe prenant position d'un côté de la basse. Et ils se postent en des points différents de l'emplacement qui leur est imparti. Ceux qui se tiennent au fond du rectangle, sont dits « fonceurs » ; les cordiers au contraire se placent près de la basse. Les fonciers étant à « la grande volée » les joueurs placés

entre eux et les cordiers sont ce qu'on appelle les joueurs à la
« demi-volée ». Le jeu consiste dès lors à se renvoyer la balle
d'un camp à l'autre dans des conditions prévues par le règlement en cherchant à totaliser 60 points — la partie se joue en 60
— avant que l'équipe adverse ait réussi à le faire.

Les points se comptent par « quinze ». Mais quand une
équipe qui a totalisé 45 points bénéficie d'un nouveau « quinze »,

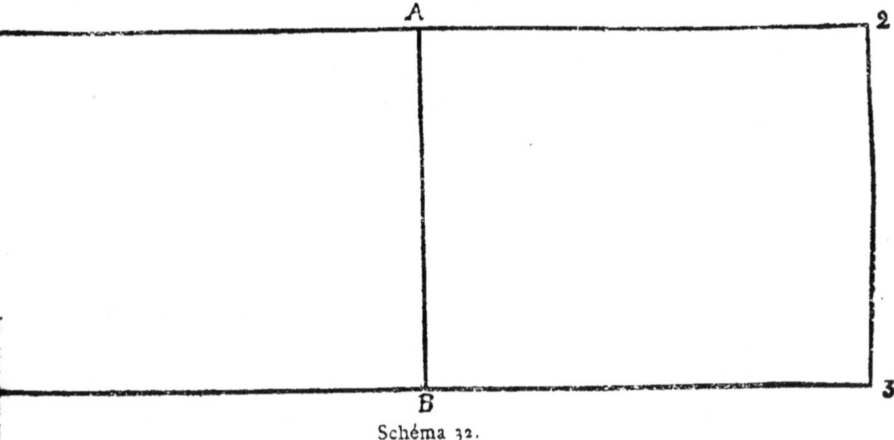

Schéma 32.

celui-ci n'est pas porté à son compte, mais les quinze points
sont diminués de ceux que s'est attribué l'équipe adverse.

Supposons ceci :

Equipe A a 45 points ; l'équipe B en a 30.

A gagne un quinze. La situation des deux équipes est la suivante :

<pre>
        Equipe A . . . . 45 points.
        Equipe B 15   —
</pre>

Si le team A gagne encore un « quinze », cette fois il le
compte, marque 60 et gagne.

Mais si c'est l'équipe B qui le gagne ce « quinze », la position des équipes devient :

<pre>
        Equipe A . . . . 30 points.
        Equipe B 30   —
</pre>

Les deux se trouvent ainsi à égalité de jeu. Le quatrième « quinze » doit donc être gagné deux fois de suite pour assurer la victoire, ce qui laisse une chance de plus à un team en péril de « remonter » son adversaire.

Qualités des coups et fautes qui s'ensuivent. — Suivant la façon dont se comporte la balle, celle-ci est considérée comme :

1° Balle nulle ;

2° Balle neutre ;

3° Balle bonne ;

4° Balle faute ;

5° Balle close ;

6° Enfin, elle donne lieu à ce qu'on appelle une « chasse ».

Toute balle qui atteint le marqueur est qualifiée nulle. (Le marqueur a son poste fixé dans l'enceinte du jeu.)

Une balle est dite « neutre » lorsqu'elle est jouée dans des conditions telles qu'elle ne vaut un « quinze » ni à l'une ni à l'autre des équipes.

Tant que les balles sont bien envoyées et bien reprises par les deux camps, conformément aux prescriptions du jeu, il y a échange de balles neutres, ce qui prouve que les deux équipes jouent également bien.

Mais il y a faute :

Quand la balle touche terre avant de franchir la ligne médiane du jeu, la « basse ». Conséquence : un quinze au camp adverse.

Lorsque la balle est envoyée ou reprise autrement qu'avec le tambourin même. (Exception est faite pour le pouce qui, pas-

sant par-dessus le cercle, est engagé sur la peau du tambourin.)
Encore un « quinze » au camp adverse.

Quand la balle, envoyée ou renvoyée, suit un trajet oblique
et sort latéralement des limites du jeu. Toujours un quinze
attribué au camp opposé à celui du joueur qui a commis la
faute.

Lorsque la balle atteint dans sa course un des joueurs appar-
tenant au même camp que celui qui l'a envoyée ou reprise.
Coût : un quinze marqué par les adversaires.

Le camp adverse gagne également un quinze quand un des
joueurs arrête la balle — en pleine volée ou quand elle rebondit
— autrement qu'avec le tambourin même ou le pouce de la
main qui le tient.

On dit d'une balle qu'elle est close lorsqu'elle sort des limites
du jeu par le fond (c'est-à-dire par les petits côtés). Le joueur
qui l'a envoyée ou renvoyée ainsi, après reprise, fait marquer
quinze points à son équipe.

Mais la balle ainsi lancée peut être reprise en dehors des
limites du fond par un joueur. Dans ce cas la balle n'est plus
« close » mais « neutre ». Il s'ensuit qu'aucune équipe ne
marque.

Restent les « chasses ». La « chasse » est déterminée par les
conditions spéciales dans lesquelles la balle parcourt le camp
adverse.

Supposons qu'un joueur, ayant lancé la balle régulièrement
— auquel cas la balle est bonne — celle-ci rebondisse deux fois
dans le camp adverse avant que les joueurs de ce camp aient
réussi à l'arrêter. (Aucune restriction n'est prévue dans la
manière de marquer cet arrêt ; tous les moyens sont bons.) Dans
ce cas la balle fait « chasse », et la ligne de « chasse » est figu-
rée par une ligne fictive perpendiculaire aux grands côtés du
quadrilatère et passant par le point où elle a été arrêtée.

LA PAUME
AU TAMIS

D ANS certaines régions du Nord de la France, et plus particulièrement en Picardie, les jeux de paume sont nombreux
et très en honneur. On joue la paume à la raquette — longue
et courte — la paume à main nue, etc., etc.

Mais une des formes du jeu de paume ayant le plus conservé
un caractère strictement régional est la paume au tamis.

En réalité, le principe n'en diffère guère des autres jeux simi-
laires. C'est toujours l'envoi et le retour d'une balle d'un camp
à l'autre. Quelques modifications toutes locales dans les règles
du jeu, des appellations qui ne le sont pas moins ; c'est tout en
somme. La paume au tamis fut longtemps une spécialité de la
jeunesse de l'arrondissement d'Amiens. Aujourd'hui la vogue de
ce jeu a beaucoup diminué, l'évolution sportive ayant modifié
partout en France les goûts et les tendances des jeunes gens.

On joue encore cependant à la paume au tamis dans les pro-
vinces picardes, et voici en quoi consiste ce jeu.

TERRAIN DU JEU Le terrain du jeu s'appelle la « place ».

Il occupe un rectangle de 60 mètres sur
10 mètres, en général, car ces dimensions sont variables. Le jeu
peut occuper un emplacement plus grand ou plus petit, cela
dépend de l'importance du terrain dont disposent les joueurs.

La « place » est entourée d'une petite rigole qui en marque

les limites. Le terrain, passé au rouleau, doit être dur et bien uni. Le rectangle est divisé en deux parties égales par une ligne tracée soit au lait de chaux, soit par une étroite sente gazonnée, peu importe.

Cette ligne de séparation s'appelle la « corde ». Les deux grands côtés du rectangle se nomment « lice », les deux petits côtés « rapport ».

JOUEURS Deux équipes de huit. Chaque huit dans son camp, les adversaires symétriquement placés par rapport les uns aux autres.

On se trouve dès lors en présence du dispositif suivant (schéma 34).

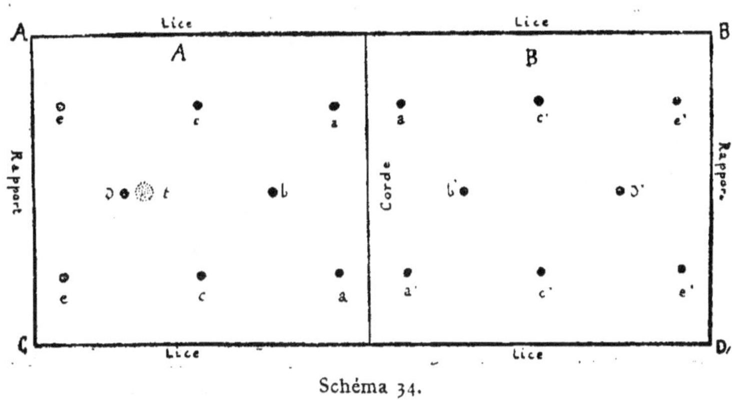

Schéma 34.

Les joueurs prennent donc position ainsi :
1° *Les cordiers :* ceux du camp A en a a — a'-a' ;
2° *Le milieu de corde :* camp A en b, camp B en b' ;
3° *Les « basse-volée » :* camp A en c c, camp B en c' c' ;
4° *Le fort du jeu :* camp A en d, camp B en d' ;
5° *Les « coups-perdus » :* camp A en e e, camp B en e' e'.

Le tamis est fixé en terre, dans le camp A, en *t*, devant le « fort du jeu. »

Il advient souvent qu'en raison de leur rôle effacé, on supprime les deux joueurs aux coups perdus — qu'on appelle aussi « ramasse-balles » —. Les hommes de basse-volée, et le fort du jeu se rapprochent alors du fond du jeu — du « rapport » — et ajoutent les fonctions des absents à celles qui leur incombent déjà.

Le « fort du jeu », comme son nom l'indique, est le meilleur joueur de son équipe. C'est à lui qu'est dévolu le commandement de l'équipe ; il occupe, en outre, dans son camp, la place la plus difficile.

Les « cordiers » sont au contraire les plus faibles, les joueurs les moins vites et les moins vigoureux.

Le « milieu de corde », placé derrière les deux cordiers, a une tâche plus compliquée. Il doit avoir des qualités de vitesse et de coup d'œil plus développées que les hommes qui sont devant lui, à la corde.

Les deux équipiers à la « basse-volée » (surtout celui de gauche en regardant le camp adverse) doivent être encore supérieurs aux trois autres, il leur faut être très mobiles, avec beaucoup de sang-froid et une grande justesse d'appréciation.

Les deux sacrifiés sont les hommes placés au fond du jeu, à proximité de la ligne de « rapport ». La balle ne leur arrive que sur les coups sans intérêt, c'est pourquoi on les désigne sous l'appellation de « coups perdus. »

ACCESSOIRES   La paume au tamis comporte, comme accessoires essentiels :

1° *Un tamis ;*
2° *Un gant de cuir renforcé ;*
3° *Une balle.*

Le tamis est un simple tamis dont le fond est fait de boyaux de chat entrecroisés — comme dans une raquette. Il est monté sur trois pieds de fer pointus qu'on enfonce dans le sol pour assurer la stabilité du dispositif.

Le gant est un gant de peau ordinaire, mais, en raison de la dureté de la balle, on l'a renforcé du côté de la paume, sur toute la surface qui va de l'extrémité des doigts au poignet, d'un épais revêtement de cuir qui protège la main. L'épaisseur d'un gant ordinaire ne permet pas de frapper la balle sans se faire beaucoup de mal. Cette plaque de cuir est lisse et légèrement incurvée de façon à ce que la balle se loge bien dans la main.

Quant à la balle, dure comme pierre — elle est faite d'un amalgame de plâtre et de coquilles d'œuf pétris. Lorsque la boule composée de ces éléments est encore tendre, on la roule soigneusement afin qu'elle soit absolument ronde, puis on la laisse sécher et quand elle a bien acquis sa consistance définitive, on l'enveloppe d'une gaine de peau, en veillant à ce que la couture, faite en gros fil bien solide, soit bien plate. Une aspérité quelconque qui empêcherait la balle d'être absolument sphérique, ne permettrait pas à celle-ci de rebondir comme il faut sur le tamis.

La balle n'est pas grosse, environ 3 centimètres de diamètre.

LE JEU La partie se joue en 8 points s'il y a 8 joueurs dans chaque camp. Lorsque, par la suppression des « ramasse-balles », le nombre des joueurs est réduit à 6, on joue en 6 points seulement.

Chaque équipe prend place dans le camp que le sort lui a désigné, et l'une d'elles a le tamis. Celui-ci est placé du côté de la ligne « rapport » au tiers de la distance qui la sépare de la corde.

Le camp qui a le tamis livre. C'est le « fort du jeu » à qui incombe ce rôle. Il se place en arrière du tamis, un peu en avant de la ligne des « ramasse-balles », la balle en main, court vers le tamis, frappe la balle contre celui-ci, et ralentissant légèrement sa course, rattrape la balle quand elle rebondit pour la paumer vers le camp adverse. Les adversaires de ce camp la repaument à leur tour et ainsi de suite jusqu'à ce que l'un des joueurs lui fasse franchir la ligne « rapport » du camp des adversaires ou qu'elle sorte latéralement des limites du jeu. Lorsque la balle franchit ces limites par la « lice », mais en roulant, on dit — expression déjà connue — qu'il y a « chasse ». On indique la chasse par une cheville de bois piquée sur la lice à l'endroit même où la balle l'a franchie. Lorsque deux « chasses » se sont produites dans un camp, les joueurs changent de côté, et ceux qui ont provoqué les chasses, « livrent » à leur tour pour tâcher de les gagner. Il s'agit, dès lors, de chaque côté, de toujours envoyer la balle au delà de la chasse pour que les joueurs adverses ne puissent la repaumer.

Indépendamment des « chasses » existent les « quinze » dont l'attribution est assez compliquée par les conventions mêmes du jeu. Une faute vaut un « quinze » pour l'équipe adverse à celle qui l'a commise. Le troisième « quinze » ne compte que pour dix. Ainsi un camp qui a deux « quinze » obtient-il un troisième qu'il ne compte que « quarante », le quatrième « quinze » ne s'additionne pas aux précédents, il attribue le jeu à l'équipe à laquelle il revient.

Lorsqu'un joueur, en « livrant », envoie donc la balle de telle sorte qu'elle ne franchisse pas la corde et tombe en deçà, le team opposé marque un « quinze ». Si, mal disposé, il récidive quatre fois, son équipe perd quatre « quinze » et le jeu passe aux adversaires qui prennent place du côté du tamis et « livrent » à leur tour.

Quand une balle livrée par un camp franchit à la volée le

rapport du camp adverse, l'équipe du camp d'où vient la balle fait un « par-dessus » et gagne un « quinze ».

Le gain d'une chasse vaut également un « quinze » au camp qui la gagne.

Une mise hors de jeu vaut l'attribution d'un « quinze » aux adversaires.

Il y a « chasse à l'homme » quand un des joueurs, en voulant repaumer la balle, ne la renvoie pas et la fait tomber près de lui. Cette chasse spéciale est transformée en « chasse » ordinaire. Toutefois, dans certains cas — c'est le fait d'une convention préalable — cette faute peut ne pas être jouée comme une « chasse », mais entraîner l'attribution d'un « quinze » à l'équipe adverse.

Deux joueurs d'une même équipe touchant la balle à la repaume, font perdre un « quinze » à leur camp.

Mais c'est dans l'attribution des points que le statut du jeu complique un peu les choses.

Tant qu'il s'agit de n'accorder des « quinze » que pour des balles incorrectement jouées, rien n'est plus simple. Cette simplicité disparaît à propos des « chasses ». Deux chasses ayant été faites, les équipes changent de camp, et chacune cherche à gagner lesdites chasses.

Celles-ci gagnées, le camp qui a le plus grand nombre de points a l'avantage. Rien de plus logique. Alors nouvelle interversion ; les teams changent encore de camp, et dès lors, il n'est plus fait état que d'une seule chasse, dite « chasse de jeu ». Si l'équipe qui a le plus petit nombre de points la gagne, elle redevient de ce fait à égalité avec la première et les teams « sont à deux. » Conséquence : nouveau changement de camp, et on refait état de deux « chasses ».

Si chaque équipe en gagne une la situation ne change pas, elle est toujours « à deux » et on recommence encore à faire état de deux chasses, à moins qu'un des deux camps à égalité ne marque un quinze, ce qui lui donne partie gagnée.

Dans chaque camp on livre à tour de rôle par équipier correspondant : fort du jeu contre fort du jeu adverse, basses-volées contre basses-volées, cordiers et enfin, s'il y en a, « ramasse-balle ». Telles sont les caractéristiques générales de ce jeu de paume au tamis, qui faisait encore fureur, il y a quelque vingt-cinq ans, dans la région picarde.

LE BLAID

L E *blaid* et le *rebot* sont les deux antiques jeux populaires de paume basque.

Ils ne diffèrent que par les règles spéciales à chacun d'eux, mais le principe fondamental en reste le même.

Du *blaid* il est en réalité fort peu de chose à dire; c'est un jeu très simple, les règles en sont aussi peu compli quées que possible. C'est en quelque sorte la « balle au mur » dans laquelle serait délimité l'espace imparti aux joueurs.

Le terrain de jeu est disposé de la façon suivante (schéma 35) :

M M' est le mur, dit « mur de rebot », contre lequel vient frapper la balle.

En avant de ce mur est une surface pavée Sp. formant un quadrilatère CM M'D.

Enfin CB, BA, DE, EF, constituent les limites latérales du jeu.

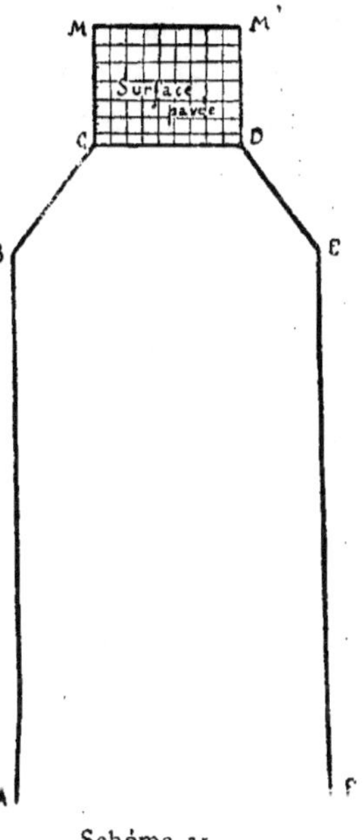

Schéma 35.

Dans le jeu de blaid la balle doit toujours être reprise à la volée et après le premier bond, pour être renvoyée contre le mur du *rebot*. C'est une condition fondamentale du jeu.

Le coup d'envoi se joue de la façon suivante : les adversaires étant divisés en deux camps, l'un d'eux fait rebondir la balle sur la surface Sp puis la paume contre le mur du rebot *au-dessus* d'une ligne tracée sur le mur à environ 80 centimètres du sol.

La balle doit dès lors rebondir, sans sortir des limites latérales du jeu au delà de la ligne CD, limite de la surface pavée. Ce coup d'envoi s'appelle « jouer le but ». Mais les joueurs qui reprennent la balle ne sont pas tenus par la suite de la faire revenir au delà de cette ligne CD ; ils peuvent la faire retomber en deçà, c'est-à-dire sur la surface pavée. L'essentiel est qu'elle ne sorte pas des limites qui fixent l'emplacement du jeu.

Si une balle, en rebondissant après avoir touché le mur du rebot franchit ces limites, l'équipe du joueur qui l'a lancée perd un point qui est attribué à l'équipe adverse. De même, lorsque la balle frappe le mur au-dessous de la ligne limite tracée à 80 centimètres du sol, l'équipe opposée à celle du joueur marque un point.

Lorsqu'un joueur, en envoyant la balle contre le mur, touche avec celle-ci un équipier du team adverse, le coup est nul et à recommencer. Mais si, au contraire, c'est un de ses partenaires que la balle touche, le camp des adversaires marque un point pour cette faute.

Lorsqu'un joueur manque la reprise d'une balle, l'équipe adverse marque un point.

La partie se joue *à main nue*, en un certain nombre de points préalablement fixé par les équipes concurrentes.

Ce jeu, on le voit, se recommande par sa simplicité. Il ne faudrait pas croire cependant, qu'on n'y puisse faire preuve d'aucune finesse. Comme dans tous les jeux impliquant l'obligation de reprendre une balle soit à la volée, soit après qu'elle ait rebondi, l'habileté consiste à mettre l'adversaire en difficulté en lui envoyant des balles difficiles. La jeunesse basque, très enthousiaste du jeu de paume sous toutes ses formes, excelle à des ruses, à des subtilités dans l'envoi de la balle, qui déroutent facilement le néophyte encore inexercé.

LE REBOT

AVEC le *rebot* nous arrivons à quelque chose de plus compliqué et nous voyons aussi apparaître le système des « chasses » qui jouent un rôle si important dans la longue et dans la courte paume.

Le « rebot » est un jeu essentiellement local ; il ne se joue qu'en pays basque. Les jeux de pelote des régions du nord — Aisne, Pas-de-Calais, Picardie — connaissent cependant ce principe des « chasses » qui, en fin de compte, est appliqué dans bien des jeux de balle du nord au sud de la France.

Le rebot se joue sur un emplacement de 80 à 100 mètres de longueur dont le tracé est absolument semblable à celui du « blaid ». Toutefois le terrain du jeu est ici séparé en deux parties, chaque camp affecté à une équipe et les équipes jouant face à face. Le « juge du camp » dans son ouvrage sur les jeux de balle explique ainsi ce jeu :

L'emplacement présente une disposition particulière : à 25 ou 30 mètres du rebot, il est partagé en deux par une ligne MN' parallèle au mur du rebot. Au milieu de cette ligne est placée une pierre de taille servant de butoir.

Cette ligne, qui sépare les deux camps, est la limite que, des deux côtés, les joueurs doivent faire franchir à la balle.

Au but, la balle lancée du butoir, vers le rebot, doit faire le premier bond dans l'intérieur de la surface pavée AA' BB', soit avant de frapper le mur du rebot, soit après l'avoir touché, et c'est de ce premier bond que le joueur placé au rebot doit la repousser.

Il n'est pas inutile de faire remarquer qu'au jeu de rebot la ligne horizontale tracée dans le mur pour le jeu de blaid est considérée comme n'existant pas.

Chaque fois que le buteur ou ses partenaires manquent la balle ou ne réussissent pas à lui faire franchir la ligne MM' le camp adverse gagne le point.

Lorsque le joueur ou ses partenaires laissent la balle dans l'espace MC BB' C' M' le point n'est gagné par aucun des camps.

On joue les parties en un certain nombre de points : en vingt, en trente, en quarante, etc., et celui des deux camps qui le premier réunit ce nombre gagne la partie.

Le mode de compter par jeux est plus compliqué.

On appelle « jeu » la réunion de quatre points. Ces points ont chacun une dénomination particulière : le premier est un quinze ; la réunion de deux points s'appelle « trente » ; trois points réunis font « quarante » : le but passe au camp adverse qui le garde jusqu'à ce que l'un des deux ait fait un nouveau quarante.

Lorsque les deux camps réunis ont chacun un point on dit qu'ils sont « quinze à » ; lorsqu'ils ont l'un deux points, l'autre un, ils sont trente à quinze ; si l'un a trois points et l'autre un ou deux ils sont quarante à quinze ou quarante à deux.

Lorsque, dans le cours du jeu, l'un des camps ayant fait quarante est égalé par l'autre, ils perdent un point chacun et reviennent à deux ; ils ont besoin alors, l'un et l'autre, de deux points pour achever le jeu.

Enfin quand l'un a fait le jeu, tous les points faits par l'autre dans le cours de ce jeu sont annulés, et le jeu suivant commence.

Cette manière de compter n'est guère en usage que pour le jeu de *rebot*.

Dans ce cas on marque l'endroit où la balle s'est **arrêtée** : c'est ce qu'on appelle une *chasse*; mais si la balle ne s'arrête qu'après avoir dépassé la ligne brisée CB B'C', le camp du buteur gagne le point (schéma 36).

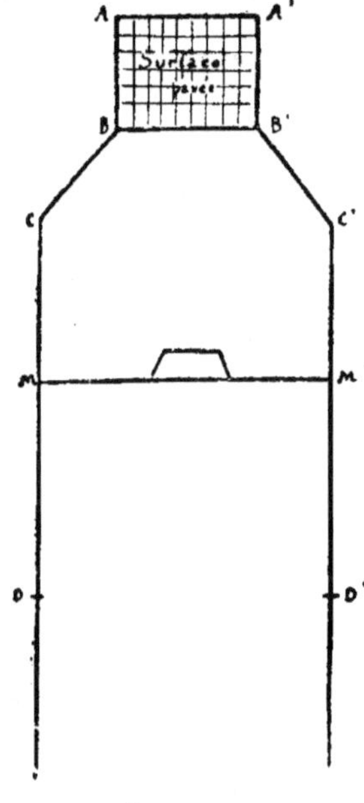

Schéma 36.

Au jeu de *rebot*, on compte par jeu comme il a été expliqué plus haut.

On appelle *passo* un point gagné par l'un des camps.

On appelle *chasse*, comme il a été déjà dit, le point auquel la balle s'est arrêtée ou a été arrêtée dans le polygone MC.BB' C'M'; en dehors de cet espace, il n'y a pas de chasse possible.

Les changements de place entre les deux camps sont provoqués par les chasses.

Une chasse, lorsqu'elle vient d'être faite, n'est un point gagné par aucun des partis.

C'est une limite.

C'est cette limite qu'il faudra faire dépasser à la balle après que le changement de place entre les deux camps aura eu lieu.

Quand une chasse est faite, il faut en marquer l'endroit avec nu objet apparent, tel qu'un rameau de chêne, qu'il ne faudra ramasser que lorsque la chasse aura été « enlevée », c'est-à-dire gagnée.

Après deux chasses les joueurs changent de place dès que la seconde chasse est faite; mais s'il n'y en a qu'une, ce changement ne doit avoir lieu qu'après avoir réussi « quarante » dans l'un des deux camps.

Les chasses, avons-nous dit, ne sont pas des points gagnés, mais des limites plus ou moins rapprochées du *rebot* et qu'il faut faire dépasser à la balle pour gagner le point.

Dès que les joueurs ont changé de place, la lutte pour enlever la première chasse commence : le joueur placé au rebot et ses partenaires ne doivent pas alors chercher à faire franchir à la balle la ligne du butoir, mais seulement celle qui partirait de la chasse, parallèlement à la ligne du butoir.

Les joueurs du camp adverse, de leur côté, ne se contenteront pas de repousser la balle vers un point quelconque au-dessus de la ligne du butoir : ils devront la faire arriver plus loin que la chasse ; les uns et les autres agiront de ·même pour enlever la seconde chasse lorsqu'elle existe.

Les joueurs qui, les premiers, réunissent le nombre de jeux fixé — huit, dix, douze ou treize — gagnent de ce fait la partie.

Tant que la balle n'aura pas franchi la ligne du butoir ou celle qui partirait de la chasse parallèlement à cette ligne, elle ne peut être arrêtée à la volée, au premier bond, et même après qu'elle aura bondi plusieurs fois.

Dans tous les cas, elle doit être repoussée à la volée ou du premier bond.

Pour fabriquer une balle servant à ce jeu, on prend une petite pelote de caoutchouc bien ronde sur laquelle on enroule des morceaux de soie usée ou de la laine filée qu'il faut avoir soin de bien serrer : on passe un peu de fil de coton par-dessus, et on coud la balle ainsi faite en faisant passer une longue aiguille de part en part, mais sans toucher la pelote de caoutchouc. On la recouvre ensuite avec du cuir bien souple.

Il est également possible d'utiliser les balles que l'on vend couramment dans le commerce et qui servent aux jeux de la longue et de la courte paume. Elles se recommandent même par leur élasticité mais leur grand défaut est de s'user rapidement et d'être d'un prix de revient relativement cher.

LA BALLE A LA TOURELLE

Sur un trépied est monté un plateau octogonal. Dans celui-ci sont disposées des cavités où peuvent se loger de petites balles d'étoffe.

Au centre du plateau (fig. 15) se trouve une tourelle, six fois ajourée à sa base afin de permettre aux balles qui tombent dans l'orifice de celle-ci, d'en sortir et d'aller se loger dans l'une quelconque des cavités du plateau, à moins qu'elles passent à côté et viennent s'appuyer contre son bord, légèrement surélevé.

A chaque cavité est attribuée une valeur : 5, 10, 25, 50.

Le jeu consiste dès lors à lancer les balles — 6 ou 12 — de façon à ce qu'elles entrent dans la tourelle et aillent s'enchâsser dans une des cavités du plateau. Le gagnant est celui qui totalise le plus grand nombre de points.

Les balles qui tombent à côté de la tourelle ne sont pas valables, quelle que soit la cavité dans laquelle elles se logent.

Il existe donc dans ce jeu une part d'adresse et une part plus grande encore de hasard, puisque c'est au petit bonheur que les balles vont se loger dans les trous qui les attendent.

Il s'ensuit qu'un joueur avec deux balles bonnes peut totaliser plus de points qu'un autre ayant réussi par exemple quatre balles.

Afin d'éviter cet aléa, on convient souvent d'accorder à toutes les cavités une valeur égale. Le hasard n'intervient plus dès lors que pour faire passer les balles à côté des trous sans s'y loger.

Il va sans dire que l'appareil doit être rigoureusement horizontal, sans quoi toutes les balles glisseraient d'un même côté, et, entraînées par la déclivité du jeu, traverseraient les cavités sans s'y arrêter.

La distance d'envoi des balles est variable. C'est sur cette distance qu'on se base pour établir des handicaps.

On peut également être handicapé par le nombre de balles à jouer, le plus fort joueur en lançant par exemple dix, et le plus faible douze.

Enfin, on peut rendre, sur un envoi de douze balles par exemple, deux, trois, quatre trous comptant 5 points chacun, à son adversaire.

C'est là un jeu à la fois de plein air et d'intérieur.

LE CLOCK-GOLF

JEU très simple d'origine anglaise, car l'Angleterre est fertile en inventions de ce genre.

En quoi consiste le *clock-golf?*

L'installation en est peu coûteuse.

Il suffit simplement d'avoir l'espace nécessaire sur une pelouse, pour décrire un cercle représentant un cadran qui peut être de diamètre variable selon la dimension de la pelouse (schéma 37).

Après avoir décrit ce cercle, divisez-le en 12 parties égales en enfonçant les chiffres en terre, dans l'ordre indiqué par le croquis.

Enfin, en dernier lieu, enfoncez le trou en tôle à ras de terre à un endroit quelconque choisi entre le centre du cercle et la circonférence, de sorte que la distance de chaque chiffre au trou diffère de longueur.

Schéma 37.

Le but du joueur est de faire entrer la balle dans le trou en partant de chaque chiffre, dans l'ordre successivement en commençant par le n° 1 et avec le moins de coups possible.

Pour jouer à ce jeu on a besoin, en outre, d'une balle de golf et d'un putter.

Comme entraînement pour le *putting*, le *Clock Golf* est incomparable, et l'intérêt qu'il excite aux réunions, montre que c'est un jeu populaire très attrayant.

Si l'agencement et le principe du jeu sont simples, la règle ne l'est pas moins. On peut jouer de deux façons différentes.

1° Chacun pour son compte ;

2° Par répartition des joueurs en deux camps.

Ceci établi :

1° Quand on joue chacun pour son compte, chaque joueur, à son tour, doit compléter le cadran, jouant successivement de chaque chiffre, dans l'ordre, et compter tous les coups qu'il fait.

2° Quand on joue par camp, chaque joueur prend un adversaire dans le camp opposé, ils font le tour du cadran. l'un après l'autre, comme il est expliqué ci-dessus, puis celui qui **gagne** compte un point *pour son camp*.

Toutes les fois que la balle ayant été frappée, se déplace de façon appréciable, le coup doit être compté.

LE SPIROBOLE

LE *spirobole* se joue à deux.

Il se compose d'un poteau érigé verticalement sur une pelouse ou sur un terrain uni quelconque d'environ 5 mètres carrés. Au sommet de ce poteau est fixée une corde, à l'extrémité de laquelle est attachée une balle.

Schéma 38.

Chaque joueur est muni d'une raquette et occupe un des deux camps marqués par une ligne transversale tracée sur le sol à la base du poteau (schéma 38).

Les joueurs commencent alternativement.

Pour commencer une spirale, on tient la balle d'une main (la corde étant tendue de toute sa longueur (et on l'envoie avec la raquette, soit à droite, soit à gauche, le but étant d'enrouler la corde autour du poteau.

Le joueur doit continuer à frapper la balle dans la direction donnée au premier coup (soit à droite, soit à gauche), jusqu'à ce que la spirale soit terminée.

La balle étant passée dans le camp de l'adversaire celui-ci la frappe en l'envoyant dans la direction opposée pour enrouler la corde dans l'autre sens.

Le joueur qui arrive à enrouler entièrement la corde autour du poteau, marque une spirale ou un point.

La balle doit seulement être frappée avec la raquette. Si un joueur frappe la corde et immobilise la balle, l'adversaire la remet en mouvement en tenant la balle à la main, comme au commencement, sans toutefois dérouler la partie de la corde déjà enroulée sur la spirale.

Si un joueur frappe la balle quand elle est dans le camp de l'adversaire, ce dernier gagne un point.

Le joueur qui, le premier, gagne neuf points est le gagnant de la partie.

Le nombre de points d'une partie peut être fixé à volonté au commencement de la partie.

JEU DES POTS MYSTÉRIEUX

C'EST un jeu qui fait fureur dans les villages de Normandie. Il est d'usage, le jour de « *l'assemblée* », autrement dit la fête patronale du pays, d'organiser une série de jeux-concours pour les jeunes gens et pour les jeunes filles de l'endroit, et les « pots mystérieux » réservés aux indigènes du sexe mâle au-dessus de seize ans, figurent invariablement au programme.

C'est une vieille coutume qui date de...., (elle est tellement ancienne qu'on ne peut guère préciser à quelle époque elle remonte). Enfin, peu importe, toujours est-il qu'elle est restée, de nos jours, en vigueur.

Et le jeu consiste en ceci :

On plante deux grands piquets de $3^m,50$ environ, à une distance de 4 mètres l'un de l'autre. A $2^m,50$ du sol, on tend solidement une corde transversale attachée à chacun des poteaux.

Puis on met à sac la réserve du jardinier, auquel on achète à bon compte ses vieux pots de fleurs. Huit de ces pots sont suspendus à la corde transversale, et à distance égale les uns des autres. La ficelle de suspension a pour chacun d'eux 15 à 20 centimètres de longueur, longueur variable d'ailleurs, car il n'est pas nécessaire que tous les pots soient à l'aligne-ment ; au contraire, il est préférable qu'il en soit autrement. Du moins, il y a lieu de le croire, puisque dans les campagnes normandes, c'est toujours ainsi qu'on procède.

L'installation du jeu présente donc le dispositif indiqué par
le schéma 39.

Mais le mystérieux dans tout cela ? Le voici, et il ne l'est
guère que de nom.

Dans chacun des pots de fleurs est placé un petit carré de
papier sur lequel se trouve inscrit ce qu'on recevra, comme
prix de son adresse, quand on aura réussi à casser bien des pots

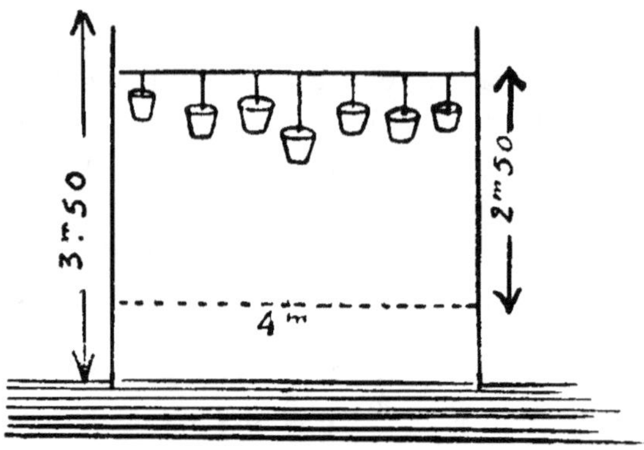

Schéma 39.

dans les conditions suivantes qui constituent la règle du concours.

Les concurrents sont placés à environ 20 à 25 mètres des
piquets et chacun d'eux prend place, à tour de rôle, à cette distance et face au milieu de la corde transversale où sont attachés
les pots de fleurs.

On procède par voie de tirage au sort, chacun a un numéro
d'ordre. Donc le numéro 1 ouvre le jeu. Il se place comme il
vient d'être indiqué, puis on lui bande soigneusement les yeux,
de façon à ce qu'il n'y voie goutte.

Un des commissaires du jeu lui fait alors exécuter vivement

plusieurs tours sur lui-même pour qu'il perde le sens de la direction, mais le remet face de la corde. Après quoi, il l'arme d'un bâton. Il s'agit alors :

1° D'avancer, sans y voir dans la direction de la corde où sont suspendus les pots de fleurs ;

2° De s'arrêter quand on croit être à distance voulue pour casser d'un coup de bâton l'un quelconque des pots au hasard ;

3° De ne frapper qu'un seul coup *de haut en bas*.

Les résultats que voici se produisent dès lors :

1° Le concurrent s'écarte de son chemin, et passe en dehors des poteaux. Coup nul. On l'arrête, on lui enlève son bandeau, on le désarme. Au tour du suivant.

2° Il dépasse la limite de la corde, c'est-à-dire laisse la rangée de pots derrière lui. Même conclusion que précédemment.

3° Il frappe dans le vide. Même résultat que dans les deux cas qui précèdent.

4° Il donne son coup de bâton *latéralement* ou *obliquement*. Qu'il ait ou non cassé un des pots, il est disqualifié et définitivement éliminé du concours.

5° Enfin, il casse régulièrement un des pots. Coup valable ; il a droit au prix inscrit sur le morceau de papier que contenait le pot brisé.

Et les concurrents recommencent dans leur numéro d'ordre jusqu'à ce que tous les pots de fleurs aient été mis à mal.

Pour corser l'imprévu et le mystérieux du concours, les bulletins ne mentionnent pas que des prix à gagner. Il en est qui comportent certaines obligations auxquelles est obligé de se conformer celui qui a cassé le pot. Aussi on ne sait pas, quand on a donné un coup de bâton bien placé s'il va vous rapporter ou vous coûter quelque chose.

Les veinards, ceux à qui la chance sourit toujours, tombent naturellement bien. Leur coup de matraque leur rapporte un prix en nature ; poulet, bouteille de vrai marc, cigares, etc., etc.

Les autres, au contraire, au lieu de toucher quelque chose, payent leur adresse involontaire. Tel bulletin porte : « tu donneras demain six œufs à la mère Jeanne », une vieille pauvresse du pays. Ou bien : tu iras cette semaine au hangar fourbir la pompe pour la sortie des sapeurs-pompiers de dimanche prochain.

Les pénalités varient avec les corvées locales.

Lorsque, ce qui arrive toujours, tous les pots ne sont pas cassés au premier tour, les concurrents, exemption faite de ceux qui ont été éliminés, tentent une seconde fois la chance, même ceux qui ont déjà réduit en miettes un des pots. Mais cela est question de convention et dans certains cas ceux qui ont frappé juste une fois laissent la place aux autres.

Dans certains villages, on accorde ce qui s'appelle « trois coups à la chandelle », c'est-à-dire que chaque concurrent, au lieu de donner un seul coup de bâton, a le droit de frapper trois fois.

Mais cette tolérance est rarement accordée, en raison du petit nombre de prix dont disposent les organisateurs et de la quantité toujours assez importante des amateurs.

Par le procédé d'une tentative unique, on voit qu'un même concurrent râfle plusieurs prix à lui tout seul. Et puis, la compétition dure plus longtemps.

LA DÉCAPITATION DU CANARD

ENCORE un jeu très en vogue dans les fêtes locales normandes. Il est réservé exclusivement aux hommes, et a quelque chose de sanguinaire par quoi beaucoup de personnes ne l'apprécient que médiocrement. La victime — un canard — ne souffre pas de la mutilation supplémentaire qu'on lui inflige puisqu'elle est morte, mais enfin la décapitation posthume qu'on lui impose constitue un spectacle qui n'est pas du goût de tout le monde.

Au milieu d'une corde tendue, à 2^m,50 de hauteur, entre deux piquets, est suspendu un panier dont le fond troué laisse pendre le cou d'un canard mort.

Comme dans le jeu précédent, les concurrents sont placés, les yeux bandés, à 20 mètres du but à atteindre, mais cette fois armés d'un vieux sabre.

A tour de rôle, dans leur numéro d'ordre déterminé par tirage au sort préalable, ils avancent jusqu'à ce qu'ils croient bon de ne pas aller plus loin, puis d'un vigoureux coup latéral ou oblique, ils essaient de trancher net la tête du canard.

Pour que le coup soit valable, il faut que celle-ci, sectionnée complètement, se détache du col. Si elle tient encore, ne fût-ce que par un lambeau de peau, ça ne compte pas, et le concurrent suivant se met à son tour en ligne, pour achever l'œuvre de décapitation commencée.

Si un concurrent s'écarte de la limite des piquets ou va plus

loin que la corde transversale, on l'arrête, et on passe à un suivant immédiat.

Le canard appartient naturellement à celui qui lui a tranché
la tête dans les conditions fixées par le règlement.

LE BALLON A L'ANNEAU

A l'extrémité d'un poteau de 3 mètres environ de haut est fixé un anneau dont la périphérie est parallèle au sol (fig. 16). Cet anneau suffisamment large pour laisser facilement passage à un ballon d'un modèle un peu moins grand que celui qui sert pour le foot-ball association.

Le poteau est placé au centre d'un cercle d'environ 25 à 30 mètres de diamètre. Autour de ce cercle et sur sa limite, sont échelonnés les joueurs divisés en deux camps.

Le jeu consiste dès lors à lancer le ballon de façon à ce qu'il retombe en passant par l'anneau.

Mais les joueurs, pour obtenir ce résultat, ne restent pas en place, et ne se contentent point de lancer le ballon à tour de rôle, ce qui serait trop banal. Ce jeu comporte un caractère plus combatif. Et voici donc ce qui se passe.

Le sort ayant désigné l'équipe à qui revient le coup d'envoi, le ballon est envoyé par un des équipiers de ce camp, de telle façon que ledit ballon passe — si possible — par l'anneau.

Alors, tous les équipiers se mettent en mouvement, *à l'intérieur du cercle* — chacun cherchant à s'emparer du ballon soit pour le lancer à son tour, soit pour le passer à un camarade d'équipe mieux placé pour réussir le coup.

Il faut faire vite car les joueurs du camp adverse peuvent s'interposer et gêner l'adversaire qui est en possession du ballon, afin de l'empêcher de réussir.

L'empêcher? Comment? En le bousculant, en tentant de lui enlever le ballon, *mais pas autrement qu'avec l'usage des mains.*

D'autre part, les équipiers du petit camarade qui détient le ballon peuvent et doivent déjouer les petites combinaisons des adversaires hostiles, en protégeant le camarade menacé, c'est-à-dire en s'opposant à l'attaque de la troupe ennemie.

Dans la défense comme dans l'attaque, tout ce qui est intervention des jambes est interdit: croche-pied, passement de jambes, coups de pied sur le ballon quand celui-ci est à terre.

Chaque fois que le ballon passe par l'anneau, un point est acquis à l'équipe du joueur qui a réussi le coup.

Lorsque le ballon sort du cercle qui limite le champ d'action des joueurs, l'équipier qui a commis la faute fait marquer un point à l'équipe adverse. Les joueurs reprennent place sur la limite du cercle d'où l'envoi est fait comme au début de la partie.

Même modalité de pénalisation pour quiconque, dans le débat, se sert de ses jambes contrairement à la défense spécifiée plus haut.

Pénalité d'un point au profit de l'équipe adverse pour tout adversaire qui, pendant le jeu, sort du cercle à un moment quelconque et quelle qu'en soit la raison, fût-ce même pour rattraper le ballon.

La longueur du diamètre de 25 mètres n'est pas fixe, c'est même une longueur minimum. Il y a tout intérêt à donner plus de champ aux joueurs, quand on dispose d'un espace suffisant pour le faire.

Les déplacements des joueurs ont de ce fait plus d'ampleur, le jeu est moins resserré, l'activité plus grande et la partie plus intéressante aussi.

Dans un petit cercle les coups d'envoi sont étriqués et le ballon sort trop souvent des limites du jeu.

On joue en un certain nombre de points, fixé d'avance, suivant le temps dont on dispose.

Le nombre des équipiers est illimité. Toutefois dans un cercle restreint, on ne peut admettre que peu de joueurs.

JEU DES CISEAUX

LE jeu des ciseaux, vieille coutume normande, est infiniment moins brutal que le jeu du canard. Il est d'ailleurs réservé aux jeunes filles et voici en quoi il consiste.

Deux piquets distants de 4 mètres sont reliés par une ficelle transversale à 2 mètres du sol.

A cette ficelle, et à intervalles égaux sont suspendus à des fils de 50 centimètres de long, des objets quelconques à l'usage des jeunes filles : ciseaux, dés, pièces de ruban, petits nécessaires à broder, etc., etc.

En somme, même installation que pour le jeu des pots merveilleux.

Les jeunes concurrentes sont placées à tour de rôle à une quinzaine de mètres et face au milieu de la corde transversale qui supporte les prix à gagner. On leur bande les yeux avec un mouchoir, on leur remet une paire de ciseaux, qu'elles tiennent devant elles — à une ou deux mains — grands ouverts et pointés en avant. Au commandement : « Allez Mademoiselle », la concurrente en jeu s'avance et tâche à couper un des fils au bout desquels sont suspendus les objets.

Si elle y réussit, le prix qu'elle a décroché lui appartient ; dans le cas contraire, c'est au tour de la suivante à se mettre en ligne.

Lorsque, avançant ainsi au petit bonheur, la jeune demoiselle franchit la limite latérale des piquets ou va plus loin que la corde transversale, on l'arrête puisque son essai sera notoirement infructueux.

Il n'est pas obligatoire de suspendre les prix à gagner au bout des fils. On peut — et c'est généralement ce qui se fait — en inscrire la nature sur un carré de papier qui, lui, est attaché à l'extrémité de chaque fil, et comme il faut que celui-ci soit bien perpendiculaire, on alourdit le papier avec un caillou.

La longueur des fils varie avec la taille des concurrentes. En principe, les ciseaux doivent être tenus à hauteur de la poitrine et, dans cette position, les fils doivent pouvoir être coupés environ au tiers inférieur de leur longueur. Ce jeu, on le voit, n'est pas d'une conception bien compliquée, il est facile à organiser partout, et à peu de frais.

Les prix, seuls, coûtent de l'argent si l'on veut faire luxueusement les choses, mais avec un petit budget, on peut arriver à s'amuser à bon compte.

Enfin, lorsqu'on veut que plusieurs prix n'aillent pas à une même demoiselle ayant la main particulièrement heureuse, on convient que toute concurrente qui a réussi à gagner un objet, sera tenue de s'en contenter et ne continuera pas de prendre part à la compétition. Tant pis si la chance ne l'a pas favorisée en lui faisant gagner un objet moins intéressant que ceux qui restent.

LA POURSUITE EN CERCLE

C'EST un vieux jeu scolaire qu'on pratiquait beaucoup, jadis, dans les écoles, avant que les exercices plus sportifs comme le foot ball aient capté tout l'intérêt de la jeunesse.

Le jeu n'est possible qu'à la condition d'être un assez grand nombre de joueurs. Ceux-ci forment un cercle d'environ vingt mètres de diamètre, chaque joueur étant placé à environ deux pas de ses camarades de droite et de gauche. (Fig. 17-18).

On doit donc disposer d'un assez vaste espace.

Deux des enfants sont détachés du groupe et placés en dehors du cercle et en deux points opposés de celui-ci. L'un chasse, l'autre fuit. Au signal donné par le directeur du jeu, le chasseur poursuit, se précipite pour attraper l'adversaire qui cherche à lui échapper en se glissant entre les joueurs qui forment le cercle. Il lui est permis de traverser le cercle d'un bout à l'autre ou de courir tout autour de la périphérie.

Mais, ni lui, ni son poursuivant ne doivent bousculer au passage les joueurs entre lesquels ils passent. Celui qui commet cette infraction à la règle est hors jeu, il perd un point et prend place dans le cercle en remplacement d'un camarade de son équipe.

L'ensemble des joueurs est, en effet, divisé en deux équipes : l'équipe des poursuivants et celle des poursuivis.

L'équipe qui compte le plus de points quand tous les équipiers ont été en jeu, c'est-à-dire ont poursuivi ou ont cherché à échapper à leur adversaire, est l'équipe gagnante.

La durée de la poursuite est naturellement limitée, faute de quoi, si un poursuivant mettait un temps infini à attraper son adversaire, les autres joueurs feraient le piquet pendant toute une récréation, rôle passif qui deviendrait bien vite fastidieux.

On convient donc de la durée de la chasse : deux minutes en général. Si, au bout de ce laps de temps, aucun résultat n'est acquis, il y a poursuite nulle — cas qui se présente fréquemment — les deux équipiers rentrent dans le rang et cèdent la place à leurs suivants immédiats.

L'inconvénient de ce jeu, et cependant, autrefois, nous ne nous en trouvions pas plus mal pour cela, est de laisser les joueurs assez longtemps sur place — quand les adversaires sont nombreux — après qu'ils ont été échauffés par la course-poursuite. S'ils sont en moiteur on craint qu'ils ne prennent froid.

Aussi, une fois sur le cercle on leur recommande de ne pas conserver l'immobilité, de remuer, de sauter sur place, pour que la circulation soit toujours bien active, sans cependant diminuer l'intervalle qui les sépare, à droite et à gauche, de leurs camarades.

De plus, il est formellement interdit d'empêcher de passer ou de gêner en se déplaçant de côté les joueurs qui se poursuivent.

Quiconque commet une infraction à cette règle fait perdre un point à son équipe, même s'il a gêné un des joueurs de son camp.

Lorsque cet incident se produit, les adversaires qui se poursuivent sont arrêtés, remis en place, et la chasse recommence.

Enfin, pendant la poursuite, il ne faut ni bousculer, ni toucher, un des joueurs du cercle devant lesquels, derrière lesquels ou entre lesquels on passe.

Quiconque le fait, entraîne la perte d'un point pour son équipe et prend immédiatement — ainsi que son camarade, qui n'a pas fauté — sa place dans le rang.

On voit que pour se livrer à ce jeu, de règles si simples, il faut être assez nombreux, sans quoi, le cercle formé par les joueurs est d'un diamètre insuffisant, qui réduit la course des adversaires en poursuite et oblige à des crochets incessants facilitant la tâche de celui qui cherche à attraper l'autre.

Enfin, quand on n'est pas en nombre absolument suffisant pour se placer à intervalles de deux pas, on accorde un pas de plus, soit trois pas d'écartement entre les joueurs. Ceux-ci sont alternés, c'est-à-dire que chaque équipier se trouve placé entre deux camarades de l'équipe adverse.

Tel est, dans sa rare simplicité, ce jeu peu coûteux puisqu'il ne comporte aucun accessoire, et n'exige qu'un emplacement suffisant.

LE SAUT DE MOUTON

Encore une petite distraction qui ne date pas d'hier !

Est-il bien besoin d'expliquer en quoi consiste le jeu du saut de mouton ? Et pourquoi cette appellation alors que la manière de sauter ne rappelle en rien celle du mouton ?

Le saut de mouton consiste à passer en sautant les jambes écartées par-dessus un camarade plié en deux et dont le dos, horizontalement allongé, offre un point d'appui aux mains (fig. 19).

C'est là la manière usuelle, la manière la plus simple, car il en est une autre qui consiste à sauter en « chandelle », c'est-à-dire à passer par-dessus le camarade qui se tient debout, le dos légèrement voûté, la tête bien penchée en avant. Le sauteur, dans ce cas, prend appui des mains sur les épaules.

Dans la manière classique de jouer au saut de mouton, on procède soit sans élan, soit avec élan.

Le saut sans élan n'est pas celui qui amuse le plus les enfants.

Il consiste à franchir l'obstacle de pied ferme, en s'en éloignant progressivement.

Lorsqu'un des joueurs ne réussit pas à sauter parce qu'il se trouve trop éloigné de l'obstacle, il remplace le camarade qui offrait complaisamment son dos à ses petits amis.

Le saut de pied ferme peut être simple ou augmenté d'une fantaisie variable telle que claque sur la croupe, coup d'éperon, etc., etc., que l'on pratique aussi dans le saut avec élan.

Le saut de mouton avec élan, c'est-à-dire avec course préparatoire et appel de pied, est de beaucoup le plus amusant.

Les petits se contentent d'y jouer sans compliquer les choses, sautant tout naturellement, tant bien que mal, et comme ils le peuvent.

Mais à partir de quatorze ou quinze ans on élève cet exercice presque à la hauteur d'un sport qui rappelle beaucoup le franchissement du cheval tel qu'on le pratique dans les sociétés de gymnastique.

Alors, le triomphe des forts, c'est la « plombe ».

La « plombe » ? Vous ignorez ce que c'est ; voici :

D'abord il y a deux sortes de « plombes », la « plombe » ordinaire et la « plombe en tombant du ciel ».

La « plombe » consiste à tomber, les mains sur le dos du camarade, avec pesanteur, comme une masse de plomb.

Ce résultat s'obtient en prolongeant la période de suspension du saut, soit en faisant l'appel de pied le plus loin possible, — c'est la plombe ordinaire — soit en s'élevant aussi haut qu'on le peut et en se laissant retomber sur les mains (et sur le dos du petit camarade, bien entendu) et c'est ce qu'on appelle une « plombe en tombant du ciel ». Dans l'un comme dans l'autre cas, les mains ne doivent pas frapper sur l'échine, elles doivent être appliquées les bras tendus.

La « plombe », prise en longueur, permet de franchir plusieurs camarades placés côte à côte, et c'est toujours sur le dernier ou sur l'avant-dernier que l'on doit tomber. Cela dépend de la façon dont on saute.

Indépendamment de la plombe, le chef de file, c'est-à-dire celui qui saute le premier indique ce que chacun des sauteurs doit faire : un coup d'éperon, par exemple, qui consiste à donner un coup de talon sur la croupe en sautant ; une claque : soit une claque au même endroit appliquée pendant le saut avant que les pieds aient touché terre.

Mais les grands virtuoses du saut de mouton dédaignent ces fantaisies. Ils ne s'attachent qu'à sauter du plus loin possible en reculant progressivement la ligne-limite d'appel du pied.

On arrive ainsi à fournir des sauts très élégants, puissants et souples à la fois.

Lorsqu'on prête son dos au saut de mouton, il faut cintrer légèrement la colonne vertébrale et prendre, des mains, un point d'appui sur les genoux. Jambes légèrement écartées, et un peu fléchies pour être bien d'aplomb et céder doucement sous le choc.

LE CAVALIER DÉSARÇONNÉ

LE cavalier désarçonné n'est pas ce qu'on peut appeler précisément un jeu de la dernière nouveauté. On peut, à l'heure présente, lui opposer des distractions d'un caractère plus moderne, mais il est resté classique et conserve encore, parmi la jeunesse actuelle, de nombreux partisans.

Dire en quoi consiste ce jeu est chose fort simple, car il est fort simple lui-même, et d'ailleurs très connu.

Qu'on en juge plutôt.

Pour jouer au cavalier désarçonné, il faut être au moins quatre : les deux cavaliers et leurs montures.

Lorsque les joueurs sont plus nombreux, ils se divisent en deux camps, chacun d'eux représentant un « parti » qui lutte contre l'autre. Des conventions, préalablement fixées, établissent les conditions dans lesquelles la victoire est acquise à l'un et la pâle défaite infligée à l'autre.

La figure 20 représente une de ces luttes épiques.

Dans chaque camp, les joueurs sont, à tour de rôle, cavaliers et chevaux, parce que ce ne sont pas toujours les mêmes qui doivent remplir la fonction de bête de somme.

Le cavalier enfourche sa monture suivant la méthode classique bien connue : à califourchon sur les reins de son camarade ; celui-ci encercle avec les bras les jambes de son complice afin d'assurer sa solidité à cheval.

Le jeu consiste alors à désarçonner un petit camarade monté de la même façon. Lorsque deux camps sont en présence, le différend se règle par une suite de combats singuliers, et le parti qui a remporté le plus grand nombre de victoires est déclaré vainqueur. Les rôles sont alors intervertis, les montures se transforment en cavaliers et ceux-ci, à leur tour, remplissent la fonction de nobles destriers.

Et la joute recommence comme la première fois. Cette seconde épreuve terminée on ajoute les points acquis par chaque parti à ceux gagnés dans l'épreuve précédente, et l'équipe ayant totalisé le plus grand nombre de victoires est déclarée la grande triomphatrice de l'heure.

Une autre forme du jeu consiste en ceci et entraîne une progression dans l'attribution des points.

Selon le nombre des joueurs, on trace un cercle de 10, 15, 20 mètres de diamètre, au centre duquel prennent place à tour de rôle, deux combattants de chaque parti.

Lorsque l'un d'eux réussit à bouter hors du cercle son adversaire, mais sans avoir pu le désarçonner, sa prouesse lui vaut un point.

S'il le désarçonne, c'est deux points.

Enfin, la rencontre a lieu, si l'on veut, en « mêlée générale », et c'est la troisième manière.

Tous les adversaires prennent place en même temps dans le cercle, chaque parti rangé en bataille, face à face. Au signal, chacun s'élance sur un ennemi et cherche à le désarçonner. Tout combattant qui y réussit va immédiatement prêter main forte à un partisan, et l'aide à se défaire de son adversaire. La victoire appartient au camp dont plusieurs adversaires — et même un seul — restent debout.

La mêlée générale prévoit aussi le cas suivant : tous les cavaliers entrent en lice et chacun travaille pour son propre compte en cherchant à désarçonner les uns après les autres ses adversaires. Mais il ne faut jamais se mettre à deux contre un.

Le dernier demeurant debout est le vainqueur.

Quel que soit le système de combat que l'on adopte, les cavaliers seuls doivent batailler. Les chevaux s'abstiennent de prendre part à la lutte autrement qu'en cherchant à bien rester d'aplomb sur leurs jambes et en facilitant, par de brusques écarts fournis au moment opportun, la tâche de leur cavalier.

En d'autres termes ils ne doivent jamais intervenir des mains, celles-ci devant exclusivement assurer la solidité à califourchon du combattant.

LE CHEVAL FONDU

ON n'y joue plus beaucoup maintenant, au collège, pendant les récréations.

Jadis avec les « barres » et l' « ours », le cheval fondu faisait fureur. Aujourd'hui, sans être complètement à l'index il est un peu délaissé.

C'était cependant, pour une époque où l'on s'inquiétait peu de sport, un jeu sportif. Excellent exercice physique, bien que considéré en ce temps-là comme un jeu rude, il mettait à contribution la souplesse et la résistance des jeunes gens et des « petits » encore que dans certains établissements le cheval fondu leur fût interdit par des surveillants pusillanimes et timorés.

Dans le cheval fondu il y a les chevaux et les cavaliers, les cavaliers sauteurs.

Pour goûter les joies complètes du cheval fondu, il faut être au moins huit et au maximum douze.

Les joueurs se divisent alors en deux camps : on désigne au sort le camp qui « s'y colle » le premier, c'est-à-dire celui qui va fournir les chevaux. C'est d'ailleurs le rôle le moins attrayant du jeu.

Voyons les chevaux. Ils s'installent de la façon suivante : courbé en deux, le buste horizontal, bien arc-bouté sur ses jambes, les mains appuyées contre un mur, telle est la position du premier (fig. 21). Le second appuie sa tête contre le bassin du premier et le tient en même temps aux hanches, pour bien assurer sa stabilité dans cette position courbée en avant, que le troisième, le quatrième et ainsi de suite, prennent également, jusqu'à ce que toute la cavalerie soit en ligne.

Le rôle des cavaliers consiste dès lors à sauter à cheval, chacun prenant son élan à tour de rôle et le saut se faisant en longueur et non pas de côté. Il faut que tous les cavaliers restent à califourchon, inclinés ou non en avant jusqu'à ce que le dernier d'entre eux ait sauté.

Si, pendant un saut, un des cavaliers et même celui qui saute tombent à terre, immédiatement les rôles sont intervertis et c'est au tour des chevaux de devenir cavaliers.

C'est généralement le meilleur sauteur qui part le premier pour aller se mettre à califourchon le plus loin possible et laisser les premiers chevaux libres pour les moins forts qui peuvent ainsi sauter plus facilement.

Mais la grande fantaisie consiste à opérer en sens contraire, les plus forts sautent les derniers et passent par-dessus les autres qui se couchent le plus possible sur leur monture. Un même cheval peut supporter quelquefois deux cavaliers couchés l'un sur l'autre, le second étant lui-même à califourchon sur le premier.

Le rôle du cheval qui reçoit le choc du cavalier n'exige pas une résistance bien grande, mais enfin il est tout de même indispensable de s'assurer un bon équilibre sur les jambes légèrement écartées et surtout de ne pas creuser les reins, mais au contraire d'arrondir le dos.

En se plaçant ainsi, le jeu ne présente aucun danger. Il constitue même un très bon exercice physique. Que de générations d'élèves y ont pris plaisir ! Et puis quand on est un groupe de petits camarades, réunis soit au jardin, soit sur la plage, rien n'est plus facile que d'organiser une partie de cheval fondu, jeu qui n'exige aucun accessoire.

LE BASCULO

CE n'est point là, à proprement parler, un jeu. Il fait plutôt partie des fantaisies récréatives enseignées dans les écoles, par les professeurs de gymnastique, pour tromper la monotonie des séances d'éducation physique.

Et cependant cet exercice se retrouve un peu partout et est considéré comme un jeu. Qu'il lui soit donc consacré quelques lignes très brèves.

Ce jeu du basculo pourrait d'ailleurs s'appeler aussi bien jeu du rameur, du « va et vient », etc., etc.

Assis face à face, les jambes pliées, la pointe des pieds de l'un contre la pointe des pieds de l'autre, et les mains dans les mains, les enfants se penchent en avant et se renversent en arrière alternativement, l'un tirant l'autre à soi. Et c'est tout (fig. 22).

On voit qu'il s'agit là d'un exercice d'assouplissement récréatif plutôt que d'un jeu à proprement parler.

Ni compétition, ni concours, rien que du mouvement, dans lequel l'enfant puise une distraction momentanée salutaire pour sa santé.

JEU DE BAGUES

L E jeu de bagues se joue soit à cheval, soit à âne, soit à bicy-clette.

L'installation en est fort simple. Mais il exige un terrain suffisamment grand (70 à 80 mètres), et un sol assez uni, si le jeu se fait à bicyclette.

Dix mètres avant l'extrémité du terrain (à 70 mètres par exemple, si celui-ci en a 80) est planté un poteau avec une barre transversale, l'ensemble du dispositif formant potence. Le long de la barre transversale, au-dessous et perpendiculairement à celle-ci, sont fixées des tiges métalliques à l'extrémité desquelles se trouve attaché très légèrement, de façon à ce qu'il puisse être enlevé avec une grande facilité, un anneau.

Les concurrents sont munis d'une petite lance courte et fine, ou d'une baguette de bois pouvant facilement entrer dans les anneaux, lesquels ont un diamètre d'environ 10 à 12 centi-mètres.

Le jeu consiste dès lors, à l'aide de la baguette, à décrocher l'anneau qu'on a choisi, et cela en avançant à la plus grande vitesse possible. Il est en effet tenu compte du temps chrono-métré mis pour fournir la distance du terrain de jeu, tout en cherchant à détacher la bague.

Pour ce faire les concurrents ont le droit de modérer leur allure, mais dans une certaine mesure.

L'arrêt devant l'anneau, et même le passage avec lenteur à proximité de celui-ci entraînent la disqualification.

Lorsqu'on dispose d'un très grand terrain et quand les concurrents sont des cavaliers très sûrs, les concours de jeu de bagues prennent un véritable caractère sportif.

A âne le jeu est très amusant, en raison des refus de la bête d'avancer quand elle en a assez, et aussi à cause du trot inégal et heurté de ce quadrupède qui contrarie la précision qu'on apporte à viser l'anneau avec sa baguette.

SAUT A LA CORDE

L E saut à la corde est un excellent exercice. On ne saurait trop le recommander aux enfants et aux jeunes gens. Dans bien des sports, boxe, lutte, aviron, etc., il fait partie des préliminaires d'entraînement de l'athlète. Il permet de se maintenir parfaitement en souffle. Il ne faut pas en abuser, mais s'y exercer régulièrement et progressivement quand on a atteint un certain âge.

Lorsqu'on est jeune et que la fonction respiratoire se fait normalement, on brave facilement l'essoufflement, et sauter à la corde est un amusement auquel on se livre, quand et comme bon vous semble, sans en ressentir la fatigue prématurée qui indique à l'homme mûr qu'il doit procéder avec ménagements.

On saute à la corde de deux façons : en faisant tourner celle-ci soi-même — dès lors on emploie la corde courte ; ou tandis que deux petits camarades la tournent — et dans ce cas il est fait usage de la longue corde.

Tout le monde sait comment sont fabriquées les cordes à sauter ; à chaque extrémité se trouve une poignée de bois que l'on tient dans la main.

D'une manière générale, une corde, sans être positivement lourde, ne doit pas être trop légère si on veut la manœuvrer avec sûreté, régularité et précision.

Qu'il s'agisse de sauter avec la corde courte ou avec la longue corde, il y a deux manières principales de sauter : sur place et en marchant.

CORDE COURTE Avec la corde courte, on saute sur place, soit alternativement sur chaque pied au moment où la corde rase le sol, soit à pieds joints — l'élévation se fait alors par détente simultanée des jarrets — soit en courant.

Dans l'un comme dans l'autre cas, il faut toujours sauter sur la pointe des pieds, légèrement et sans s'élever plus qu'il ne faut pour livrer passage à la corde.

Les sauts trop en hauteur, non seulement ne servent à rien, mais ont ce désavantage d'amener rapidement la fatigue et de précipiter l'essoufflement.

Pour sauter en courant, on passe la corde sous les pieds au moment où ceux-ci sont tous deux détachés du sol, cela va de soi.

Le saut à la corde courte sur place comporte des épreuves de vitesse, d'endurance et de fantaisie.

L'épreuve de vitesse consiste à fournir, dans un laps de temps déterminé, le plus de sauts possible, ou à faire passer deux ou trois fois la corde sous ses pieds, pendant un seul saut.

L'endurance consiste à sauter aussi longtemps qu'on le peut.

Enfin, la fantaisie consiste soit à croiser les mains devant soi pendant que la corde passe sous les pieds, soit à croiser la corde de côté (tout en la tournant) à droite et à gauche alternativement, et à la ramener ensuite à son tour normal pour sauter.

Lorsque la corde tourne à un régime lent, on dit qu'on fait de « l'huile », mais quand, en revanche, on précipite le mouvement, cela s'appelle du « vinaigre ».

Le jeu, pratiqué sous l'une quelconque des formes qui viennent d'être indiquées donne prétexte à des concours.

Lorsqu'il y a concours d'ensemble, les épreuves portent sur les différents sauts sur place et sur le saut en courant.

Chaque faute est comptée pour une pénalisation d'un demi-point, chaque « *manque* », c'est-à-dire quand la corde est arrêtée au passage, compte pour un point. Ce sont là des concours de style.

Dans les épreuves de vitesse en courant, il est tenu compte du temps mis par chaque concurrent pour franchir une distance déterminée.

Sur place, c'est le nombre des sauts effectués pendant un certain laps de temps préalablement fixé qui compte.

Enfin, dans les épreuves d'endurance, on classe les concurrents d'après le temps qu'ils ont sauté sans s'arrêter.

Tout arrêt ne comporte aucune reprise. Le temps est pris au moment où le sauteur s'arrête.

LONGUE CORDE La longue, tournée par deux petits camarades, a une longueur d'environ 5 à 6 mètres.

Pour « entrer dans la corde », pendant qu'elle tourne, il faut se glisser dessous au moment où elle atteint le point le plus élevé du cercle qu'elle décrit.

Les sauts se font en courant ou sur place, comme avec la courte corde. Dans le premier cas les tourneurs avancent en suivant le sauteur à la vitesse à laquelle il se déplace.

Il n'y a pas — ou tout au moins ils sont rares — de concours à la longue corde, un excellent sauteur peut être victime d'une défaillance d'un des « tourneurs ». Et en admettant qu'il y ait contestation sur le responsable de la faute commise, il devient difficile quelquefois de déterminer au juste quel est le vrai coupable.

D'où suppression à peu près générale des matches, tournois et concours à la longue corde.

Si encore on considérait les juges comme infaillibles, ces compétitions seraient possibles. Mais ce n'est pas le cas.

JEU DES GRENOUILLES RÉCALCITRANTES

CE petit amusement fait la joie des spectateurs quand les concurrents ont affaire à des grenouilles inquiètes du sort qui leur est réservé.

Et voici en quoi il consiste :

La chose se passe sous forme de concours. La distraction n'offre, en effet, qu'un intérêt à peu près nul, quand elle est pratiquée individuellement.

Chaque concurrent reçoit une brouette, dans laquelle sont placées six, huit, dix, douze grenouilles ; plus il y en a, plus ça devient drôle.

Il s'agit de franchir en course une distance de 80, 100, 120 mètres et de couper le plus vite possible, la ligne d'arrivée avec son chargement complet.

Pour bien s'amuser, il est bon de choisir un terrain accidenté, afin que les grenouilles soient bien secouées par les chaos de la route.

Or c'est une chose que ces batraciens — succulents pour ceux qui les aiment — ne peuvent supporter.

Déjà le fait de se sentir véhiculées vers des destinées inconnues ne leur va pas beaucoup. Et c'est pourquoi elles n'aspirent qu'à une chose, en finir au plus vite avec un voyage désagréable et s'enfuir, par leurs propres moyens, vers le marais le plus proche. Alors elles sautent par-dessus la brouette, et tentent une fuite désespérée.

Le concurrent, ainsi abandonné, doit s'arrêter et réintégrer à sa place les voyageuses rebelles.

Tandis qu'il en attrape une, c'est une autre qui s'enfuit, et si un grand sentiment de révolte agite ce petit monde, l'infortuné conducteur n'est pas au bout de ses peines.

Pendant ce temps-là, il n'avance pas, il reste sur place, à moins qu'il ne soit tombé sur un lot de grenouilles neurasthéniques et résignées, et qui, bien décidées à se laisser faire, consentent à ne point bouger.

Ce genre de petit jeu comporte une variante ; elle simplifie l'épreuve, mais elle la rend moins drôle.

Elle consiste à abandonner à leur caprice les grenouilles réfractaires au voyage en brouette, partant à ne les point ramasser.

Le vainqueur est celui qui arrive au but avec, dans son équipage, le plus grand nombre de grenouilles fidèles au poste.

On remplace quelquefois les grenouilles par des crapauds. Cette substitution manque d'intérêt, parce qu'en général le crapaud fait preuve d'une rare docilité, et qu'ami de l'homme il ne cherche pas à lui créer des difficultés.

LES BOULES SANS « COCHONNET »

Il existe deux façons particulièrement répandues de jouer aux boules « sans cochonnet », lequel d'ailleurs est un sujet indispensable dans le véritable jeu de boules des grands amateurs.

Des deux manières en question, il en est une simple jusqu'à la banalité : une ligne, le but, étant tracée à terre, il s'agit de lancer sa boule le plus près possible de cette ligne.

Est déclaré vainqueur celui qui arrive à ce résultat. Lorsque le jeu se joue par équipes, c'est-à-dire avec un nombre égal de compétiteurs dans chaque camp, le résultat qui donne l'équipe victorieuse, s'obtient par addition de points.

La boule la plus rapprochée du but compte pour o, celle qui vient ensuite pour 1, etc. etc. On compte ainsi les boules de chaque camp, et celui qui totalise le plus petit nombre de points, c'est-à-dire qui met le plus de boules près du but est déclaré vainqueur (fig. 23).

La seconde manière, peu compliquée d'ailleurs elle aussi, consiste bien à placer sa boule le plus près possible du but, mais il n'est pas certain qu'elle y reste, parce que les adversaires ont le droit de l'en déloger en jouant leurs propres boules.

Chaque joueur dispose, en effet, de deux boules dont il use comme bon lui semble.

Il peut chercher à les placer toutes deux sur la ligne de but, ou bien ne chercher à en placer qu'une et se servir de l'autre pour chasser la boule adverse qui le gène parce qu'elle est plus près que la sienne.

Le jeu se pratique chacun pour son compte ou, comme dans le cas précédent, par équipes.

La victoire revient au camp auquel appartient le joueur dont la boule est le plus près de la ligne de but.

Dans chaqne camp il y a les « *buteurs* » et les « *démolisseurs* ». Les aptitudes personnelles de chacun prédisposent à l'une ou à l'autre de ces fonctions.

Les « buteurs » sont ceux qui manifestent une adresse particulière pour placer leurs boules près de la ligne de but.

Les « démolisseurs » sont les spécialistes du jeu en force qui jouent mieux quand il s'agit de chasser les boules adverses que lorsqu'il leur faut lancer leurs boules de justesse vers le but.

C'est le meilleur « démolisseur » qui dans chaque camp joue le dernier, et l'envoi des boules est fait alternativement par un joueur de chaque équipe.

LE DIABOLO

L E diabolo eut son heure de vogue il y a quelques années.
Bien qu'aujourd'hui on y joue moins, il conserve encore
pas mal de partisans et compte même un certain nombre de
virtuoses (fig. 24).

Car avec le diabolo, on peut atteindre à la virtuosité.

Le diabolo se compose de deux baguettes de bambou, — les
manches —; un fil de soie relie l'extrémité supérieure de chacune des baguettes. C'est sur fil que tourne et circule le diabolo proprement dit.

Tout le monde connaît la forme qu'affecte le diabolo : deux
petits cônes réunis et opposés par le sommet. La périphérie de
la base du cône est entourée d'une rondelle de caoutchouc,
destinée à amortir le choc lorsque le jouet, mal rattrapé ou
mal lancé, tombe à terre.

C'est par un mouvement de va-et-vient de la ficelle de soie,
logée dans la partie la plus mince du diabolo — le point de
jonction des deux cônes — qu'on imprime au jouet le mouvement giratoire qui permet de le tenir en équilibre sur la ficelle
et de conserver lorsqu'on le lance, la position horizontale ou
légèrement inclinée qu'il doit avoir pour qu'on puisse le
rattraper sur la ficelle à l'endroit même où celle-ci doit se
placer afin d'accentuer immédiatement le mouvement de rotation du diabolo.

Le jeu du diabolo ne comporte en soi aucune difficulté. Les

enfants arrivent très facilement à manœuvrer le petit appareil. Lui faire accomplir des évolutions savantes et compliquées est chose plus difficile. Mais ce n'est en somme qu'une question d'entraînement.

On doit faire tourner le diabolo par un mouvement des baguettes partant des poignets et non pas, comme beaucoup de débutants en prennent la mauvaise habitude, par le mouvement des avant-bras et souvent même, ce qui est mauvais et disgracieux, des épaules.

Le mouvement rotatif du petit appareil doit être assuré légèrement, en souplesse et non pas en force. Avec la force on ne fait rien de bon parce qu'on désunit le mouvement du diabolo, et on le détache peu ou prou de la ficelle avec laquelle il doit toujours rester en contact, si ce n'est lorsqu'il est en pleine giration, quand on veut l'envoyer en l'air pour le rattraper soi-même, ou le lancer au partenaire avec lequel on joue. C'est cette erreur qui est cause du mal que beaucoup de débutants éprouvent à maintenir le diabolo en équilibre sur la ficelle, parce que celui-ci ne prend pas assez vite le mouvement rapide qu'il doit avoir pour trouver son équilibre.

Ce n'est ni par la force ni par une agitation précipitée et inégale des bâtonnets qu'on imprime au diabolo la plus grande vitesse rotative.

Il n'est pas nécessaire d'expliquer plus longuement comment il faut s'y prendre pour faire tourner régulièrement et rapidement le diabolo. La pratique seule peut le bien faire comprendre. Au début, c'est tout naturel, on est maladroit, on cherche, on tâtonne, on ne réussit pas du premier coup, mais en se donnant la peine de se rendre compte de la cause des insuccès on arrive facilement et vite à corriger progressivement sa manière.

Pour accomplir, avec le diabolo, des exercices variés, ou pour jouer à deux à grande distance, il faut s'exercer tout d'abord à jouer le jeu simple avec une grande sûreté et une grande précision.

Première phase : s'appliquer à très bien faire tourner le diabolo sur la ficelle, à réduire et à augmenter son régime en vitesse, bref s'en sentir maître. Cette condition est indispensable pour faire de l'appareil ce qu'on en veut, le diriger au gré de sa fantaisie.

Deuxième phase des débuts : apprendre à lancer le diabolo à petite hauteur, ce qui est assez facile et à le recevoir, ce qui l'est moins.

Si l'on veut se réserver une reprise facile du diabolo quand il retombe, il faut qu'il ait été bien lancé, c'est-à-dire qu'il se soit élevé et qu'il redescende dans une position horizontale.

Cette horizontalité s'obtient par le mouvement d'écartement des bâtons qui amène une tension régulière de la ficelle. Les deux bâtons doivent être écartés vivement, mais également et simultanément, sans que l'une ou l'autre des extrémités fléchissent.

La reprise du diabolo se fait sur la ficelle tendue, mais dès que le contact est repris, il faut immédiatement et, en ne marquant qu'un imperceptible temps d'arrêt, amortir le choc qui aurait pour effet de contrarier la rotation de l'appareil, en accompagnant le diabolo dans sa chute. Ceci s'obtient en rapprochant les deux bâtons ce qui détend progressivement la ficelle. Lorsque le diabolo se retrouve ainsi dans une position favorable, on précipite à nouveau, par le procédé ordinaire, le mouvement giratoire du diabolo, mouvement atténué par le déplacement qu'il vient de faire.

On s'exerce ainsi à envoyer l'appareil à la plus grande hauteur possible, et toujours bien verticalement.

Quand on a acquis une très grande sûreté dans l'accomplis-

sement de cet exercice fondamental, on passe à des exercices
plus difficiles, par exemple, celui qui consiste à lancer le diabolo obliquement — ce qui oblige à se déplacer pour le recevoir — puis, on l'envoie derrière soi et on se retourne pour le
rattraper à la chute.

Enfin on multiplie les difficultés; on résoud toutes celles qu'on
connaît et qu'on a vues accomplir par d'autres joueurs,
on en crée de nouvelles, celles qui vous passent par l'imagination.

Le diabolo se joue à deux ou à quatre joueurs, deux dans
chaque camp dans ce dernier cas, et à des distances qui varient
selon la force des partenaires. Le jeu consiste à s'envoyer réciproquement le diabolo, tout comme on s'envoie le volant à la
raquette.

GYMKHANAS DIVERSES

LES gymkhanas furent très à la mode il y a quelques années. C'est une distraction de plein air — empruntant quelquefois un caractère assez sportif — et très souvent prétexte à manifestation élégante.

L'été, des gymkhanas sont encore organisées dans les cercles mondains des plages en vogue, Dinard, Houlgate, Deauville, Biarritz, etc. On les trouve aussi en faveur dans les grandes stations balnéaires comme Vichy, ou dans les villes d'hiver comme Pau et Nice.

Les gymkhanas empruntent des formes multiples. L'ingéniosité des organisateurs trouve toujours des combinaisons nouvelles et attrayantes. Parmi les plus classiques du genre il faut citer :

LA COURSE A L'AIGUILLE La course à l'aiguille exige une vaste pelouse car elle se fait à cheval et au grandissime galop. Imaginons donc l'hypothèse d'une pelouse de 300 à 400 mètres. A l'extrémité d'icelle, sont rangés, sur une même ligne, les cavaliers. A l'autre extrémité leurs partenaires féminins. Chaque cavalier est muni d'une aiguille, sa partenaire tient un fil. Dès lors, le problème à résoudre est le suivant : il s'agit de filer à toute allure vers sa partenaire, de lui remettre l'aiguille, de reprendre ladite aiguille enfilée et de

revenir à grandissime galop à son point de départ. Le premier
arrivant est le vainqueur. L'attribution des rôles est quelquefois
inverse, c'est-à-dire que ce sont les dames qui montent à cheval,
et les messieurs qui appliquent leur dextérité à l'enfilage de
l'aiguille.

Il va sans dire que toutes les aiguilles doivent être perforées
à la même grandeur et que le numéro du fil est uniforme.

Un bon cavalier qui fait vite peut être handicapé du fait
même de sa partenaire, si celle-ci, malhabile dans sa hâte d'aller
rapidement, perd un temps précieux au petit travail qui lui
incombe.

Et dans le cas contraire, un cavalier plus lent peut être très
bien servi par la dextérité de son associée.

La course à l'aiguille à cheval, si attrayante qu'elle puisse
être, ne réserve pas les situations amusantes qui se présentent
quand les élégants destriers sont remplacés par d'humbles ânes.

Avec les ânes, il faut s'attendre à tout. Leur mauvais vouloir, leur entêtement provoquent des scènes burlesques, et des
luttes homériques s'engagent, qui finissent on ne sait jamais
comment entre les cavaliers et leurs montures.

La gymkhana peut prendre, avec ces quadrupèdes indociles,
une physionomie burlesque, fort réjouissante pour la galerie.
Et quant aux cavaliers, ils ne peuvent jamais dire comment les
choses tourneront pour eux.

C'est pourquoi, lorsqu'on veut réellement donner un ton
bouffon à la course à l'aiguille à ânes, il faut s'ingénier à trouver
pour les concurrents les montures les plus rétives et les plus
capricieuses. Le plaisir est banal avec des ânes dociles qui, rési-
gnés, trottent gentiment. Les autres qui s'abandonnent à toutes
les lubies qui leur passent par la tête sont des sujets à rechercher si l'on veut s'amuser réellement. Il y a tout un monde
d'imprévu à attendre de leurs caprices.

Ce genre de gymkhana, à cheval ou à âne, et dans lequel le problème à résoudre est d'exécuter au plus vite la tâche que l'on a à remplir comporte d'assez nombreuses variantes. Telles par exemple :

1° LA COURSE A L'OMELETTE — Les cavaliers, ou les amazones, partent en ligne, au signal et se dirigent à l'autre extrémité du terrain, où chacun d'eux trouve à sa disposition un fourneau, une poêle et des œufs. Il leur faut dès lors, descendre de cheval, faire une omelette, la glisser sur un plat, se remettre en selle et revenir à leur point de départ, en apportant avec eux le produit de leurs talents culinaires.

L'omelette doit être « à point », ni baveuse, ni sèche, et si un concurrent malheureux la laisse choir en route en la rapportant, fût-il arrivé le premier, il est disqualifié.

2° LA COURSE AU CIGARE — Même principe que précédemment. A l'extrémité du terrain, sur une petite table, est posé pour chaque concurrent, un cigare et une boîte d'allumettes bougies. Le jeu consiste à aller prendre son cigare, à l'allumer et à revenir à son point de départ. Le classement, comme toujours, se fait dans l'ordre des arrivées. Tout cigare éteint ou perdu en route, entraîne la disqualification.

3° LA COURSE A LA LAMPE — A l'extrémité du terrain, se trouve, sur une table, une petite lampe allumée, dont la flamme est protégée du vent par un globe. Toujours à cheval — ou à âne — il faut se précipiter vers la bougie qui vous est désignée et l'éteindre.

Les concurrents ne sont pas tenus de mettre pied à terre. Ils peuvent éteindre leur lampe, en se couchant sur l'encolure de leur cheval ou en se penchant le plus possible sur leur selle, soit pour attraper la lampe avec la main, soit en éteignant la flamme directement.

Les concurrents au souffle puissant peuvent quelquefois procéder de cette manière expéditive d'autant plus que les tables sur lesquelles sont placées les lampes sont assez hautes.

4° LA COURSE A L'OPÉRATION ARITHMÉTIQUE — Chaque cavalier emporte sur une feuille de papier une addition (une soustraction, une multiplication ou une division) qu'il doit apporter à sa partenaire, à l'autre extrémité du terrain. (L'opération est naturellement la même pour tous.) Le jeu consiste à rapporter au but le plus vite possible, la solution de l'opération arithmétique imposée.

5° LA COURSE AU VERRE D'EAU — Chaque cavalier va à l'extrémité du terrain prendre des mains de sa partenaire un verre d'eau plein jusqu'au bord. Il doit le rapporter au plus vite, en en renversant le moins possible.

Le verre est gradué, et il est tenu compte d'une pénalité d'une seconde pour chaque degré d'eau renversé.

Au-dessous d'une certaine limite préalablement fixée, il y a disqualification du concurrent.

CONCOURS D'ÉQUILIBRE EN AUTOMOBILE — Ce genre de concours eut, jadis, une certaine vogue, au Polo de Paris. C'était à l'époque du grand enthousiasme pour l'automobile. Il consiste d'ailleurs en une épreuve très simple, mais qui nécessite cependant certains frais d'agencement.

Une planche, large d'environ 3 mètres et longue de 5 mètres est appuyée sur un socle de façon à basculer sur son milieu.

En somme le principe de l'agencement est celui de ces balan-
çoires-bascule, qui font la joie des enfants.

A tour de rôle, les concurrents doivent s'engager sur cette
planche, avec leur voiture, et s'arrêter de façon à ce que ladite
planche se maintienne dans la position horizontale. C'est-à-
dire qu'il s'agit de répartir, par marche avant et par marche
arrière, le poids de la voiture de façon à ce qu'il influe également sur les deux côtés du pivot.

Le temps que met chaque concurrent à obtenir ce résultat,
s'il l'obtient, est chronométré et celui qui l'atteint le plus vite
est déclaré vainqueur.

COURSES A OBSTACLES DE FANTAISIE L'attrait en réside surtout dans la variété
des obstacles que doivent passer les con-
currents.

Ce genre d'épreuves se fait à pied; il est
réservé, généralement, aux enfants ne dépassant pas quinze ans.

Sur une piste droite ou circulaire, de 4 à 500 mètres, sont
placés des tonneaux sans fonds, des draps maintenus à terre
par quatre solides piquets, des barrières faites de fils de fer
enchevêtrés, des parcs à moutons, pour ne citer que ces
obstacles couramment employés en la circonstance, dont il dispose autant qu'il y a de concurrents. (Si ceux-ci sont très nombreux, on procède par séries éliminatoires, demi-finales et
finales.)

Le départ est donné en ligne. Chaque compétiteur doit franchir l'obstacle qui correspond numériquement à son propre
numéro d'ordre. Il lui faut traverser les tonneaux, se glisser
sous le drap tendu à terre, passer à travers le réseau de fil de
fer, sauter dans le parc à moutons et en sortir, atteindre enfin
la ligne d'arrivée. Au premier arrivant, la victoire de l'épreuve.

La même épreuve peut être courue — en supprimant le parc

à moutons — à pieds joints, c'est-à-dire que les concurrents ont, dans ce cas, les pieds attachés aux chevilles.

Le parcours est alors réduit à 150 mètres environ et les obstacles par conséquent plus rapprochés les uns des autres.

CONCOURS DE LA MODISTE — Il est réservé aux fillettes et aux jeunes filles. A chaque concurrente est remise une forme de chapeau en paille; les formes sont de couleurs différentes et elles sont attribuées par voie de tirage au sort.

Sur une grande table sont placées pêle-mêle, des fleurs artificielles de nuances variées. Au signal, les concurrentes doivent se diriger vers cette table, choisir et grouper, dans un laps de temps donné, et très court, quatre, cinq ou six fleurs dont les tonalités s'harmonisent le plus heureusement avec la paille du chapeau qu'on leur a remis et qui forme aussi la garniture lui convenant le mieux.

Le jury décide quelle est celle des concurrentes qui a fait preuve du meilleur goût.

Mais c'est là l'embryon du concours de la modiste.

Lorsqu'on veut pousser les choses plus loin, indépendamment des fleurs se trouvent, sur la table, des rubans, quelquefois — suprême élégance — des plumes. Et il s'agit alors de choisir fleurs, rubans et plumes et de garnir complètement la forme qu'on a reçue.

Les concurrentes ne sont pas forcées de mettre sur leur forme plumes, fleurs et rubans. A chacune de choisir la fourniture qui lui convient, le chapeau n'a pas besoin d'être « chargé » d'un spécimen de toutes les garnitures que les concurrentes ont à leur disposition. La simplicité triomphe souvent du compliqué.

Enfin, troisième règlement du concours de la modiste, de beaucoup le plus important.

A chaque concurrentes sont remis un rouleau de laiton, de tulle — chacun choisit sa couleur — et une pièce de ruban, des aiguilles, du fil, une pince à laiton, des épingles. Il s'agit avec toutes ces fournitures, et en un laps de temps donné, de fabriquer de toutes pièces un chapeau.

Chacune peut donner libre cours à sa fantaisie; au contraire, rien n'est mieux que de trouver du nouveau, il en est tenu compte pour le classement, beaucoup plus que quand le jury a apprécié une réminiscence d'un modèle déjà vu.

Tâche difficile d'ailleurs que celle du jury, souvent en opposition absolue avec le public et avec les concurrentes insuffisamment bien classées à leur gré.

COURSE A L'ÉVITAGE La course à l'évitage — c'est, à plus exactement parler un concours — consiste à parcourir soit en automobile, soit à bicyclette, soit à cheval ou à âne, des obstacles de diverses natures, placés sur le parcours des concurrents : quilles, baquets remplis d'eau, bouteilles, pots de fleurs, etc. Il faut éviter de bousculer ou de renverser tout cela, en parcourant l'itinéraire fixé le plus rapidement possible.

Chaque obstacle simplement heurté entraîne une pénalisation d'un demi-point; lorsque l'obstacle est renversé, la faute compte pour un point. Le classement se fait par addition de points. Chaque minute du temps total du parcours compte pour un point.

Ainsi, par exemple, un concurrent met dix minutes pour accomplir le trajet, renverse quatre obstacles et en heurte un.

Il compte :

```
Parcours 10' . . , . . . . . . . . . . . . . . .   10 points.
Pénalisations 4 + 1/2 . . . . . . . . . . . . .    4 1/2
                            Total . . . . . .  14 1/2 points
```

Un autre met huit minutes, renverse 6 obstacles, en heurte 2.
Son total donne :

$$8 + 7 = 15 \text{ points}$$

Il vient donc dans l'ordre de classement après le concurrent
précédent.

Lorsque deux concurrents sont à égalité de points, c'est celui
qui a fourni le parcours le plus rapide qui est classé avant
l'autre.

LA BALLE AU TROU

CE jeu est inspiré du jeu de « bonnet de coton » qu'on jouait jadis sur les champs de foire du pays de Caux.

Il a presque complètement disparu d'ailleurs. Il convient d'avouer qu'il ne nécessite pas une grande ingéniosité, mais qu'il offre encore certaines difficultés quand il s'agit d'envoyer les balles de loin.

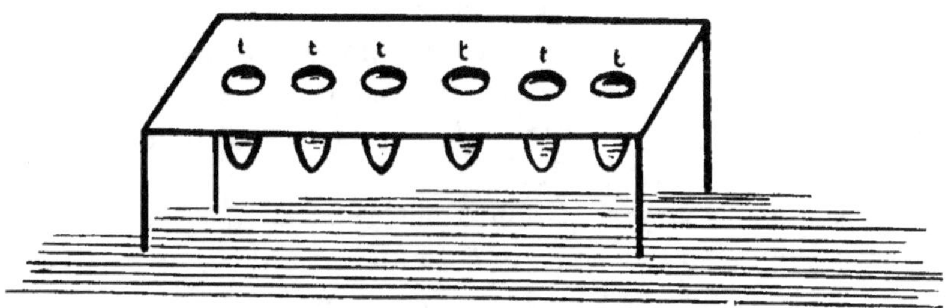

Schéma 40.

Sur une planche de bois, large d'environ 25 centimètres, sont percés à écartement égal six trous d'environ 15 à 18 centimètres de diamètre, soit t, t, t, t, t, t (schéma 40).

Ce jeu consiste à loger une balle dans chaque bonnet de coton, c'est-à-dire à l'envoyer dans chaque trou, les joueurs étant placés à une distance du but qui varie suivant leur force et selon les conventions arrêtées entre eux (fig. 25).

La ligne d'envoi est donc à 4, 5, 6 mètres du jeu, ce qui est déjà une belle distance.

Chaque joueur dispose d'autant de balles qu'il y a de trous, et il peut se déplacer parallèlement au jeu pour être, à chaque coup d'envoi, en face du trou qu'il vise. Le principe du handicap égalise les chances entre joueurs de force inégale. Par exemple, sur une distance de 8 mètres le — ou les — plus forts rendront à leurs adversaires 50, 75 centimètres, 1 mètre et même 1^m,50. C'est-à-dire que leur ligne d'envoi se rapprochera du jeu de l'une quelconque de ces distai.ces.

La balle au trou comporte un dispositif semblable à celui que nous venons d'indiquer, le bonnet de coton y est simplement remplacé par un petit filet.

On y peut jouer soit dans une pièce quelconque de l'appartement, soit au jardin, car l'appareil n'est pas bien encombrant et sa légèreté le rend parfaitement transportable.

C'est un jeu essentiellement d'adresse et de précision ; il apprend aux jeunes enfants à acquérir le sentiment de la distance et à régler leur effort.

Il est bon, il est même indispensable, de ne pas manifester de trop grandes ambitions au début, c'est-à-dire, de ne pas vouloir jouer de loin avant de s'être habitué à envoyer la balle dans les trous de près. Il convient de procéder progressivement et de ne s'attaquer à la difficulté qui consiste à jouer à grande distance que quand on a acquis une certaine habileté en envoyant la balle à petite distance.

On se sert au début pour jouer, de balles ordinaires à deux sous. Mais celles-ci ont l'inconvénient d'être trop légères et quand on commence à jouer de loin, l'inconvénient de cette légèreté se fait sentir. On est plus maître de la direction et de la vitesse de la balle quand celle-ci est un peu lourde. C'est pourquoi aux balles de bourre peuvent être substituées des balles de caoutchouc pleines.

Il importe aussi que la planche dans laquelle sont percés les trous soit bien horizontale. Si elle incline en arrière, on ne peut pas jouer parce qu'on ne voit plus complètement l'orifice des trous, si elle penche en avant, elle facilite la tâche, et l'adresse dont il faut faire preuve se trouve ainsi diminuée.

Dans les appareils perfectionnés — si l'on peut dire — un filet de 15 à 20 centimètres de hauteur, tendu en arrière de la ligne des trous, sert à arrêter les balles, mais quand, ainsi envoyées, elles pénètrent dans un trou, ça ne compte pas. Il faut que la balle tombe directement dans le trou. Une balle doublée ne compte pas non plus. C'est-à-dire que si, visant un trou vide, la balle tombe dans un trou où se trouve déjà une autre balle, cette nouvelle venue n'est pas comptée pour un point, car chaque balle dans un trou vaut l'attribution d'un point.

Qu'on joue dehors ou dans une pièce de l'appartement, on peut ou non adosser l'appareil à un mur. Mais on éprouve toujours la sensation qu'il est plus facile de jouer lorsque l'appareil est appuyé contre un mur, que lorsqu'il y a de l'espace derrière lui. Et de fait on a, de la distance, un sentiment bien plus exact.

LE PUTTING-GOLF

CE jeu se compose de :
  1° *Deux putters en bronze;*
  2° *Deux balles en gutta-percha;*
  3° *Deux galènes en buis;*
  4° *Cinq disques (numérotés de 1 à 5) qui servent de trous.*

  5° *Cinq jetons (numérotés de 1 à 5)* pour marquer les points de départ.

Le jeu de *putting-gotf* contient l'élément le plus important du golf, car un match est souvent gagné par un joueur sachant bien manier le *putter*.

Le *putting golf* procure aussi beaucoup d'agrément soit comme jeu de dehors, soit comme jeu d'intérieur et est le meilleur moyen d'entraînement pour le *putting*.

Les disques de métal numérotés de 1 à 5 formant les trous se placent dans une seule grande pièce ou dans plusieurs petites, afin de former un parcours long et irrégulier qui peut être allongé *ad infinitum*.

Dehors, on peut jouer sur une pelouse, une allée, une avenue, ou au besoin sur une route.

Un nombre illimité de joueurs peut prendre part au jeu, soit en augmentant le nombre de balles, soit en formant deux camps, chaque camp jouant alternativement.

Comme dans le golf, le jeu a pour objet de faire entrer la balle dans un trou avec le plus petit nombre de coups; et le nombre de trous peut être augmenté en faisant plusieurs fois le parcours au lieu d'une seule.

Lorsqu'on joue sur le pont d'un bateau, pour tromper les longueurs de la traversée, au lieu de balles, on emploie des galènes de buis.

Les jetons servant à marquer les points de départ pour les trous sont placés à raison de 1 pour chaque trou et le plus loin possible d'icelui.

La balle doit être mise à terre, et jouée d'un point qui n'est pas plus près du trou que le jeton de départ et à 1 mètre au plus à droite ou à gauche de ce dernier.

La balle, une fois mise à terre, ne doit plus être touchée qu'avec le putter avant d'entrer dans le trou.

Deux manières de jouer existent, l'une ou l'autre adoptée après convention entre les joueurs :

1° Le vainqueur est celui qui gagne le plus de trous, par exemple, 3 sur 5.

2° Le gagnant est le joueur ayant fait le tour des trous en donnant le plus petit nombre de coups.

La différence est sensible entre les deux questions de principe; car dans la première manière le gagnant peut avoir donné un total de coups plus grand que le perdant, alors que dans le second cas, le gagnant peut avoir perdu plus de trous que son adversaire qui, lui, est malgré cela le perdant.

LE LANCE-BALLE MÉCANIQUE

L E lance-balle mécanique (fig. 26) est fait d'un cône en fil métallique dont le sommet est engagé dans un cylindre de métal. Dans ce cylindre fonctionne un dispositif semblable à celui des petits canons dont les enfants se servent pour abattre, avec des pois secs, des brigades entières de soldats de plomb.

C'est ce système qui permet d'envoyer la balle à distance à un partenaire qui la reçoit dans le cône de son appareil, la laisse glisser dans la cavité tubulaire où elle se loge pour la renvoyer, par le procédé que nous avons indiqué, au camarade qui la lui a lancée.

Et ainsi de suite.

Ce petit jeu qui n'est pas méchant se joue à l'intérieur et au dehors.

Dans l'appartement, les deux joueurs, placés à petite distance, sont obligés de régler la force du coup d'envoi en demandant au mécanisme un effort limité. Dès lors rien n'est plus facile que de rattraper la balle ; l'appareil s'y prêtant fort bien d'ailleurs parce que le cône est très évasé.

Mais dehors, en jouant assez loin l'un de l'autre et surtout quand il y a grand vent et que la balle peut se trouver entraînée, on ne peut pas toujours rester immobile et il faut se déplacer assez vivement pour rattraper la balle.

Excellent exercice hygiénique.

Le défaut que présente ce jeu lorsqu'on s'obstine à s'envoyer toujours la balle de loin — et il n'y a que cela d'amusant, en somme — c'est que le mécanisme sans cesse sollicité de fournir sa détente maxima se fatigue prématurément.... quand il n'est pas de qualité supérieure, ce qui se voit toujours dans les appareils à bas prix.

Un esprit économe, soucieux de conserver le plus longtemps possible une excellente santé à son lance-balle, s'abstient de lui en demander trop, et pour le plus souvent à une distance de tout repos pour son appareil.

C'est tout ce qu'on peut dire de ce jeu auquel les enfants prennent un réel plaisir si l'on en juge par l'enthousiasme qu'y apporte la jeunesse qui s'ébat, l'été, dans nos jardins parisiens.

LA BALLE AU FILET

ENCORE un jeu qui, par sa simplicité, se recommande à la jeunesse insouciante.

Bien qu'on y puisse jouer en appartement — il n'offre en ce cas qu'un intérêt bien médiocre — c'est plutôt un jeu de plein air puisque les joueurs sont presque sans cesse en mouvement.

Il ne faut d'ailleurs pas chercher la valeur du jeu autre part que dans l'exercice qu'il procure à l'enfant.

La balle au filet se joue avec un appareil qui consiste en une poche en filet montée sur un cadre de bois (fig. 27).

Lorsque la balle est au fond du filet on la renvoie à son partenaire de la façon suivante. De chaque main on tient, par le milieu, deux côtés parallèles du cadre, les quatre doigts au-dessus, le pouce au-dessous (fig. 27). On imprime au cadre un mouvement de rotation en avant et en étendant les bras, et ce mouvement, qui rappelle de loin un coup de raquette, projette la balle. Le partenaire tend son filet pour la recevoir, et, en admettant qu'il ait réussi à la reprendre, il la renvoie à son tour, par le même procédé. Et ainsi de suite.

Chaque balle manquée, c'est-à-dire que le joueur n'a pas reçue dans son filet lui fait perdre un point que l'adversaire compte à son actif.

La distance à laquelle se placent les joueurs varie naturellement suivant leur force physique et aussi d'après l'habileté qu'ils ont dans le maniement du petit appareil. Les conditions dans lesquelles il faut lancer la balle ne permettent pas de l'envoyer bien loin et cependant il est des joueurs très adroits qui réussissent de jolis coups d'envoi.

Il n'y a guère de subtilité possible pour rendre la reprise de la balle difficile. L'on peut s'appliquer à envoyer des balles basses, difficiles à reprendre à la volée, et même après un premier bond. Mais les difficultés viennent chez les néophytes de l'inexpérience qu'ils ont dans le maniement de l'appareil. Ils envoient la balle, trop à gauche ou trop à droite de l'adversaire qui l'attend et dès lors celui-ci est obligé de piquer une course rapide pour la rattraper. Et c'est, dès lors, qu'apparaît l'excellence de ce jeu qui constitue un exercice physique d'autant meilleur qu'il se pratique au grand air.

Les grands, les forts joueurs, obtiennent des résultats plus impressionnants que les petits, parce qu'une plus grande puissance, une plus grande élasticité de mouvements leur permettent de manier le cadre avec plus d'élasticité. Les bras élevés et déplacés latéralement, un peu d'élan pris en arrière donnent plus de vigueur, plus de fermeté à l'envoi de la balle, et c'est ce qui permet de jouer à une distance donnant au jeu une petite valeur sportive parce qu'il entraîne une certaine dépense d'énergie.

D'autre part, la reprise de la balle qui arrive de loin, et pas toujours dans de bonnes conditions, nécessite une certaine adresse et exerce le coup d'œil du joueur.

La balle dont on se sert est une balle du modèle de celles dont on use pour le jeu de paume.

JEU DES ANNEAUX

SUR une planchette de bois carrée d'environ 40 centimètres de côté sont fixés perpendiculairement cinq petits piquets; un à chaque angle de la planchette, et un au centre (schéma 41).

Cette planchette est posée à terre, sur un sol bien horizontal, bien uni.

Les joueurs se placent à 5, 6, 10 mètres de la planchette — l'éloignement est proportionnel à l'adresse — et munis de cinq anneaux de bois, cherchent à les faire pénétrer dans les piquets.

Les piquets 1 et 2, les plus près du joueur, comptent pour 5 ; les deux piquets 3 et 4 comptent pour 10, enfin le piquet central 5 compte pour 20.

Il y a deux manières, ou plus exactement, deux conventions qui régissent le jeu.

1° Il faut viser à tour de rôle les piquets 1, 2, 3, 4, 5 et envoyer l'anneau dans le piquet qu'on est tenu de viser. Si cet anneau s'engage dans un autre piquet, il n'en est point tenu compte (fig. 28).

Exemple : si, ayant visé le piquet 2, on attrape le piquet 10 — ou tout autre — le joueur ne marque aucun point.

2° On vise avec les cinq anneaux, le piquet donnant le maximum de points — le 5 qui compte pour 20 — et on tient pour valables les points acquis, si l'anneau s'engage dans un autre piquet.

En somme la règle du jeu est fort simple, que l'on adopte l'une ou l'autre des manières de compter, le gagnant est celui qui totalise le maximum de points.

Il existe aussi une autre façon de pratiquer ce jeu, et elle est dite « à l'aveuglette ». Voici en quoi elle consiste.

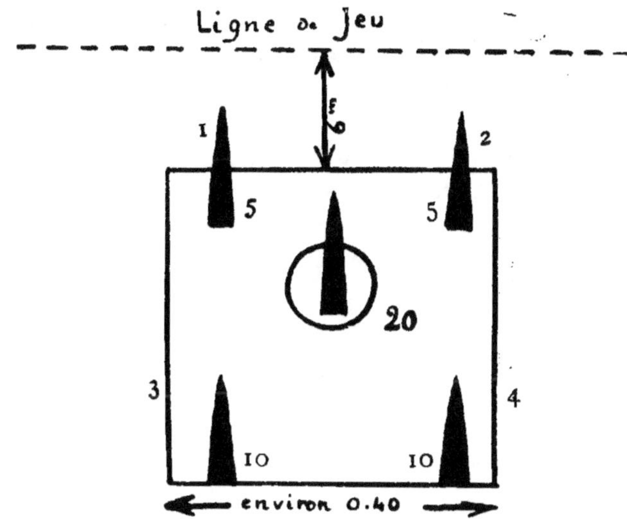

Schéma 41.

Le joueur se place face à la planchette à la distance préalablement fixée d'un commun accord par les concurrents.

On lui met alors, comme dans le jeu de colin-maillard, un bandeau sur les yeux et il lance les anneaux, au petit bonheur. C'est par intuition, et après une appréciation visuelle de la distance avant d'avoir les yeux bandés, qu'il joue dès lors.

Lorsqu'on procède ainsi on compte tous les points acquis sans que les piquets soient visés dans l'ordre 1, 2, 3, 4, 5.

Enfin, autre méthode conventionnelle qui limite la durée d'envoi des cinq anneaux. On fixe un minimum de temps, — 10 secondes par exemple pour les envoyer tous les cinq. Et le compte des points se fait comme dans le cas précédent.

La simplicité, la rusticité de ce jeu permettent de le fabriquer soi-même.

Quant aux anneaux — dont le diamètre est d'environ 15 à 18 centimètres — on les trouve facilement, et à bon compte, chez les tourneurs sur bois.

Il ne faut pas que les anneaux soient trop légers, sans quoi ils oscillent en cours de route et n'arrivent pas horizontalement au-dessus des piquets.

JEUX D'INTÉRIEUR

LE BILLARD

ORIGINES ET HISTORIQUE Le billard est-il un sport? Oui, disent résolument les uns; non, soutiennent les autres. Gardons-nous bien de prendre position dans le débat, ou de trancher la question par l'affirmative ou par la négative, d'autant plus que cela ne servirait à rien, les partisans du « pour » comme ceux du « contre » devant conserver, après comme avant, leur opinion. Mettons, pour justifier sa place dans cet ouvrage, qu'en raison de l'exercice qu'il procure, par les allées et venues qu'il exige et aussi par l'habileté, qui va quelquefois jusqu'à la virtuosité, qu'il faut déployer pour y bien jouer, que ce soit un sport un peu spécial, un sport à côté, un sport de salle dans toute l'acception du mot. Le billard ne compte plus ses partisans de par le monde, petits ou grands joueurs, ils sont innombrables. C'est un jeu classé auquel chacun s'adonne avec plus ou moins d'acharnement, depuis l'artiste qui fait des séries éblouissantes sur un billard de haut prix portant la marque d'un fabricant spécialiste réputé, jusqu'à l'amateur irrégulier qui, de temps à autre, se livre, à ses heures de loisir, au plaisir d'un démocratique « frottin ». Évidemment, si on le considère comme un sport, on ne peut lui demander, au point de vue hygiénique, que de venir en aide aux digestions laborieuses, parce qu'il est prétexte à un va-et-vient incessant favorable aux estomacs paresseux. Et puis, il dégourdit les jambes, il leur procure de l'exercice. Malheureusement, la chose s'accomplit le plus souvent dans des salles insuffisamment aérées, où l'atmosphère lourde de fumée et des vapeurs d'alcool n'est pas précisément l'endroit rêvé pour les poumons. Enfin, quand on a chez soi une salle de billard, on n'est pas forcé de la transformer en tabagie. Trève à ces commentaires. Au fait, quelle est l'origine du jeu de billard? De ses origines toutes premières il est difficile de dire quelque chose de précis. De précis! On ne peut même rien dire de rigoureusement exact. Les encyclopédies les mieux renseignées ne s'y risquent pas. Elles avouent à peu près toutes ne pouvoir rien affirmer et par conséquent préférer ne rien dire. Et voici, en substance, ce qu'elles nous apprennent.

Billard — avec un *d* — s'orthographiait jadis « *billart* » — avec un *t* — à l'époque déjà bien éloignée du fameux *Roman de la Rose*, ce qui nous ramène bigrement en arrière, aux XIIIe et XIVe siècles. D'après Jehan de Meung, le « billart » était une manière de jeu de boules, lequel pourrait être considéré comme l'ancêtre du hockey ou du croquet. On donnait le nom de *billart* à un bâton cintré à son extrémité, assez semblable par sa forme à la moderne crosse canadienne, et avec lequel on faisait circuler des boules qui devaient s'entrechoquer les unes les autres suivant des principes admis qui constituaient la règle du jeu. Ces « crosses » étaient taillées dans des essences de bois très résistantes. En réalité, rien de nouveau, ou tout au moins rien qui ne fût inspiré d'assez près du vieux jeu de boules en honneur dans la Grèce antique : l'azparto. A ses origines, le billard n'était pas démocratique, mais pas du tout. Seuls les grands seigneurs se permettaient ce luxe entre bien d'autres. Les manants et roturiers, tout ce qui appartenait à la plèbe, ignoraient ce passe-temps qui, sous Henri III, rivalisa avec le bilboquet. Les monarques, prétendent les historiens, marquaient pour ce jeu une certaine prédilection. Il apportait un dérivatif à leurs soucis, c'était un plaisir de plus parmi les distractions vers lesquelles leurs natures avides de plaisirs étaient perpétuellement attirées.

SA MAJESTÉ S'AMUSE On ne s'ennuyait pas à la cour des rois de France, et en somme Leurs Majestés avaient bien raison. Or, le billard tenait une notable place dans leur existence, et on raconte même qu'indépendamment de la satisfaction qu'il prenait à ce jeu, Louis XIV s'y livrait par raison de santé, sur l'ordre formel de ses médecins ordinaires. Le monarque avait besoin d'exercice, et comme il avait en sainte horreur de se donner du mouvement, il était difficile de concilier ses goûts avec les exigences de sa santé. Par bonheur, il aimait le billard. Les thérapeutes attachés à sa personne lui prescrivirent alors d'y jouer le plus souvent possible. C'était la meilleure manière de lui faire faire quotidiennement le « footing » réparateur dont il avait besoin, surtout après ses repas, car toutes les médecines des apothicaires n'arrivaient, hélas ! pas à faciliter les digestions du Grand Roi, si pénibles que souvent le trinqueballement de son carrosse sur le pavé de Versailles lui était une souffrance. Y trouvant un réel plaisir, Sa Majesté se mit à totaliser les carambolages avec une savoureuse fureur. Le monarque donnant le ton, toute la cour et les grands seigneurs — comme les petits — de l'époque prirent exemple sur lui. Les billards du temps n'étaient pas du tout ce que le progrès a fait de ceux d'aujourd'hui, ni au point de vue pratique, ni au point de vue de la qualité des bandes. Ils avaient des proportions beaucoup plus grandioses que ceux de notre époque. Quant aux accessoires, ils étaient encombrants et multiples. Qu'on en juge plutôt. Le billard même était un meuble imposant qui avait douze mètres de tour, et quelquefois davantage. On conçoit que le fait seul de circuler autour pendant toute la durée de la partie, procurait une gymnastique salutaire à des personnages qui roulaient plus souvent en carrosse qu'ils n'allaient à pied et qui ignoraient à peu près l'*a*, *b*, *c* des soins élémentaires que réclame l'hygiène. Le matériel destiné à faire circuler les boules exigeait d'autre part un salutaire travail des bras. Il y avait la « petite queue », la « queue cadette », la « grande queue », le « râteau-support », la « houlette ». Tout cela était nécessaire pour jouer sur un billard d'aussi grandes dimensions. Et naturellement, tous ces accessoires pesaient leur poids, d'abord en raison de leur longueur, et ensuite parce que la fabrication n'était pas parvenue à les alléger comme on fait pour ceux utilisés de nos jours. Le râteau ressemblait tout à fait à celui qu'on utilise encore actuellement dans certains cas. C'était, au bout d'un long et lourd manche, une planchette de bois crénelée dans laquelle on engageait le petit bout de la queue qui frappe la bille quand celle-ci était trop loin du joueur pour qu'il pût se dispenser de cet accessoire additionnel. La houlette était encore un long manche terminé par une pelle d'ivoire, avec laquelle on poussait la bille de loin sans le secours du râteau.

LES PETITS BÉNÉFICES DU MAITRE Les historiens disent aussi que déjà Louis XIII, de qui son peuple sollicitait la suppression d'un impôt, répliqua en octroyant à ses contribuables le droit d'exercer leurs talents dans l'art des carambolages en leur permettant l'usage de la longue queue, libéralité dont il profita non point pour supprimer l'impôt, mais pour en créer un nouveau à quelque temps de là. Le peuple, d'ailleurs, ne témoignait pas d'un enthousiasme délirant pour ce jeu qu'appréciaient tant les seigneurs. Il avait probablement d'autres soucis en tête. Et c'est ainsi que s'achevait le XVIIIe siècle, alors qu'on comptait à peine une soixantaine de billards dans la capitale de la France. Quant à la province... c'était peu. Les tenanciers d'estaminet et lieux de réunion où l'on donnait à boire ne faisaient pas fortune avec leurs appareils. Il en coûtait deux sols parisis et six deniers pour faire de jour une partie en 16 points. La nuit venue, les amateurs jouaient aux chandelles. On leur en octroyait deux ; coût : cinq sols. Les frais de billard n'étaient pas ruineux, mais c'était suffisant pour l'époque.

Vint l'excellent Louis-Philippe, doux monarque, ami de la tranquillité, mais déterminément homme d'affaires ne perdant pas la carte. Il favorisa l'évolution du jeu de billard, mais estima que si, grâce à son appareil, le propriétaire d'icelui était logiquement en droit de faire un bénéfice, il était assez juste qu'il fît une ristourne à l'État. Tout tenancier dut donc demander contre espèces sonnantes une autorisation dûment en règle et paraphée par quoi il lui était permis d'admettre les amateurs à venir faire leur petite partie, en bons bourgeois amis de l'ordre. Mais comme il entrait dans l'esprit du monarque que la nuit est faite pour dormir et non pour exécuter des coups savants par trois bandes, il ordonna qu'à onze heures tapant les chandelles fussent éteintes afin que chacun, n'ayant plus rien qui l'attirât dehors, fût forcé de rentrer chez soi.

LE NOBLE JEU SE DÉMOCRATISE Mais traversons l'histoire à grandes enjambées pour ne pas nous éterniser sur le terrain documentaire. Arrivons d'un bond à une époque beaucoup plus rapprochée de la nôtre. Il y a une trentaine d'années, les fervents du billard, les purs, se réunissaient aux Mille-Colonnes, lieu de rendez-vous célèbre qui vit

des débats moins calmes que ceux des pacifiques billardistes.
Le Grand-Balcon lui faisait d'ailleurs une concurrence acharnée ;
là se groupaient également nombre de partisans d'un jeu qui
s'était complètement démocratisé. Puis se multiplièrent bientôt
les « académies » où brillèrent Mingot, le créateur du « rétro »,
Sauret, subtil inventeur de l' « effet », et Paysan, le père de
la série. En ces dernières années, le billard suivit une évolution
parallèle à celle des sports. L'Angleterre, l'Amérique nous
envoyèrent leurs plus qualifiés champions, Sexton, Slosson,
Willy, Hope, alors que nos spécialistes les plus notoires,
Vignaux, Cure et autres, s'attachaient à faire briller du plus vif
éclat l'adresse et l'habileté françaises. Une admirable pléiade
d'amateurs, Faroux, Sels, Letellier, de Drée, etc., contribuèrent
et contribuent encore à propager le goût du jeu de billard dans
le monde de l'amateurisme, qui compte des adeptes chaque jour
plus nombreux.

Cependant l'apparition de la reine bicyclette, puis de l'automobile, eurent une influence assez sensible, il y a une vingtaine
d'années, sur l'évolution du jeu de billard. On en comptait
environ cent mille à l'époque où le cyclisme commença à se
populariser. C'est alors qu'une diminution assez sensible se fit
sentir dans le nombre des amateurs, et cette diminution, l'auto-
mobilisme, à ses débuts, l'accentua encore un peu. Depuis six
à sept ans, un léger accroissement s'est manifesté. Et ceux qui
ont préconisé, en s'appuyant sur la statistique, le déclin et
même la déchéance complète à brève échéance du billard, sont
aujourd'hui persuadés qu'ils se sont trompés. Ce jeu (ce sport,
si vous voulez) restera toujours en faveur. Il a la vie dure et, à
moins d'être mauvais prophète, ce n'est ni nous, ni nos petits-
enfants qui le verront disparaître. Au contraire, le billard
devient un jeu de plus en plus classé. Il a ses championnats
nationaux et internationaux, l'industrie à laquelle il donne lieu

s'attache à perfectionner — bien qu'elle paraisse être arrivée au maximum de ce qu'on peut faire — le billard lui-même et les accessoires qu'il exige ; et c'est ce souci dans la recherche de la perfection qui a permis de fabriquer des appareils permettant aux virtuoses de déployer les trésors de finesse et de précision qui laissent rêveurs les petits amateurs émerveillés et les profanes qui ne connaissent rien à ce jeu. L'habileté sans cesse grandissante des joueurs a forcément conduit à compliquer le jeu en créant des règles nouvelles ; la « partie simple », celle que jouent tous les petits amateurs qui font cinquante points de temps à autre, ne suffisant plus aux grands joueurs qui, sur un bon meuble, peuvent aligner des séries de carambolages qui n'en finissent plus. Et puis, ainsi compris, le jeu devait fatalement finir par leur paraître banal. D'où la création de combinaisons nouvelles qui forment ce qu'on appelle les diffférentes parties.

LES DIVERSES PARTIES Il existe aujourd'hui six manières de jouer au billard pratiquées suivant les goûts et l'habileté de chacun, par les amateurs français et étrangers. Ces six combinaisons — qu'on désigne sous l'appellation de « parties » — sont les suivantes :

1° *La partie simple ou partie libre ;*
2° *La partie au cadre de* $0^m,45$, *à un coup ;*
3° *La partie au cadre de* $0^m,45$, *à deux coups ;*
4° *La partie par la bande ;*
5° *La partie par trois bandes ;*
6° *La partie par la rouge.*

La partie au cadre de $0^m,45$ à un coup ou à deux coups est d'origine récente, en somme, dans son adoption générale. Elle est devenue classique depuis quelques années et a remplacé l'ancienne partie au cadre de $0^m,35$, aujourd'hui bien abandonnée, car il est très rare qu'on la joue.

LA PARTIE SIMPLE OU LIBRE

Il n'est pas douteux que la partie libre est la plus jouée en France, parce que c'est la plus facile, celle qui se prête le mieux à distraire les amateurs de petite force, qui demandent au jeu de billard d'être un passe-temps, un délassement, et ne veulent pas soumettre leur esprit à la tension qu'exigent les parties au cadre ou par la bande. De plus, toutes les combinaisons de jeu autres que celle qui donne toute liberté à la façon d'exécuter le carambolage exigent, si l'on veut y réussir, un entraînement auquel les petits amateurs, les plus nombreux en France, ne peuvent s'astreindre. En outre, pour pouvoir jouer au cadre une partie intéressante, il faut avoir à sa disposition un matériel de choix. Or, les joueurs occasionnels, et même ceux qui font régulièrement leur billard au café, tombent sur un matériel dont la qualité est douteuse parce qu'il est fatigué, étant donné qu'il passe par des mains trop nombreuses. Déjà, pour la partie simple, les bandes ne répondent pas toujours aux espérances que l'on fonde sur leur élasticité, et le carambolage élémentaire ne s'effectue pas, de ce seul fait, avec la facilité qu'on eût été en droit d'espérer, ce qui rend ainsi suffisamment difficile l'humble partie libre. La partie libre, c'est la plus simple, la plus courante. Elle est affranchie des restrictions sévères de la partie au cadre. Elle laisse à chacun la liberté d'agir comme il l'entend. Licence complète de faire circuler les boules sur le tapis du billard au gré de la fantaisie; du moment que le carambolage est fait, c'est l'essentiel. Libre au joueur d'en totaliser autant qu'il le peut par ce système; tout compte.

Des règles elles-mêmes de ce genre de partie, il n'y a pas grand'chose à dire. Elles sont réduites à leur plus simple expression. Comme restriction, interdiction de pousser simultanément les deux billes en « queutant », lorsque celles-ci sont extrêmement près l'une de l'autre. Obligation de toujours conserver

pour jouer un pied à terre. D'ailleurs, à ce propos, il est à faire remarquer — ce que nous verrons par ailleurs — que le joueur a tout intérêt pour donner la précision, l'autorité nécessaires et le degré de force à son attaque de la bille, à bien assurer son équilibre, même et surtout quand la position des billes entraîne une position du corps qui ne permet pas de jouer commodément. Que ce soit en « jouant à l'officier » ou en prenant une position presque absolument couchée, il importe d'être en parfait équilbre et de conserver la grande indépendance du poignet qui dirige la queue de billard. Le règlement prévoit en outre l'interdiction de jouer avec la bille rouge. D'ailleurs la couleur est une désignation qui facilite le respect de cette clause et ne permet pas à un joueur de se tromper de bille. Aussi bien doit-il le savoir, puisqu'il n'ignore pas qu'il ne peut jouer qu'avec sa bille, son partenaire ayant aussi la sienne. La troisième n'est donc faite que pour entrer en contact avec les autres. En somme, tout cela est aussi peu compliqué que possible. Un règlement aussi libéral n'est pas bien fatigant à observer; il ne nécessite aucune attention spéciale. La routine fait tout. Et encore, la routine est-elle bien nécessaire. A moins d'avoir l'esprit franchement obtus, un amateur à la fin de sa première partie, comprend et se soumet sans effort à la règle du jeu de la partie simple. La question de la « série » à faire n'entraîne pas non plus un travail des méninges aussi minutieux que la partie au cadre de 0,45. Est-ce à dire que la série libre ne nécessite ni intelligence du jeu, ni habileté d'exécution? Oh que non ! Le soutenir serait faire preuve de parti pris.

Dans le monde des virtuoses du billard, on considère volontiers la partie libre comme l'émanation d'une habileté inférieure.

Evidemment ce n'est pas le « cadre ». C'est entendu. Il y a une notoire différence entre les deux manières, la seconde exige plus de subtilité, elle crée une difficulté qui sollicite beaucoup plus l'adresse et l'intelligence du joueur que la partie libre.

Mais peut-être peut-on affirmer que cette dernière partie mérite la critique un peu dédaigneuse qu'en font les joueurs exceptionnellement forts ? N'accablez pas, messieurs, sous le mépris la vieille et antique partie libre qui connaît encore de beaux jours et en connaîtra longtemps avec des amateurs qui sans être des artistes de tout premier ordre constituent encore de fort jolis joueurs.

On cite même des records dans ce genre qui ne sont pas négligeables et auxquels amateurs et professionnels ne déchoiraient pas en s'attaquant. D'ailleurs les plus notoires parmi les grands maîtres qui ont illustré la partie au cadre de 0,45 à deux coups s'y sont essayés sans pouvoir les égaler, ce qui n'ôte rien à leur valeur, à leur supériorité même, mais ce qui prouve cependant que quand on totalise 2.000 carambolages en 1 h. 20, comme ce fut le cas de Louis Dumans, on peut avoir la prétention d'être un joueur de billard intéressant.

CHAMPIONNATS ET RECORDS La partie libre possède une page, qui n'est pas des moins curieuses, dans l'histoire du billard. C'est en 1882, pour emprunter à de Vauresmont la date qu'il fixe dans l'ordre chronologique des faits saillants du jeu de billard, c'est en 1882 que fut établi le record de la partie libre. L'américain Slosson aligna cette année-là 1.155 points et mit à les faire 55 minutes. Il ne dut guère de manquer le 1.156ᵉ qu'à un moment de lassitude plus qu'à la difficulté même du coup qu'il avait à faire, car celui-ci était des plus simplement exécutables pour un joueur comme Slosson.

Le grand maître français Vigneaux reprit à son tour la tentative de Slosson et fit 1.582 points.

Mais d'autres performances devaient illustrer bientôt la partie libre. En effet, dans le temps de 1 h. 20 minutes et sur un billard de 2 mètres à 3ᵐ,10, les billes étant trois fois remises en mouches, Louis Dumans fit 2.000 points, alors qu'à Berlin Kuckau additionnait en plusieurs séances 1.200 points sur un billard de 2ᵐ80, mais sans que les billes fussent remises sur mouche, c'est-à-dire en continuant de jouer malgré qu'elles se touchassent. Les carambolages tombaient les uns après les autres avec une telle rapidité que le spectacle, aux dires de ceux qui assistèrent à cette « épreuve de fond » qui eut à l'époque un grand retentissement, en devenait d'une incroyable banalité. Au point de vue de la moyenne réalisée en partie libre, le record appartient à l'américain Schœffer par 333 points dans un match disputé en 1.000 points. Cette même année 1882 fut au reste très fertile en matches retentissants. La compétition anglo-américaine composée de Schœffer, Sexton et Slosson se heurta à notre champion Vigneaux qui réussit à battre les deux premiers. En revanche le sort lui fut contraire dans sa rencontre avec Slosson. Le clan des amateurs ne commença guère à faire parler de lui qu'à partir de 1904. C'est au cours de cette année que l'américain Fosse fut battu par Rérolle, de Toulouse, en une partie de 1.200 points. Le français laissa son adversaire à 1153. Un match colossal mit plus tard en présence Jaussaud et Cohen. Ce match dura 24 heures. Il finit par la victoire de Jaussaud qui dans ce laps de temps totalisa 3.228 points alors que Cohen n'en fit que 3.196. Cette partie mémorable fut un vrai match d'endurance et les statisticiens, qui ne perdent jamais l'occasion de retenir quelque remarque curieuse sur l'à-côté des événements, calculèrent que pendant les 24 heures de jeu, Jaussaud avait couvert 31 kil. 800, et Cohen 29 kilomètres seulement.

Enfin ces deux dernières années 1910 et 1911 le championnat amateurs à la partie libre fut gagné, en 1910, par Green que

Bartoza battit en 1911. Mais passons à un autre genre, la partie au cadre de 0,45 à un coup.

LA PARTIE AU CADRE DE 0.45 A UN COUP — La partie au cadre de 0,45 à un coup est d'importation américaine ; elle date de 1896, à peu près, époque à laquelle Schœffer et Ives « battaient leur plein » et étaient considérés comme imbattables à la partie libre.

Le règlement de cette partie, très jouée aujourd'hui, n'est pas compliqué mais il constitue une sérieuse difficulté. Et voici en quoi. Sur le billard, parallèlement aux côtés, sont tracés quatre traits, chacun d'eux étant éloigné de 45 centimètres de la bande à laquelle il est parallèle. On obtient ainsi quatre carrés — un à chaque angle du billard et quatre rectangles — deux grands latéralement et deux plus petits aux extrémités. Il s'agit de n'effectuer le carambolage qu'en faisant sortir du cadre l'une des billes contre lesquelles on a poussé la sienne, la règle du jeu admettant que la bille qu'on a fait sortir du cadre peut y rentrer après avoir accompli son petit voyage à l'extérieur. Lorsque les deux billes dites « adverses » — la rouge et celle de l'adversaire — se trouvent toutes deux dans le même cadre, le joueur doit en faire la remarque, observation par quoi l'adversaire est avisé de la façon dont se présente le coup, soit de la situation du jeu. Quant à ce qui se passe dans le cadre central, un règlement particulier à la partie prévoit si tous les carambolages qu'on peut y exécuter sont libres ou s'ils sont soumis à des conventions spéciales préalablement fixées. On voit que les instructions prévues pour la partie au cadre de 0,45 à un coup ont pour objet de créer une difficulté qu'on ne rencontre pas dans la partie libre. Le jeu de la série au cadre nécessite donc une technique plus savante, plus savamment géométrique du mouvement des billes, et partant, oblige à une finesse, à une estimation plus difficile de la force de propulsion qu'on doit donner à sa bille, à la façon même dont on doit attaquer la bille adverse afin que celle-ci (ou la rouge) accomplisse le déplacement à l'extérieur du cadre qu'impose le règlement de la partie. C'est précisément cette subtilité de la partie au cadre qui fait que les joueurs qui y excellent font la moue aux partisans de la partie libre. C'est en 1897 qu'eut lieu le premier championnat au cadre de 45 centimètres à un coup. Les deux grands maîtres de la partie libre, Ives et Schœffer qui y prirent part, furent battus, et c'est un peu, beaucoup même, ce que cherchaient ceux qui n'avaient pu jusqu'alors les inquiéter. La victoire revint à Slosson. Jouèrent en outre Sutton et Daly. Le match fut disputé en 600 points. La moyenne du vainqueur n'eut d'ailleurs rien d'éblouissant : elle fut de 10, ce qui pour une étoile de première grandeur n'était pas sensationnel. Mais la défaite de Schœffer n'était pas sans appel. En 1899 il battit, dans une rencontre mémorable, son vainqueur Slosson.

Celui-ci, il est vrai, ne perdit son titre que par quatre points. Mais... ces quatre points suffisaient à le descendre de son piédestal. Le nouveau champion du monde eut à son tour à subir l'assaut de son rival, à la partie libre, Ives. Et Schœffer fut battu. Ives, joueur très régulier, très froid, conserva son titre de champion jusqu'en 1901, année au cours de laquelle il mourut. Lui disparu, la bataille recommença autour de ce titre envié des professionnels de champion du monde au cadre de 0,45 à un coup. Un tournoi retentissant eut lieu à New-York pour l'obtention du titre. Il se passa à Madison Square Garden ; étaient en présence Sutton, Morningstar, Schœffer et Barutel français. Schœffer gagna toutes les parties qu'il disputa et reconquit ainsi le titre que lui avait enlevé Ives. Barutel se classa second. En 1903, nouvel assaut contre Schœffer. Ce fut

Sutton son compatriote qui lui lança à Paris un défi. Mais le champion souffrant et s'estimant peu en forme préféra déclarer forfait et Sutton fut proclamé champion du monde sans avoir eu à vaincre ni même à combattre. Sutton d'ailleurs ne garda qu'un an à peine son titre de champion de monde. En 1904 Vigneaux le battit dans un match qui eut lieu au Grand-Hôtel. La moyenne du vainqueur fut de 12,82, alors que l'Américain qui resta à 323 points ne put faire que 10,18. Trois ans après, le titre de champion revenait une fois de plus aux Américains du fait de la victoire de Willy Hope sur Vigneaux, dans une partie en 500 points, dans laquelle notre compatriote resta à 323. Dans la catégorie des amateurs, Pierre Sels, Belge, battait en 1911 Faroux, lequel Faroux prit sa revanche en 1912 en battant Sels, son vainqueur de l'année précédente. Cette partie au cadre à un coup a donné lieu à nombre de performances intéressantes parmi lesquelles on peut signaler les suivantes. Dans le camp des professionnels, en 1903 Vigneaux fit 150 points en 16′33″. La même année, le grand champion français réussissait 200 points en 22′40″. On voit la rapidité avec laquelle le maître « débita » ses carambolages pour accomplir cette performance. En 1904, Vigneaux, le plus éblouissant joueur français, réussit une série de 225 points qui constitue encore à l'heure actuelle le record français, lequel d'ailleurs fut battu de loin en 1907 par le jeune Américain Willy Hope qui s'adjugea le record du monde par 317 points. Si l'on se place au point de vue de la moyenne réalisée au cours d'une partie on voit que la plus forte appartient à Sutton avec 100 points dans une partie en 500 points. Parmi les champions de la partie au cadre de 0,45 à un coup, on relève les noms de Cure, Vigneaux, Willy Hope, Sutton et Morningstar. En 1908, au cadre de 0,45 Rérolle, de Toulouse, réussit une série de 175 points.

LA PARTIE AU CADRE DE 0.45 A DEUX COUPS La partie au cadre de 0,45 à deux coups est aujourd'hui la partie classique des grands joueurs. Dans les réunions où s'escriment les billardistes — ou les billardiers, comme vous voudrez — joueurs entre tous notoires, dans les « Académies » tant en France qu'à l'étranger, c'est la partie des professionnels et aussi des amateurs de belle force, pour qui la partie simple n'offre plus qu'un intérêt secondaire parce qu'ils n'estiment point suffisantes les difficultés que celle-ci présente. On est d'accord, en outre, que c'est dans la partie au cadre de 0,45 à deux coups que se manifeste de la façon la plus évidente la qualité exacte du joueur. Voici en quoi consiste le principe de cette partie pour laquelle les divisions tracées sur le billard en carrés et en rectangles, comme nous l'avons vu à propos de la partie précédente, sont identiquement les mêmes. La partie au cadre de 0,45 à deux coups se joue sur un billard de 3^{m},10.

Contrairement à ce qui se passe dans la partie au cadre de 0^{m},45 à un coup, le joueur a cette fois la latitude de faire un carambolage dans l'intervalle même du cadre avant d'être obligé d'en faire sortir une bille. La position des billes doit, en outre, être indiquée. Ainsi lorsque la rouge et la bille adverse sont toutes deux dans le cadre, le joueur doit signaler cette position en annonçant : « restée ». Mais il peut ajouter un carambolage à la suite duquel la seule bille qui doive sortir du cadre est la sienne. Puis il joue à nouveau en annonçant : « dedans », mais cette fois, en exécutant son point, il lui faut faire sortir une des deux billes adverses. La position « à cheval » d'une des deux billes qui soit sortie du cadre est valable, la bille en question étant considérée comme sortie.

On dit d'une bille qu'elle est « à cheval » quand elle n'a pas effectué complètement son mouvement de sortie et qu'elle s'est arrêtée sur un des traits du cadre. Ce genre de partie qui eut, et qui a encore, une très grande vogue dans le monde des forts joueurs de billard parut bien vite ne pas comporter de difficultés suffisantes pour les virtuoses professionnels habitués à les vaincre toutes. Elle se prêtait, en raison même du règlement et lorsque les deux billes adverses se trouvaient collées contre les bandes, à des séries trop faciles à exécuter. C'est alors qu'on se décida à compliquer les choses. Aux extrémités des quatre traits du cadre fut tracé un triangle isocèle dont le sommet est tourné vers le milieu du tapis, le triangle ayant une base de o^m,20, et on imposa aux triangles ainsi formés les règles prévues pour la partie au cadre de o^m,45 à un coup. Donc, la partie se joue au cadre de o^m,45 à deux coups dans les carrés et dans les rectangles tracés et en même temps, au cadre de o^m,45 à un coup dans les triangles inscrits comme nous l'avons indiqué. Ce dispositif présente le fin du fin des difficultés pour jouer la série.

La partie au cadre de o^m,45 à deux coups ramène dans le palmarès du billard les noms déjà cités de Vigneaux qui en 1904 battit Sutton (500 points à 496), de Cure, de Fournil et parmi les amateurs, Nave (1904), van Duppon (1905 et 1906), Docteur Colette (1907), Mocquet (1908), Sels (1909), etc., etc., et enfin Faroux (1912).

LA PARTIE PAR LA BANDE La partie dite « par la bande » consiste en ceci qu'il faut que la bille touche au moins une des bandes du billard, avant d'aller toucher une des billes adverses. Tout carambolage direct est nul. En somme le principe immuable consiste à toujours jouer « bande première » comme on le fait occasionnellement, quand la nécessité s'en impose dans la partie simple. Cette manière de jouer présente on le conçoit plus de difficultés que quand il s'agit de jouer la série américaine que recherchent, ou plutôt que recherchèrent longtemps, les amateurs, et qui simplifiait les choses au lieu de les compliquer en réduisant à leur minimum les combinaisons qui s'imposent au joueur pour qu'il puisse réussir ses carambolages. On conçoit aisément que pour bien jouer la partie par la bande il faille avoir un coup d'œil géométrique des plus exercés. D'autant plus qu'il ne s'agit pas d'exécuter un coup sans se préoccuper de la position qu'auront les billes une fois le point fait. Il faut jouer ici, comme dans toutes les parties, ce qu'on appelle la « série »; chaque carambolage doit donc être fait dans telles conditions qu'il ramène les billes dans une position qui facilite l'exécution du coup suivant et au besoin, dans la mesure du possible, de ceux qui suivent. Procéder ainsi nécessite dans la partie simple une certaine technique et une pratique régulière et intelligente du jeu. Il est encore plus difficile de jouer la série, de la préparer habilement, dans la partie par la bande.

C'est peut-être de toutes les manières de jouer celle qui exige chez l'amateur les qualités naturelles les plus grandes, le coup d'œil le plus précis. En outre, cette partie difficile demande non seulement un billard de qualité, mais encore est-il nécessaire pour jouer réellement bien de connaître le terrain des opérations, c'est-à-dire le billard lui-même. La question de l'élasticité des bandes joue dans cette partie un rôle important. Il est donc utile, indispensable, pour jouer avec agrément et bien jouer de connaître le rendement des bandes. Enfin il y a le sentiment de la distance avec lequel il faut compter et dont le rôle est prépondérant. L'opinion des joueurs, des grands joueurs de billard, est d'ailleurs assez variable. Beaucoup d'entre eux, et non des moindres, envisagent la partie au cadre comme le summum de l'art. La prétention peut se soutenir, mais il ne faudrait pas cependant aller trop loin et ne considérer, par exemple, la partie par la bande comme émanant d'une technique inférieure en soutenant qu'il faut l'envisager comme un entraînement préparatoire à la partie au cadre. Ce point de vue de l'entraînement remet précisément chaque chose à sa place. Malgré l'avis souvent exprimé que la partie par la bande constitue un bon entraînement pour la partie au cadre, il est certain que la première se suffit à elle-même, tout comme la partie libre, et que ce n'est nullement progresser dans la science du billard que de jouer le cadre. Ce sont deux manières parallèles qui ont leurs exigences propres et n'ont nul besoin de se confondre.

Il est cependant difficile de refuser à la partie au cadre une supériorité qu'elle a incontestablement sur la partie libre. Il n'est pas douteux que la première nécessite une science du billard plus subtilement exercée que la seconde. La partie libre, à notre humble avis, est celle avec laquelle le joueur fait ses classes et même perfectionne son jeu, son intelligence du jeu. Et ce n'est que quand il est en possession de sa technique, qu'il sait bien jouer, très bien jouer même, qu'il peut songer à passer au cadre. En ce qui concerne la partie par la bande elle se suffit assurément à elle-même, et au point de vue de la virtuosité qu'elle exige, elle peut marcher de front avec la partie au cadre. Parmi les joueurs qui se sont illustrés dans la partie par la bande figurent naturellement Vigneaux et Cure. D'ailleurs quel est le genre de partie dans lequel ces deux grands maîtres ne se sont pas montrés remarquables ?

LA PARTIE PAR TROIS BANDES La partie par trois bandes constitue la suprême recherche de la difficulté. En peu de mots voici en quoi elle consiste : à toucher trois bandes avec sa bille avant que celle-ci aille heurter les deux autres billes. Tout carambolage qui n'est pas exécuté dans ces conditions n'a aucune valeur.

C'est au professeur espagnol Menzon qu'appartient le titre de recordman du monde avec une série de... 18 carambolages. Dix-huit points en série ! Qu'est-ce que cela ? Bien peu de chose au point de vue numérique, et c'est cependant énorme quand il s'agit de les faire par trois bandes. Si énorme même que ce record, établi déjà depuis pas mal de temps, est toujours debout. Le battre paraît chose si difficile que les professionnels les plus en vue et les plus justement réputés ne montrent aucune ardeur à s'y attaquer.

La partie par trois bandes a servi à mettre en relief plusieurs grands joueurs pour qui l'occasion ne s'était pas encore présentée de sortir du rang. C'est un genre d'exercice auquel les joueurs de moyenne force ayant réussi à se tailler une réputation n'osent guère se risquer et pour cause. En revanche, ceux qui jusqu'alors n'avaient pas trouvé le moyen de sortir de l'ombre, bien qu'ils eussent une très réelle qualité, durent aux performances qu'ils accomplirent par trois bandes de connaître les douceurs de la grande vedette.

Il est facile de se rendre compte de la difficulté immense qui s'attache à cette combinaison des trois bandes. Déjà quand il ne s'agit que de jouer par une seule bande la série, et même le point, nécessitent des qualités de précision assez rares et dont seuls les grands joueurs font preuve.

Mais ici, le problème est encore plus délicat, et plus complexe aussi. Fixer avec une précision absolue les trois points où doit frapper la bille pour venir ensuite heurter la première bille adverse puis la seconde, tout en ayant soin que dans son voyage circulaire elle évite la fâcheuse rencontre des deux boules d'ivoire qu'elle ne doit toucher qu'après avoir accompli un périple scabreux, doser l'effet et la puissance d'attaque d'après l'élasticité des bandes afin que ces deux éléments conjugués permettent à la bille de parcourir le tracé que le joueur lui a mentalement fixé dans les conditions où elle doit le faire, pour venir heurter successivement les billes adverses aux points où elle doit les rencontrer, nécessite une subtile sureté de jugement, une grande habileté de main comme on n'en rencontre que rarement. Il faut aussi posséder en quelque sorte les ressources de son billard, utiliser les qualités, éviter, et au besoin se servir des défauts qu'il peut avoir. Bref il faut le bien connaître et se soumettre à un entraînement rigoureux auxquels peuvent seuls s'astreindre ceux qui ont le temps de beaucoup travailler le billard et possèdent un sens très affiné de ce jeu. Professionnels et amateurs qui aiment assez être aux prises avec la difficulté, ils peuvent s'exercer à ce genre de sport qui sous ce rapport leur donnera toute satisfaction. Reste maintenant la partie par la rouge.

LA PARTIE PAR LA ROUGE Ici, la convention change. Il s'agit, en effet, pour exécuter un carambolage valable que ce soit la bille rouge qui soit heurtée la première des deux billes adverses, soit avant, soit après contact avec la bande. Chose assez curieuse, et d'ailleurs parfaitement vraie, tous ceux qui ont écrit sur ce jeu font remarquer en règle à peu près générale, que tous les amateurs jouent leur partie de préférence sur la bille blanche. Il ne faudrait voir là qu'une habitude qui se serait généralisée, si la plupart des joueurs qui procèdent ainsi ne prétendaient qu'il est moins intéressant de jouer sur la rouge que sur la blanche. On ne voit pas bien la valeur réelle de cet argument, puisqu'aussi bien des coups par la rouge se présentent aussi intéressants que peuvent l'être des coups par la blanche. Par conséquent, si en jouant ainsi, un amateur se place au point de vue de l'entraînement, son raisonnement ne paraît pas juste. Et comme on l'a fait très exactement observer, la très grande majorité des professionnels qui jouent soit la partie libre, soit la partie par une, deux ou trois bandes, soit enfin la partie au cadre de o^m,45 jouent à la rouge. Toujours est-il que la partie par la rouge n'a jamais été prétexte à de grandes compétitions, bien que certains grands joueurs actuels aient établi dans cette manière de jouer des performances curieuses. Les citer est inutile, ce sont toujours les mêmes : Vigneaux, Cure, Fournil, Gibelin et Beau, pour ne mentionner que les plus connus. Telles sont les six combinaisons parmi lesquelles les amateurs et profession-nels actuels accomplissent leurs plus retentissants exploits.

LE BILLARD ET SES ACCESSOIRES Tout le monde sait en quoi consiste le matériel du joueur de billard. D'abord le billard lui-même, puis la queue qui sert à lancer la bille avec laquelle on joue ; puis enfin les billes, deux blanches et une rouge. Des billards on ne peut dire qu'il y en a à tous les prix. Cette table de jeu coûte relativement cher, même quand elle est de fabrication inférieure. Quant aux autres, aux billards savamment et soigneusement fabriqués, il est facile de comprendre qu'il faut les payer le prix assez élevé qu'ils valent. Enfin, les prix forts sont atteints par les tables de luxe dans lesquelles la qualité de fabrication, la valeur des matières premières employées et la richesse de ces meubles luxueux justifient leur cherté. Malgré ses apparences robustes, malgré la qualité du bois dont il est fait, malgré le souci qui a présidé à sa fabrication, le billard est sensible. Il réclame des soins très précis, faute desquels, malgré sa solidité apparente et même réelle, il dépérit. Autrement dit, très sujet à l'influence de l'atmosphère ambiante, il risque de s'abîmer assez rapidement si l'on n'y prend garde. Encore qu'il soit fait d'un bois on ne peut plus sec, il souffre de la chaleur, du froid et plus particulière-ment encore de l'humidité. Ces influences climatériques sont—

ou peuvent être — cause, si l'on n'y tient la main, que le billard, d'une précision irréprochable à sa sortie des ateliers accuse une perte légère, progressive et finalement très sensible de sa précision première. Le bois joue, les bandes se détendent, leur élasticité diminue, vis et chevilles se déplacent insensiblement, mais suffisamment cependant, dans leurs alvéoles, bref toutes choses qui contribuent à enlever à la table de jeu la précision que l'on doit attendre d'elle en réponse à la précision que le joueur apporte lui-même à diriger ses coups. Enfin, la charpente du meuble souffrant, le tapis — qui peut déjà subir le désastreux effet des maladresses d'un joueur — joue son rôle dans cette désorganisation générale ; il se plisse imperceptiblement, mais assez toutefois pour contrarier le roulement des billes et les faire dévier de la direction qu'on leur a donnée. C'est surtout à la campagne, quand surviennent les premières humidités de l'automne naissant que peut se faire sentir la fragilité du billard. L'humidité subtile et sournoise se glisse partout : elle va réveiller la fibre du bois qui saisit l'occasion de faire des siennes. Alors comme on dit communément, il « travaille ». Mauvais travail, croyez-le bien, dont le propriétaire subit les conséquences. Il en va de même pendant les fortes chaleurs caniculaires si l'on n'a pris soin de protéger contre elles le sensible billard. Quand, sous ces influences atmosphériques, un billard se dérègle, il n'est pas rare que son propriétaire incrimine le fabricant. Le plus souvent, il a tort ; c'est à lui qu'il devrait s'en prendre du mal qui arrive. A lui, ou aux personnes à son service qui ont charge de veiller à la santé de la table de jeu. Donc, pour éviter ces inconvénients graves puisqu'ils ont leur répercussion sur la netteté, sur la précision du jeu, il faut le tenir à l'abri des fluctuations de la température dont il peut souffrir. On évite ainsi gerçures, crevasses, qui entraînent avec elles — il y a beaucoup de chances pour que

cela se produise — une distension des bandes, un fléchissement
de niveau de la table même, une déclivité qui paralyse complètement l'habileté du joueur. Un bon joueur qui connaît bien
son billard, se rend parfaitement compte de cette fâcheuse
situation par sa seule finesse d'oreille. Il entend très bien
quand les bandes « sonnent faux », c'est-à-dire quand le bruit
qu'elles rendent après avoir été frappées par la bille n'est pas
celui qu'elles devraient donner. Elles ne sont pas « accordées ».
Et il en conclut facilement qu'il y a quelque chose de dérangé
dans l'organisme de son billard. D'une manière générale, et
quel que soit le soin qu'on en prenne, la santé d'un billard
n'est pas éternellement florissante, c'est pourquoi il n'est
pas superflu de le mettre de temps à autre en observation.

La précaution est bonne de demander une consultation à
celui qui l'a fabriqué, ou à son défaut, à un monteur habile,
expert en la matière. Il examine, il ausculte le billard qui a
besoin d'être remis en état par une intervention sérieuse. Le
mal, si mal il y a, étant ainsi conjuré dès le début, ne risque
pas de s'aggraver. En procédant ainsi, on augmente très sensiblement la vie de ce meuble coûteux, tout en lui conservant
les qualités dont il a fait preuve au début de sa carrière. Mais
des cas se présentent où l'intervention du constructeur ne s'impose pas, le propriétaire pouvant lui-même s'assurer du parfait
état de son meuble. Ainsi par exemple quand il s'agit de procéder à l'ensemble des opérations qui constituent ce qu'on appelle
le relevage d'un billard, il n'est point besoin de courir chez
celui qui en est le père. On peut faire cela de soi-même, d'autant mieux qu'il n'est pas bien difficile d'apprendre comment il
faut intervenir. L'opération, ou la série des opérations du relevage,
consiste à réparer les petites défaillances du billard. C'est ainsi
qu'on s'assure que, pour une raison ou pour une autre, aucun fléchissement du niveau de la table ne s'est produit ; que le tapis est

tendu aussi rigidement qu'il doit l'être, on s'habitue à dévisser les bandes, à dégager le tapis complètement, afin d'en extraire la poussière qui peut s'y trouver, malgré les coups de brosse auxquels on le soumet après chaque partie, à faire une opération semblable au drap qui entoure les bandes, à s'assurer enfin que les vis sont bloquées à fond. Cela ne constitue pas une manœuvre pour laquelle il soit nécessaire de faire venir un ouvrier spécialiste. Un bon chasseur soigne lui-même son arme et la démonte, et ne l'envoie chez l'arquebusier que quand l'intervention de celui-ci est indispensable. De même un amateur qui aime son billard et en prend réellement soin procède lui-même aux réparations qu'il juge nécessaires. Mais, si l'on ne sait pas s'y prendre, il est beaucoup plus prudent de faire appel à un spécialiste sous peine de tout abîmer et de ne rien remettre en état. La révision du billard — le relevage — peut se faire mensuellement quand on s'en sert tous les jours. Indépendamment de ces soins méticuleux, il en est d'autres qui sont d'ordre moins conséquent, mais tout aussi importants cependant. Il s'agit des soins d'hygiène courante quotidienne du billard. Le meuble doit être tenu en parfait état de propreté, au même titre que les autres meubles de la maison. Il n'y a pas de raison, au contraire, pour qu'il soit victime d'une négligence spéciale. Chaque jour, qu'on s'en soit servi ou non la veille, il doit être frotté et brossé, indépendamment du coup de brosse qui lui a été donné immédiatement après la partie terminée, et malgré qu'il reste soigneusement houssé tant qu'on ne s'en sert pas. En outre, un billard a une destination exclusive, il doit servir à cet exercice qui s'appelle jouer au billard et pas à autre chose. Lui donner une affectation tout autre comme, par exemple, le transformer en desserte est une grave erreur. En outre, il ne faut rien poser dessus, rien surtout qui soit susceptible de le tacher car il n'est pas plus laid qu'une tache polluant la netteté impec-

cable du tapis. Il arrive quelquefois, souvent même, qu'on s'asseye dessus ; on saute légèrement, plus ou moins légèrement et on se laisse tomber au milieu d'un des côtés. Cette manœuvre peut décaler le meuble, fausser son équilibre, et même, à la longue, entraîner des inconvénients plus graves. Dans cette position assise, on a la tendance à se caler sur les mains, en arrière, et à tripoter les bandes avec les doigts pour en éprouver machinalement leur flexibilité. Les bandes n'ont rien à gagner à ce genre de contact. Elles sont faites pour entrer en relations avec les billes, et c'est tout. En somme, tout cela n'est pas terrible et le billard n'apparaît pas comme un tyran duquel il faille s'occuper sans cesse. En lui donnant les soins peu compliqués mais éclairés dont il a besoin pour que sa santé ne s'altère pas, s'il est de bonne fabrication il doit fournir une longue carrière, tout en conservant ses qualités originelles.

LES QUEUES La queue de billard est un fût de bois long, rigide et qui va en s'amincissant depuis le talon qui en est la base, jusqu'à l'extrémité supérieure, terminée par une petite pastille de cuir légèrement bombée — le procédé — qui frappe la bille pour la faire rouler. On fabrique des queues de billard d'un seul jet, c'est-à-dire en un seul morceau ; on en fait d'autres qui se dévissent par le milieu, formant ainsi deux tronçons qui, enfermés dans une gaine, sont moins encombrants et plus faciles à transporter. Comme pour le billard même, la question de la qualité est tributaire de celle du prix. Une queue de billard doit être légère, rigide, le joueur doit l'avoir bien en main. Rien n'est plus insupportable que de batailler contre un accessoire qui résiste au mouvement que vous voulez lui imprimer, et ces démêlés insupportables avec un instrument rebelle gâte complètement le plaisir que l'on recherche dans le jeu. Les queues de billard ont aussi leurs petites exigences. Elles réclament certains soins, certaines dépenses plutôt, car on ne peut appeler soins les précautions dues à leur fragilité. Qu'elle soit faite d'un ou deux morceaux, la queue de billard est taillée dans un bois extrêmement sec, afin qu'il ne joue pas. Et si l'on n'y prend garde, c'est ce qui arrive. Elle est sensible à l'humidité, sensible à la chaleur, sensible au froid. Alors elle s'incurve, se raccourcit, se crevasse et faute de surveillance, elle finit tôt par n'être plus bonne à rien. Mais il est facile de la protéger en la garantissant contre les influences atmosphériques ambiantes qu'elle supporte si mal. Il faut donc éviter de la placer dans un endroit humide, et après s'en être servi, l'essuyer bien soigneusement et la resserrer dans une gaine qui la protège contre les poussières corrosives. Une queue de billard ne doit jamais être placée horizontalement. C'est une position qui ne lui vaut rien. Elle est faite, même quand elle est de deux morceaux, pour se dresser debout, appuyée sur son talon, contre un mur, ou à proximité d'un mur qui ne lui communique pas son humidité suintante ou à l'abri du soleil qui ne lui est pas plus favorable. Evitez-lui de même le voisinage d'un calorifère ; et il n'est pas — que la chose paraît donc risible, bien que vraie ! — jusqu'aux courants d'air qui ne soient nuisibles à sa santé. C'est en prenant ces précautions auxquelles on peut facilement s'astreindre qu'on évitera aux queues de billard de se cintrer, de se fendiller, de se décoller. Elles conserveront alors longtemps toute leur saine apparence et toute leur valeur au point de vue du jeu. Le peu de temps qu'exige ces soins permet à l'amateur de s'y livrer lui-même. C'est comme quand il s'agit d'un fusil auquel on tient ; il est imprudent de le confier à un salarié, à moins d'avoir une absolue confiance en lui, il faut lui défendre d'y toucher. Dans un ordre d'idées moins capital, il en va de même pour les queues de billard. Enfin, c'est une fantaisie fâcheuse que de les placer après usage, dans une position contraire à celle qu'elles doivent occuper, c'est-à-dire le talon en l'air. Elles pèsent de tout leur poids sur le procédé qui finit par se tasser, s'avachir et perd de ce fait les qualités qui lui sont nécessaires. Le procédé est, il est vrai, un appendice facile à changer. Mais il est préférable de n'avoir à le faire que quand il est fatigué par le jeu et non point pour une cause étrangère à celui-ci et nuisible à la queue de billard tout entière.

LE PROCÉDÉ Le procédé, nous l'avons dit, est un petit appendice rond, légèrement bombé qui est fixé à l'extrémité la plus mince de la queue de billard. Son but est de donner à l'attaque de la bille la souplesse, l'élasticité qui sont indispensables pour transmettre à la boule d'ivoire dans les conditions de force, de finesse voulues, l'impulsion que le joueur lui donne. Elle joue en outre le rôle d'amortisseur de choc. Enfin pour éviter, réduire tout au moins à son minimum, le glissement qui ne demande qu'à se produire quand l'extrémité de la queue de billard vient toucher la boule d'ivoire polie, on enduit légèrement de craie le procédé qui trouve ainsi une adhérence plus complète lorsqu'il frappe la bille. C'est cette adhérence passagère, qui en empêchant le glissement du procédé — excepté quand la maladresse du joueur le rend inévitable, — qui permet les coups de finesse dans l'attaque, et les effets sur un côté quelconque de la bille. Malheureusement, si l'usage de la craie est indispensable, il présente des inconvénients dont le procédé souffre lui-même. La craie pulvérisée par le frottement fréquemment renouvelé du cube crayeux sur le procédé n'est pas absolument corrosive. Mais peu à peu, elle finit par s'incruster dans les pores du cuir, le desséchant petit à petit et le rendant friable. Enfin, c'est le procédé qui reçoit le choc de la bille et les heurts successifs qu'il a à supporter finissent par tasser les molécules les unes contre les autres, jusqu'à ce que le procédé devienne à peu près plat comme un pain à cacheter. Autre chose encore : à l'usage et sous l'influence de la craie durcissante, il se fendille, se crevasse, et sa surface, si l'on n'y remédie, présente bientôt des petites aspérités qui s'opposent à la sûreté, à la précision d'attaque de la bille.

Tout cela contribue à altérer rapidement la santé du procédé. Mais il est possible de prolonger son existence par des soins d'ailleurs peu compliqués. La première chose à faire est de vérifier si le procédé est bien solidement collé et s'il est d'aplomb. Un procédé mal fixé ne permet pas de jouer avec une rigoureuse précision. Et d'ailleurs, les chocs qu'il a à supporter sont une cause de décollement prématuré. Quand on a la certitude que le procédé adhère bien à la queue de billard, on ne s'en tient pas là et on en prend soin. Rien n'est plus simple. Quand la nécessité s'en fait sentir, on passe le procédé au papier de verre, afin d'en faire disparaître les aspérités gênantes et les érosions fâcheuses. Ce système a pour résultat d'expulser les atomes de craie qui ont pénétré dans le cuir et redonne au procédé la surface nette, polie, qu'il avait perdue. Il ne faut pas frotter sur le cuir avec le papier de verre à tour de bras. On doit en user avec sobriété, car l'exagération est une maladresse, et le remède devient alors pire que le mal. Mais c'est là une habitude à prendre ; on acquiert vite le tour de main voulu, nécessaire à la conservation des procédés et au maintien de leur bonne qualité tant qu'ils sont en service.

LES BILLES Il est dit décidément que tous ces accessoires d'apparence robuste dont on se sert pour jouer au billard sont d'une fragilité de laquelle on ne se doute qu'après l'avoir éprouvée. Il n'est pas jusques aux billes qui, quoique d'ivoire, témoignent d'une sensibilité exagérée à la température ambiante. On pourrait croire que le fait même d'être d'ivoire leur vaut une robuste constitution pour laquelle il n'y a rien à redouter. Il est même des circonstances où elles supportent admirablement, sans sourciller, la rude épreuve du contact avec le plancher après un steeple-chase par-dessus les bandes, cabriole susceptible, en apparence, de les mettre à mal. Et bien, non, elles résistent. Et malgré ce témoignage de solidité, elles font preuve d'une défaillance étrange dès qu'elles sont exposées aux caprices de la température changeante. Elles craignent la chaleur du soleil et plus encore celle des poêles et des cheminées. Alors, sous cette influence, elles se dilatent, se crevassent, et leur surface, nette et immaculée précédemment, s'afflige de petites veines qui prennent tôt une tonalité noirâtre. De jolies et pimpantes qu'elles étaient, elles deviennent ridées comme de petites vieilles. Circonstance aggravante, si elles craignent la chaleur, elles ne sont pas moins frileuses. Sous l'action du froid, elles se recroquevillent, se contractent. Et les voici qui se rident, se crevassent encore, et font bientôt si piteuse mine que le mieux à faire est de les mettre à la retraite et de leur substituer des remplaçantes en pleine santé. Rien n'est plus désagréable que de jouer avec des billes dont l'apparence fatiguée témoigne d'une vétusté précoce. Elles sont laides à voir rouler, avec leur aspect affligeant et carié. C'est ce qui se passe dans la plupart des estaminets de province où le billard et ses accessoires, à la merci du premier client venu, en voient plutôt de cruelles. Ainsi traité sans égards, le matériel passe ensuite aux mains des garçons de salle qui ne peuvent pas ou ne veulent pas lui donner les soins qu'il exige. Et c'est ainsi qu'il ne reste pas en bon état longtemps ; il a vite perdu sa fraîcheur et sa précision. Connaissant la sensibilité des billes à la température ambiante, il est facile de les préserver. Le mieux à faire est, après chaque partie, de les replacer dans une boîte capitonnée de flanelle et fermée à clé. Et elles y demeurent jusqu'à nouvel usage. Mais avant de leur faire réintégrer leur boîte, il est indispensable de les soumettre à un brin de toilette. Cette toilette n'est pas compliquée et voici en quoi elle consiste. On commence par les boules blanches qui sont débarbouillées les premières. Bien que la périphérie en soit soigneusement polie, la poussière — tant celle de la craie du procédé que celle du tapis — finit par avoir raison de la résistance qu'elle rencontre, et peu à peu elle réussit à ronger la surface de la bille et à s'infiltrer dans le bloc d'ivoire. C'est ce qu'il faut éviter par des mesures préventives et ne pas laisser à ces poussières subtiles le temps de pénétrer là où elles ne doivent pas aller. Les billes blanches sont donc traitées de la façon suivante : on les essuie d'abord avec un linge sec; puis avec un second linge trempé dans de l'eau de savon on les débarbouille, enfin, avec un troisième linge bien sec, on les essuie soigneusement afin qu'il ne reste à leur surface aucun atome d'humidité. Quand les billes sont soumises au traitement privilégié des petits soins, on remplace l'eau de savon par de l'alcool et c'est parfait, car ce système de friction est on ne peut meilleur et contribue à leur conservation. Le linge sec intervient ensuite comme dans le cas précédent. La bille rouge, rutilante dans sa robe écarlate, est moins exigeante, et pour cause. Tout lavage aurait pour conséquence de la faire pâlir; il faut l'éviter. Elle perdrait, de place en place d'abord, puis totalement ensuite, sa vive couleur et prendrait une apparence anémiée et chlorotique qu'on lui épargne en la soumettant simplement au coup d'essuyage soigné d'un morceau de flanelle bien sec. Cela lui suffit, et elle n'a plus qu'à aller trôner, dans la boîte, entre les deux billes blanches, ses compagnes. Est-ce à dire que, grâce à ces soins, l'existence des billes de billard est éternelle, et que, dans une famille, elles peuvent se transmettre d'une génération à l'autre? Non. En tout cas, cela dépend beaucoup de la fréquence avec laquelle on les met au travail. A l'usage, en effet, les billes se déforment, leur périphérie, souvent heurtée, finit par se ressentir des chocs qu'elle subit, et de rondes qu'elles étaient à leur entrée dans la carrière, elles deviennent oblongues. Oh! cette déformation est lente, très lente, et il faut que les pauvres aient été longtemps sur la brèche pour en arriver là. Il est même rare qu'on les conserve, sans les avoir remplacées, jusqu'à ce qu'elles aient perdu l'orbe parfait de leur circonférence. La déformation est à peine visible, l'est-elle même sensiblement à l'œil nu? Quelquefois, mais plus particulièrement quand on se trouve en présence de billes de mauvais aloi, mal tournées, provenant d'une fabrication inférieure. En tout cas, elles sont sensibles au jeu, et il n'est pas difficile de s'apercevoir quand une bille a cessé d'être parfaitement ronde. Alors deux solutions se présentent : la première consiste à faire façonner à nouveau les billes atteintes de la maladie de la déformation. Cette nouvelle manipulation leur fait perdre un peu de leur poids, mais les rend parfaitement utilisables, bien que, pour les parties sévères, les virtuoses ne jouent jamais avec des billes soumises à un remaniement posthume. La seconde solution est plus radicale. C'est une question de porte-monnaie. Elle consiste à remplacer purement et simplement les billes usagées et déformées par des billes neuves. C'est à quoi se résolvent les grands amateurs qui ne veulent jouer qu'avec un matériel impeccable de qualité et de précision.

QUESTION DE LUMIÈRE La question de l'unité d'éclairage est de toute première importance pour jouer au billard, qu'il s'agisse de lumière naturelle ou, la nuit venue, d'un luminaire quelconque, électricité ou gaz renversé.

La nappe lumineuse doit s'étendre également sur toute la surface du billard. Son intensité doit être d'une uniformité absolue, quel que soit le point du billard où elle agisse. On conçoit l'inconvénient d'un éclairage irrégulier qui sévirait d'une façon brutale sur certaines zones et en laisserait, au contraire, d'autres dans le clair-obscur. Le sentiment de la distance, auquel le joueur fait sans cesse appel, s'émousserait devant une lumière inégalement distribuée. Et puis, il faut qu'il distingue nettement le point exact où sa bille doit aller frapper une ou plusieurs bandes, et qu'il puisse mentalement tracer sur le tapis, sans que rien vienne contrarier la combinaison qu'il échafaude, la série des lignes géométriques que les billes doivent décrire pour qu'elles viennent s'arrêter à l'endroit précis où il a décidé qu'elles doivent se grouper. Pour réussir une pareille tactique, il faut y voir clair. Pour distribuer une lumière égale, soit au gaz, soit à l'électricité, on fixe un appareil d'éclairage au-dessus de la mouche sur laquelle se place la bille rouge, et un autre d'égale puissance au-dessus des mouches de départ. Chaque foyer lumineux est placé à une hauteur d'environ $0^m,80$ du tapis. Cette distance constitue la limite généralement adoptée dans les académies; mais elle n'est pas immuable. D'aucuns la réduisent, et le cas est assez fréquent, à $0^m,75$, d'autres vont un peu au delà de $0^m,80$. Il n'importe; l'essentiel est d'y voir clair et bien clair. Mais s'il faut de la lumière, il est nécessaire également que celle-ci ne soit pas aveuglante. C'est pourquoi l'appareil d'éclairage est juponné d'une bande d'étoffe qui prolonge le rôle de l'abat-jour et projette sur le tapis une partie de l'intensité de la lumière dont la dispersion latérale n'est pas utile pour jouer, mais au contraire fatigante pour la vue. En somme, cette question de l'installation de l'éclairage, ou pour mieux dire, de la façon d'y pourvoir, est laissée au goût de l'amateur. Pourvu que le billard soit bien régulièrement éclairé, c'est l'essentiel. Le luxe et la fantaisie des appareils, leur installation sont caprices personnels du propriétaire du jeu.

INTRODUCTION A LA THÉORIE DES COMBINAISONS Sous ce titre générique, nous résumerons ici quelques conseils, quelques remarques pour être plus modeste, qui n'ont pas l'attrait de la nouveauté, et qui s'adressent plus spécialement aux néophytes du jeu de billard, car les grands joueurs, et même les joueurs de force moyenne, ne peuvent les considérer que comme l'*a, b, c*, sans grand intérêt d'un sport qu'ils pratiquent avec habileté. Quand on s'intéresse au jeu de billard, quand on a du goût pour ce genre de sport, la meilleure théorie, nous semble-t-il, est celle qui consiste à suivre intelligemment le jeu des grands virtuoses. Intelligemment veut dire ici : en se rendant compte minutieusement du pourquoi des choses. S'il faut que ce soient — naturellement — les yeux qui suivent le trajet des billes, il faut que, mentalement, quand le joueur se dispose à attaquer sa bille, le spectateur, qui est alors l'élève, leur trace la route qu'elles doivent accomplir, du moins la route qu'il suppose qu'elles suivront. Il faut que, dans son esprit, il dessine la combinaison géométrique qui se prépare avant que le joueur ne l'ait réalisée. Bref, il faut que sa pensée concorde, se rencontre, avec celle de celui qui joue. Un semblable travail de tête ne s'accomplit pas facilement au début. Mais quel est l'exercice cérébral ou physique qui n'exige pas un entraînement, une étude préalables et progressifs ? Et même, lorsqu'on a acquis au jeu une certaine force, il est profitable de suivre le jeu d'un amateur très fort pour pénétrer sa pensée, et même d'un joueur médiocre pour prévoir, avant qu'il ne les ait faites, les erreurs qu'il se dispose à commettre. En somme, on apprend toujours quelque chose à regarder jouer les autres, à bien faire et à ne pas tomber dans les errements des joueurs maladroits. A part cela, quelle peut être la valeur des conseils transmis par un livre? A fournir quelques indications, à éveiller l'attention du lecteur sur certaines particularités. Mais l'influence de ces avertissements ne peut être que restreinte. Jamais ils ne vaudront une leçon de choses pratique prise sous la direction d'un maître, sur le terrain même des opérations. Il est cependant certains principes préalables auxquels on peut consacrer non sans utilité quelques lignes.

C'est ainsi que la question de la position que l'on doit prendre pour jouer est beaucoup plus profitablement solutionnée par la pratique que par la théorie. L'attitude du joueur devant le billard est connue. Les amateurs qui s'essayent à ce jeu pour la première fois prennent instinctivement, et en cherchant à imiter les exemples qu'ils ont eu sous les yeux, la position sinon bonne du moins qu'avec un peu de pratique il leur est facile de corriger et qui est la position par laquelle ils se trouveront — suivant le terme consacré par l'usage — en face de leur queue de billard. D'ailleurs, indépendamment des indications fournies par le professeur qui guide les premiers pas, on apprend soi-même à corriger ses défauts en se donnant la peine d'en déterminer la cause. Tout cela est affaire de réflexion. Il est à peine besoin de dire en effet qu'au jeu de billard, comme en toute chose, on n'arrive à réellement bien faire qu'à la condition de ne pas agir machinalement. Si l'intelligence ne travaille pas, l'action, la bonne volonté, la persévérance ne donnent que des résultats médiocres. Le jeu de billard n'échappe pas à cette loi générale. Le débutant doit donc s'observer afin de déterminer lui-même le caractère de la faute qu'il a commise pour éviter de la recommencer si possible. Après s'être rendu compte de son erreur, il n'est pas dit qu'il l'évitera du premier coup quand l'occasion se présentera à lui de la commettre à nouveau. Mais il est certain que s'il y prête bien attention, cette faute, s'il y retombe encore, n'aura pas le même caractère que la fois précédente. Elle sera moins radicale, elle témoignera d'une inexpérience moins profonde, enfin la façon dont elle se produira indiquera que bien qu'encore inexpérimenté, l'élève est en progrès, qu'il a compris ce qu'il fallait faire. Il l'a mal fait, l'exécution n'a pas obéi à la pensée, mais cependant, comme on dit vulgairement, « l'intention y était ». Il arrive fréquemment qu'alors qu'ils commencent leur carrière de joueurs, les débutants soient victimes de cette fausse manœuvre qui s'appelle le manque de touche. L'origine de ce petit accident est précisément dû à la fausseté de position qu'ils adoptent pour jouer et qui fait qu'ils ne sont pas « en face de leur queue de billard ». C'est une question d'optique qui est la grande coupable, et quand la particularité a été signalée à celui qui en est victime, il s'aperçoit que le rayon visuel ne suit pas la ligne tracée par la queue de billard. D'où il résulte qu'ils visent mal, attaquent par conséquent mal, et c'est le fatal manque de touche qui se produit. Encore une fois, il ne faut voir dans cet incident que la conséquence d'un manque d'expérience que la pratique fait facilement disparaître. Autre défectuosité dans la façon de pousser sa bille : c'est celle qui constitue ce qu'on appelle le « queutage ». Qu'est-ce qu'on entend par queuter? « Queuter » consiste, lorsque la bille du joueur est extrêmement rapprochée de celle qu'elle doit heurter, à allonger l'attaque de telle façon qu'on pousse les deux billes à la fois. Le fait se présente lorsqu'il s'agit de faire un « coulé ». Le carambolage ainsi fait dans une partie sérieuse n'a aucune valeur et le point ne compte pas. Mais dans une partie sérieuse les deux adversaires savent jouer et ils ne « queutent » pas. Lorsque les billes sont rapprochées comme nous venons de l'indiquer — position prétexte au queutage — l'attaque de la bille qui joue doit être détachée, et si le joueur est de qualité, on perçoit distinctement et successivement les deux chocs, celui du procédé contre la bille du joueur et le heurt de celle-ci contre la bille adverse. Les deux bruits sont nets, précis, secs et bien indépendants l'un de l'autre. Il y a deux façons de « queuter » : le queutage volontaire et celui dû à l'inexpérience des débuts. Il n'y a pas à incriminer la seconde ; la pratique et l'entraînement apprennent à se débarrasser de cette manière de jouer fâcheuse et inadmise. La seconde est le fait des mauvais joueurs qui sont aussi de vulgaires carottiers. C'est une tactique indigne d'un bon joueur qui doit toujours chercher à faire le point avec science et élégance. Le « rétro » dont nous parlons plus loin occasionne lui aussi de désagréables mésaventures auxquelles échappent toujours — à de rares exceptions près — un œil et une main exercés. Dans un rétro, il faut bien se rendre compte de l'endroit exact où l'on doit attaquer sa bille. Pour accentuer le mouvement rétrograde de celle-ci, beaucoup de joueurs prennent, à leurs débuts, trop d'effet. Ils attaquent alors la bille trop bas. Celle-ci n'obéit plus à l'impulsion qu'elle reçoit comme ils s'y attendaient. Elle fait ce que cette impulsion mauvaise l'oblige à faire, elle se cabre, saute plus ou moins violemment, et il n'est pas rare de lui faire franchir les limites du billard et d'aller faire un bond sur le parquet. Pour éviter cette fausse manœuvre, qui est en même temps compromettante pour la santé du tapis du billard, il ne faut pas exagérer l'effet, mais quand on n'est pas encore d'une habileté notoire, ne pas chercher à prendre la bille trop en dessous. En outre, afin d'éviter le plus possible le glissement du procédé contre la surface polie et très glissante de la bille, il est bon de ne pas faire d'économie de craie. On doit au contraire en enduire bien confortablement — évidemment sans exagération — le procédé, et même l'extrémité de la queue à laquelle il est adapté. Mais

cette question de la craie qui évite, ou qui tend à éviter, le
fatal glissement du procédé sur la bille n'offre pas d'autre
garantie de la réussite du rétro. Il ne faudrait pas qu'un débutant lui attribuât une importance plus grande qu'elle n'en a.
Avant tout, pour réussir un « rétro » et le carambolage qui doit
en être la conséquence, il faut attaquer la bille au point exact
où elle doit être heurtée, faute de quoi rien ne va plus.

LE COUP DE QUEUE Cette observation conduit naturellement à faire
quelques remarques sur la façon d'attaquer sa
bille, sur ce qui s'appelle le « coup de queue ».
Grave question devant laquelle les théories les plus éblouissantes du monde restent lettre morte quand on veut les mettre
en pratique et — servons-nous de cette expression, bien qu'elle
soit assez commune — « qu'on n'y a pas la main ». Il existe
un don qu'on peut développer au plus haut degré par l'entraînement, mais qu'on n'acquiert pas si on ne le possède
point — d'ailleurs ce ne serait plus un don — c'est la finesse
de main. Chaque amateur a, en soi, à ses débuts, une main
plus ou moins fine, plus ou moins savante. Oui, savante.
Cette science est endormie; c'est la pratique, l'entraînement
qui vont l'éveiller progressivement. Cependant il en est
chez qui elle est si embryonnaire, réduite à une si simple
expression, qu'on peut la considérer comme nulle, à peu près
inexistante. Instinctivement, et en obéissant simplement à leur
nature, on voit donc des débutants qui, dès leur première partie, font preuve d'une habileté naturelle, d'une aisance innée
dans la façon dont ils donnent le coup de queue de billard.
Evidemment, leur main, leur poignet plutôt, n'est pas savant
au sens réel du mot, puisque ces néophytes qui font leurs premières armes ne savent rien. Leur habileté n'est, et ne peut être,
que relative. Mais enfin, elle est là, elle existe, elle va se

manifester par le travail. Combien d'autres encore, quoiqu'ils
s'acharnent avec une persévérance soutenue, par un goût très
sincère, à jouer au billard ne peuvent parvenir à acquérir la
souplesse, la netteté, la finesse, le sentiment de la mesure dans
l'attaque qui constituent ce qu'on appelle au jeu de billard un
bon coup de queue. Des années se passent, puis d'autres
encore, pendant lesquelles ils ne réalisent aucun progrès. Leur
poignet ne se « fait pas ». Ils attaquent de l'épaule, du bras.
Bref, quelle que soit la façon dont ils s'y prennent, ils assom-
ment les billes, leur jeu est lourd, pesant, sans l'ombre de cette
légéreté qui caractérise la manière des grands joueurs. Jamais
ils ne seront de grande classe. Il y a, dans la vie, des tempéraments réfractaires à certaines choses ; très adroits quand il s'agit
des unes, ils témoignent d'une gaucherie rare en ce qui concerne
les autres. Eh bien, de même que tout en étant d'une grande
intelligence, on peut ne pas avoir l'oreille musicale, de même
il est possible de ne pas avoir la légèreté, la souplesse de poignet nécessaires pour que le coup de queue du billardiste soit
ce qu'il doit être chez un grand joueur. De Vauresmont dit fort
justement à ce propos, en parlant des joueurs qui ne peuvent se
corriger d'une inhabileté naturelle des poignets:« On naît joueur
de billard, on ne le devient pas. » Et de fait, ils parviendront
certes à mener à bonne fin quelques carambolages les plus
usuels, mais le champ des grandes opérations leur sera toujours un mystère insondable : le coup de queue, au billard,
c'est le sens des aides en équitation, ou le sens des cartes au
whist ou au pocker. Sans lui la perte d'une partie est la loi; la
victoire, le hasard. Toutes les observations et la citation qui
précèdent commentent la chose, mais ne leur donnent pas de
définition. Et c'est peut-être par là qu'il eût fallu commencer.

OPINIONS SUJET-TES A CRITIQUES Une définition technique et rigoureuse du coup de queue de billard, définition précise et brève, n'est pas commode à trouver. Le coup de queue est en somme l'obéissance absolue au sentiment de la force dans l'attaque de la bille. Le poignet, en effet, et suivant les nécessités du coup qui se présente et de la combinaison qu'on veut faire aboutir pour préparer le point suivant, le poignet dirige, gradue en souplesse, en force, en vitesse le mouvement d'attaque de la queue de billard sur la bille, afin que celle-ci évolue strictement comme elle doit le faire et aille heurter les bandes et toucher les billes adverses avec l'énergie, la douceur, le moelleux nécessaires à la réussite de la combinaison préparée dans l'esprit du joueur. C'est par la subtilité du coup de queue qu'on fait évoluer la bille sur le tapis, avec aisance, sûreté, précision, comme si une main invisible en assurait la direction et en dosait progressivement la vitesse et la force. Le coup de queue se règle lui-même sur l'élasticité plus ou moins complaisante des bandes, c'est par lui que se règlent les effets que l'esprit détermine et que la main réalise. Le coup de queue apparaît donc comme la clef du mécanisme qui met en mouvement la bille après que l'intelligence du joueur en a réglé préalablement l'évolution. Si la mécanique, le poignet en l'espèce, ne répond pas à la conception du cerveau, la traduit mal, c'est la débâcle. Et pour être un joueur complet, il faut qu'il y ait collaboration parfaite entre l'esprit et la main qui en réalise les conceptions. Au billard, comme dans tous les sports d'ailleurs, ce n'est pas tout que de voir très exactement et avec une parfaite justesse ce qu'il convient de faire; il faut agir pratiquement avec la même exactitude; si l'exécution trahit la pensée, le résultat de l'effort mental est nul. Et dire que si l'on parcourt le début des explications qui précèdent, on en vient à s'apercevoir que la chose dont il s'agit est d'une simplicité apparente telle qu'on est tenté de dire : « Comment, ce n'est que cela qu'il faut faire ! » Oui, ce n'est que cela qu'il faut faire, mais ce rien — d'une réalisation facile jusqu'à la banalité, s'imagine-t-on à tort —, est d'une exécution particulièrement malaisée, quand, par un don naturel, on n'y est pas préparé. La faculté de régler le coup de queue de billard réside en la façon dont on tient celle-ci dans la main. La manière dont on saisit le talon, c'est-à-dire le gros bout, de la main droite, joue en l'espèce un rôle capital. Pour être tenu dans les conditions qui permettent de bien jouer, le gros bout doit être pris entre le pouce et l'index qui l'entourent comme une bague le ferait d'un doigt. Mais si les deux doigts — le pouce et l'index — doivent entourer la queue de billard, ils doivent le faire avec légèreté, ne pas serrer cette partie de l'accessoire qui leur sert à jouer. Celui-ci reste en quelque sorte appuyé sur la jonction du pouce et de l'index qui le maintiennent sans le serrer, sans crispation, lui laissant ainsi une certaine aisance. Même dans les coups de force où le médium et l'annulaire viennent soutenir légèrement l'effort de l'index, la queue de billard ne doit pas être serrée par une pression accentuée qui aurait pour résultat de sertir le gros bout, de ne plus le laisser mouvoir entre les doigts avec l'aisance indispensable pour bien jouer. Si l'on veut, si l'on est obligé de donner de la force à l'attaque, il faut le faire sans étrangler la queue de billard. Ce système défectueux au possible est cause de la grande majorité des non-réussites qui découragent tant de débutants. Lorsqu'après avoir soigneusement et d'ailleurs avec une louable justesse précisé la marche de leur bille, ils s'aperçoivent qu'ils ne font pas le point, parce que celle-ci n'a pas rigoureusement suivi les lignes qu'ils avaient mentalement tracées, ils attribuent souvent leur échec à une fausseté de conception alors que c'est l'exécution qui est mauvaise parce que leur coup de queue de billard a été mal donné.

Ce n'est pas la tête qui est coupable ; c'est le poignet. Il est cependant facile de se rendre compte que pour que le poignet conserve sa souplesse, son indépendance complète, il ne faut pas que les doigts se crispent, fassent de force. En effet, dans ce cas, il y a contraction de la main, contraction qui a sa répercussion sur le poignet, qui la généralise même sensiblement dans tout le bras, et la raideur qui en est la conséquence entraîne l'amateur à jouer de l'épaule, ce qui est la négation du coup de queue de billard. Le débutant, victime de cette fausse manœuvre — et même le joueur plus exercé qui malgré lui ne peut s'empêcher de serrer les doigts — ne se rendent pas bien compte de cette fâcheuse contraction parce qu'elle est en somme légère. Mais si légère soit-elle, elle est suffisante pour que son influence se fasse sentir. Et la manière de se faire sentir est bien la plus décevante qui soit pour un joueur, puisqu'elle a pour conséquence de faire manquer les carambolages les plus simples, ceux que l'on considère comme tout faits. *A fortiori* qu'advient-il des autres, des carambolages pour lesquels la bille doit être attaquée avec le maximum de finesse, de précision, dans un style enfin où le moelleux doit s'allier à une vivacité savamment dosée? Il ne faut point songer — exception faite du hasard qui vous sert une fois, deux fois, mais qu'est cela? — il ne faut point songer à jouer la grande partie quand on n'a pas réussi à se débarrasser de cette tare, de ce vice rédhibitoire qui consiste à crisper les doigts et la main entière sur la queue de billard à l'endroit où on la saisit pour jouer. En procédant ainsi on joue toujours lourdement. Les billes, assommées, donnent l'impression de circuler pesamment sur le tapis ; elles n'ont pas cette légèreté, cette sûreté d'évolution qui caractérisent, quand elles roulent, la manière des maîtres. Il est à peine besoin de dire que l'erreur est plus complète encore qui consiste à jouer en tenant la queue de billard à pleine main. Quand on ne veut pas

se défaire de ce système, c'est qu'on entend se condamner déterminément à mal jouer toute sa vie. C'est à peu près tout ce
qu'on peut dire sur ce chapitre. C'est déjà bien long. Mais
l'erreur de certains joueurs sur ce point est si commune — et
si tenace en certains cas — qu'il n'était peut-être pas suffisant
de la signaler et qu'elle justifie l'insistance que nous avons mise
à en parler. Inutile cependant de s'étendre davantage. Le mal
est connu, c'est par la pratique, par l'entraînement qu'il convient
que ceux qui en sont atteints s'en guérissent.

**DE QUELQUES MA-
NIÈRES DE JOUER**   Indépendamment de la technique des
coups, c'est-à-dire de l'art de faire
suivre aux billes le chemin mentalement
tracé par des lignes géométriques et qui doit aboutir au carambolage, il existe quelques façons d'attaquer sa bille qui obligent
le joueur à agir autrement que dans la position la plus courante
dans laquelle il est appelé à jouer. Puis il y a la question des
séries dont il faut dire quelques mots. Parmi les procédés du
premier genre couramment employés figure le « massé ». Le
massé est des plus compromettants pour le tapis quand il est fait
par un joueur inexpérimenté. La queue est mal tenue, le procédé mal dirigé, l'attaque de la bille incorrectement faite,
et non seulement l'effet cherché ne se produit pas, mais
encore la manœuvre se traduit par une érosion plus ou moins
grave du tapis, quand elle ne va pas jusqu'à entraîner un
sérieux accroc. Alors, l'odieux raccommodage s'impose, odieux
parce que rien n'est plus désagréable que de jouer sur un billard
rapiécé, d'abord pour l'œil, et ensuite parce que quelle que bien
faite que soit la reprise, il est des cas où elle peut influer sur
la régularité du roulement des billes. Par conséquent et outre
le souci de ne pas massacrer le billard sur lequel on s'exerce, il
faut éviter de masser, quand on ne se sent pas la main réglée

et experte. D'ailleurs cette manière d'attaquer la bille serait sans résultat intéressant pour cette raison qu'on ne saurait comment s'y prendre pour le bien faire. Mais enfin, il n'en reste pas moins vrai que des coups se présentent qui exigent le massé, et d'autre part il faut bien se décider à apprendre à jouer ainsi afin de pouvoir le faire adroitement quand l'occasion s'en impose. Le mieux, ce que la prudence exige, c'est de faire supporter les conséquences possibles de l'inexpérience première, à un billard dont le tapis n'a plus grand'chose à redouter des maladresses d'un joueur. Aussi bien n'est-ce généralement pas sur un meuble de prix et d'une précision rigoureuse que le débutant fait ses premières armes, en général, bien qu'il soit préférable que l'élève, qui travaille sous la surveillance d'un maître, prenne même ses toutes premières leçons sur un billard parfait et avec des accessoires qui ne le soient pas moins. Donc il arrive assez fréquemment que la physionomie du coup, la façon dont se présentent les billes, exigent le massé. Ainsi, par exemple, quand toutes trois se trouvent rapprochées et placées sur une même ligne verticale, ou bien encore lorsque deux d'entre elles sont collées contre la bande, la troisième occupant une position qui rend scabreux, et même matériellement impossible le point par la fourche. Et, pour prendre un autre exemple, lorsque le « coup dur » n'est pas utilisable à raison de la position des billes placées, chacune dans un coin, la troisième, toute proche de l'une d'elles, mais de telle sorte qu'il n'est pas possible de faire le point sans masser. Ces circonstances ne sont pas les seules dans lesquelles le « massé » soit la meilleure et même la seule façon possible de tourner la difficulté. Il en est d'autres, et sans qu'il y ait nécessité d'en faire une énumération complète, celles-ci suffiront à démontrer la nécessité d'être habile dans cette manière d'attaquer sa bille. Le massé n'est pas dangereux pour le tapis quand il est exécuté la

queue de billard étant tenue verticalement, ou même, s'il
y a danger, celui-ci est, de cette façon, réduit à sa plus simple
expression. Mais là où le massé devient plus inquiétant, c'est
quand l'attaque de la bille se fait dans telle position de la
queue de billard que celle-ci forme avec le plan du tapis un
angle aigu. S'il fallait établir à l'usage des débutants un barême
des positions dangereuses, on pourrait dire que celles-ci com-
menceraient à se manifester sous un angle de 75 à 70 degrés et
qu'elles ne cessent d'accroître d'intensité tant que l'angle diminue jusqu'à ce qu'il atteigne environ 45 degrés. Cependant,
il est des circonstances dans lesquelles le « massé » ne peut
pas s'exécuter en tenant la queue de billard rigoureusement
verticale. Elle doit l'être plus ou moins, et il s'agit de se plier
aux nécessités du moment sans que le tapis ait rien à redouter.
D'une manière générale, voici comment on opère pour faire un
massé : On tient toujours la queue de billard par son extrémité
la plus forte, mais cette fois entre le pouce et les quatre doigts
allongés et réunis, la paume de la main droite — ou de la
gauche, si l'on est gaucher — en dedans. L'extrémité opposée,
celle qui frappe la bille, est calée entre le pouce et quatre
doigts réunis, et appuyée dans une position se rapprochant
de la perpendiculaire, sur le tapis. L'extrémité de la queue
glisse donc dans la cavité qui se trouve entre le pouce et l'index. C'est en lui faisant prendre ainsi un point d'appui à cet
endroit, qu'on assure la bonne direction du procédé lequel, dirigé
parallèlement au pôle de la bille, vient la heurter en un point
qui est déterminé par la nature de l'effet que l'on veut obtenir
et qui a pour but de lui imprimer la direction qu'elle doit prendre pour aller heurter les deux autres billes et faire le point. La
grosse difficulté consiste à nuancer l'effet suivant les besoins de
la cause ; en d'autres termes, à déterminer le point exact où le
procédé doit frapper la bille, et la force avec laquelle il faut le faire.

Il est évident que, si sous prétexte que l'on prend la bille par en haut on la frappe au pôle, c'est-à-dire rigoureusement au sommet, la bille sera assommée sur place, puis le choc qu'elle aura reçu produira son influence suivant l'axe vertical de la bille qui est perpendiculaire au plan du tapis. Et cela n'est pas ce que l'on cherche. Il faut donc attaquer en un point de la bille suffisamment éloigné du pôle pour que le procédé en glissant sur la surface de la bille lui imprime le mouvement et l'effort nécessaires à la faire évoluer dans la direction qu'on veut qu'elle suive. Une justesse absolue d'appréciation est sinon excessivement difficile à posséder, du moins ne s'affirme-t-elle qu'à la suite d'une longue pratique. Il n'en reste pas moins vrai qu'il y a des personnes qui, malgré toute l'attention qu'elles y apportent n'ont pas le sens du point précis où la queue doit attaquer la bille. D'autres, au contraire, s'en rendent très vite compte. Mais, par une fatalité, il en est dans cette seconde catégorie qui, tout en sachant parfaitement où il faut heurter la bille, n'ont pas ce que nous avons appelé le coup de queue assez habile pour donner à leur « massé » la netteté, la précision d'exécution qu'il exige. Car la question du heurt est assez complexe, parce que tout en restant moelleux et souple, le coup doit être sec, net, bien détaché. C'est à tort que les jeunes débutants usent de force là où il n'en faut pas, et par force nous entendons ici un choc violent inutilement infligé à la bille. La violence n'assure pas à celle-ci le mouvement ni la direction qu'on veut lui donner. Au contraire, elle leur nuit.

LE MASSÉ PAR LA BANDE (Schéma 42). On n'utilise pas l'attaque d'une bille par le « massé » exclusivement dans les cas où l'on veut faire un carambolage direct. La bande joue quelquefois un rôle dans la combinaison, ainsi qu'on va pouvoir s'en rendre compte par les deux

exemples qui suivent et dont le premier est rendu plus compré-
hensible par le schéma 42.

Nous désignerons pour cette explication comme pour les autres
les trois billes par les lettres suivantes : A, sera la bille du
joueur ; B, celle de son adversaire, et, enfin, R sera la rouge.
Les trois billes A B et R se trouvent donc respectivement dans
la position indiquée par le schéma 42, position qui appelle, pour
faire le point, un massé par la bande. Et voici ce qui se
produira, à la condition, cela va de soi, que la bille soit
attaquée au point voulu. Ici, l'attaque sera verticale, ou à
peu de chose près, autrement dit la queue de billard sera
tenue presque verticalement.

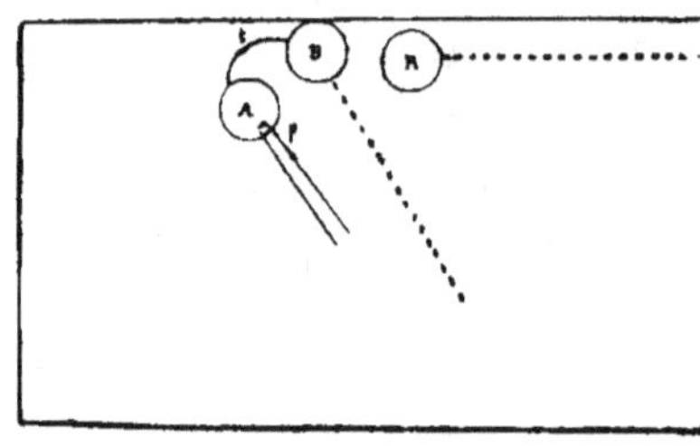

Schéma 42.

La bille heurtée au point *p*,
un peu en arrière du pôle, décrira le trajet indiqué par la
courbe *t*, heurtera la bille B, la poussera légèrement contre
la bande, puis se glissera à sa place en passant derrière elle,
suivra la ligne de la bande et ira heurter la rouge R qui se
trouvera chassée dans la direction de la ligne pointillée, tandis
que la bille B roulera dans la direction de la ligne pointillée
également indiquée sur le schéma 42. Le mouvement qu'accomplissent ici les trois billes et ce qu'il faut faire pour le
leur imprimer à toutes trois paraît la chose la plus simple du
monde. Le débutant, et surtout le profane, sont bien plus
éblouis par un magistral quatre bandes que par ce coup de
finesse qui est, on peut l'affirmer, un coup de maître. Il ne
peut être régulièrement réussi — car le hasard peut venir une
fois en aide à un maladroit — il ne peut être réussi disons-nous
que par un joueur complet connaissant parfaitement la technique

du jeu et mettant au service de celle-ci une main fine, très sûre, par ce qu'admirablement réglée. Et toutes ces qualités sont rarement réunies chez un même sujet. D'ailleurs, la meilleure manière de se rendre compte de la difficulté d'un semblable massé, c'est d'en faire l'expérience par soi-même. On place les billes dans la position indiquée par le schéma 42 et on cherche à faire le point. C'est beaucoup plus pratique que d'attendre que le coup se présente au cours d'une partie, parce qu'il suffit qu'on le désire pour qu'il ne se produise pas. On essayera vainement — combien de fois? de faire ainsi le carambolage si l'on n'est pas déjà un joueur d'une jolie adresse.

DEMI-MASSÉ AVEC EFFET A GAUCHE ET CARAMBOLAGE PAR LA BANDE (Schéma 43). Qu'entend-on par un demi-massé? L'expression même pourrait servir de définition suffisante à la chose. Le demi-massé est un emprunt fait au massé intégral et qui, conjugué avec un effet — ce que l'on appelle, dans le monde des joueurs sans ambition, un « effet de côté » — imprime à la bille une trajectoire qu'elle ne prendrait pas si elle avait été attaquée par un effet simple, c'est-à-dire sans que le choc se soit produit en massant. Prenons l'exemple très simple fourni par la position des billes dans le schéma 43.

Ce schéma démonstratif place respectivement les billes A, B, R sur le tapis dans la position qui va permettre de les rassembler pour le coup suivant, tout en marquant celui-ci par un demi-massé avec effet à gauche et par la bande. Voici donc comment il faut jouer le coup. La bille A est prise à gauche et attaquée obliquement par un demi-massé. La queue de billard, pour exécuter ce demi-massé, n'étant point, comme dans le cas précédent, tenue perpendiculairement, mais formant avec le plan du tapis un angle de 40 degrés environ. La bille A parcourt alors le trajet indiqué dans le schéma 43 par la ligne *t*,

frappe la bande en C et dévie suivant la ligne *t'* pour aller
heurter R, tandis que la bille B va, suivant la ligne pointillée,
rejoindre R dans l'angle où elle se trouve. La nécessité de
masser suivant l'angle indiqué s'explique par celle de lui faire
suivre la ligne courbe *t*, à lui donner le mouvement rotatif qui
lui fait décrire cette trajectoire afin qu'elle aille heurter la
bande au point C, qui est le point exact qu'elle doit frapper

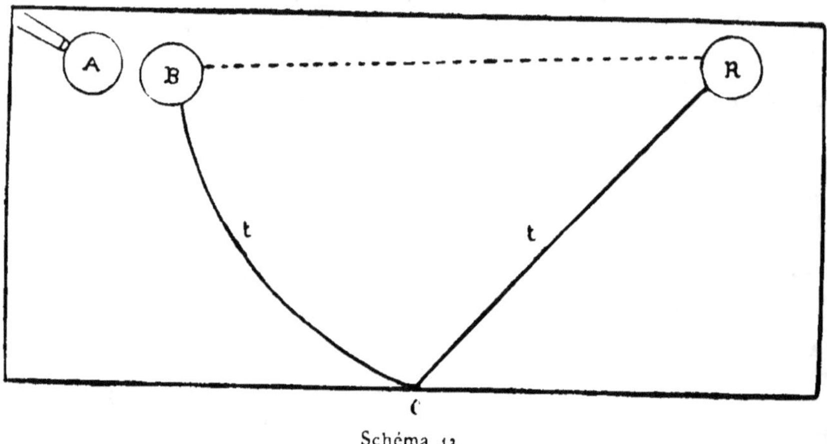

Schéma 13.

pour aller reprendre R directement en son milieu. Il arrive
souvent que, lorsque ce coup n'est pas porté avec la précision
voulue, on fasse tout de même le point, la bille A ayant heurté
la bande de droite (sur le schéma). Le coup a donc été fait par
deux bandes au lieu d'une, mais ce n'est pas cela que l'on
cherche puisqu'on veut que A n'aille heurter R qu'après avoir
touché une bande pour grouper les billes d'une façon préalablement déterminée. Ce coup, qui peut paraître difficile, ne
l'est pas en réalité. Il n'en est pas moins vrai que, comme tous
les coups du jeu de billard, il comporte une difficulté pour celui

qui ne sait pas jouer. Ici, la difficulté en question consiste simplement à bien déterminer le point de choc. Elle est déjà suffisante pour un débutant. Nous ne parlerons que pour les signaler des façons de jouer dites à l'officier « et par le gros bout », auxquelles on n'a recours que quand le coup est difficile à jouer dans la position normale. Ces deux positions ont simplement pour objet de faciliter le maniement de la queue de billard pour faire le point. La position dite « à l'officier » est celle qui consiste à jouer en tournant le dos au billard et en glissant la queue derrière les reins. On a recours à ce procédé, également employé par les gauchers et par les droitiers, quand la position des billes ne permet pas d'exécuter le point comme on le désire en jouant dans la position normale, c'est-à-dire face au billard. Jouer « par le gros bout » consiste à faire les choses à l'envers, c'est-à-dire à pousser sa bille avec le côté de la queue de billard qui est fait pour être tenu dans la main droite et par conséquent à la tenir par l'extrémité la plus fine, celle qui, ordinairement, frappe la bille, puisqu'elle est faite pour cela. Quand on joue par le gros bout, on ne joue que d'une main ; le côté de la queue qui frappe la bille reste libre ; on le dirige en lui donnant un point d'appui contre le tapis, sur lequel il glisse. On n'adopte cette manière de faire que quand les billes occupent une position telle qu'on ne peut atteindre — généralement parce qu'on est petit — la bille sur laquelle on doit jouer, dans la position normale.

Il n'y a rien de plus à dire sur ces deux positions que l'on peut qualifier d'exceptionnelles, bien que les circonstances qui obligent à y avoir recours se présentent fréquemment. D'ailleurs, tous les joueurs les connaissent, et, chose curieuse, les petits amateurs qui jouent beaucoup plus au billard pour passer le temps au café, que parce qu'ils sont réellement attirés par l'intérêt même du jeu, affectionnent particulièrement de jouer « à l'officier », même les coups qui n'appellent en aucune façon cette position. Pourquoi ? A-t-elle donc quelque chose de si attrayant ? Il n'y paraît pas.

LA SÉRIE Les amateurs de billard comprennent le jeu de deux façons, selon que leur ambition est plus ou moins élevée, et aussi selon le degré plus ou moins grand de leur science de ce jeu. Il en est dans le nombre qui, sans être forts, cherchent à se perfectionner, ne jouent pas pour le seul plaisir d'aligner le plus vite possible un certain nombre de points, afin d'échapper à la douloureuse représentée par les frais de consommation et la redevance due au tenancier de l'établissement où l'on joue. C'est pour ces amateurs tenaces, persévérants et qui cherchent à se livrer avec intelligence à un plaisir qui les attire, que cette question de la série est intéressante. Il existe plusieurs genres de séries. Examinons d'abord celle que l'on appelle la « série de l'ancre ».

LA SÉRIE DE L'ANCRE (Schéma 44). Nous ne voyons pas pourquoi nous n'expliquerions pas en quoi consiste cette série en citant purement et simplement de Vauresmont dans l'excellente démonstration qu'il en donne. Pour ce faire, nous indiquerons les billes, par les lettres A, B, R. Émettons enfin son hypothèse, à savoir, que les billes B et R sont à peu près collées à la bande, et peuvent être même plus rapprochées qu'elles ne le sont sur le schéma démonstratif 44 auquel nous renvoyons le lecteur. Citons maintenant textuellement :

« La bille A, prise un peu à gauche, choque la R et carambole avec la B ; la bille B bat la bande, repousse aussitôt la A et l'arrête. Les points où le trajet de A se brise indiquent les trois changements de direction qu'elle subit correspondant aux trois points de choc indiqués sur les deux billes collées à la bande, et dont le trajet, presque nul, se borne à battre la bande. Si le premier coup a été bien exécuté, la bille R a pris, à droite, l'exacte situation qu'elle avait à gauche ; la B et la R n'ont pas bougé, du moins elles ont repris leur position primitive.

On rejoue, d'après le même principe, et on peut continuer pendant un assez long temps ; pas très long, car le coup

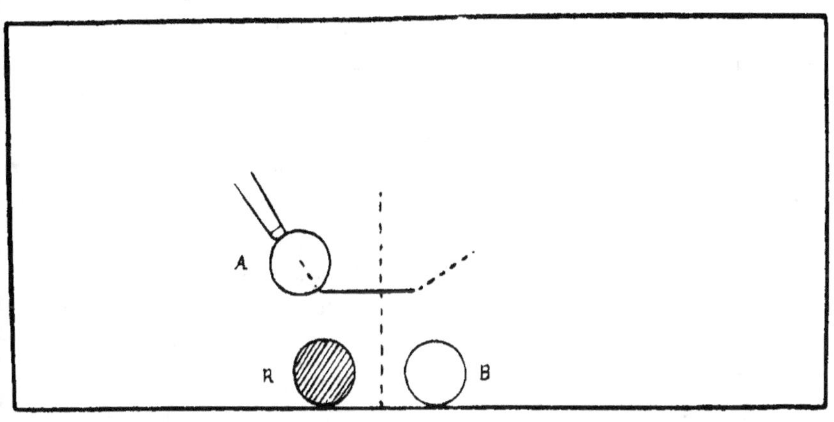

Schéma 44.

demande une attention si soutenue que la fatigue ne tarde pas à intervenir. En somme, indépendamment de la question d'adresse, de sûreté de main, l'importance mécanique de cette série est une lutte contre la lassitude. La série de l'ancre est quelquefois montée jusqu'à 100 points. C'est énorme. Pour bien comprendre l'importance d'un tel résultat, il faut se faire une idée de la dose de calme et de sang-froid dont un joueur doit témoigner. Il est de toute nécessité, en effet, quand on veut être un « billardier » de grande classe, de savoir dompter ses nerfs. On rencontre rarement, ô bien rarement, parmi les tempéraments impatients, irritables, des joueurs de grande envergure. Dans une combinaison comme celle de la série de l'ancre, où la valeur de chaque choc des billes doit être rigoureusement calculée — ou bien peu s'en faut — d'une façon égale, chaque fois qu'on fait un point avec le souci de préparer le suivant, il est indispensable de rester complètement maître de soi-même. Le joueur apparaît alors comme une mécanique admirablement réglée qui, avec une sûreté admirable, débite carambolage sur carambolage, et le jeu est si parfait, si régulier, si net dans sa cadence soutenue, qu'on finit par considérer l'exercice comme le plus simple du monde et qu'on est tenté de s'imaginer que les choses peuvent durer jusqu'à extinction de chaleur humaine. Et de fait, on finit par se persuader qu'elles n'ont pas de raison pour cesser. Mais les apparences sont trompeuses, et tout a une fin, la série de l'ancre comme d'ailleurs toutes les séries, si parfaite qu'elle soit. Il arrive un moment où la machine humaine marque une défaillance. Suivant les dispositions du moment, cette défaillance est plus ou moins prématurée ; et c'est ainsi qu'un très grand joueur ne réussit pas, chaque fois qu'il l'essaye, la série brillante, qu'à plusieurs reprises, il s'est trouvé à même de faire. Mais semblable éventualité ne se présente-t-elle pas dans tous les sports ? Dans cette série, il faut, de l'avis des maîtres les plus notoires, une souplesse d'attaque très caractérisée. Cette attaque, faite horizontalement, doit être nette, franche, mais douce ; précise, mais quelque peu... abandonnée. On conçoit facilement qu'il est très difficile, dans des pages qui s'adressent à des débutants, d'exprimer par des mots le degré de puissance d'un geste. Il n'y a que la pratique qui puisse apprendre au joueur, la façon plus ou moins autoritaire dont il doit user dans tel ou tel cas pour attaquer sa bille. Tout ce qu'il est possible de faire, c'est d'éveiller son attention sur la façon dont il doit jouer, mais quant à vouloir déterminer exactement le degré de souplesse, de force, de son coup de poignet, c'est impossible. Il faut se contenter d'indications aussi précises que possible, mais qui demeurent encore vagues si on les compare à ce qui doit se passer dans la réalité. Voici maintenant autre chose à propos de la série. Il s'agit du système dit de la « série en ligne », ou plus exactement, pour employer l'appellation usuelle, la « série de la ligne ».

LA SÉRIE DE LA LIGNE On peut envisager à titre théorique la série de la ligne sous deux hypothèses démonstratives. Les billes occupent dans chacune de ces hypothèses des positions différentes, mais les séries accom-

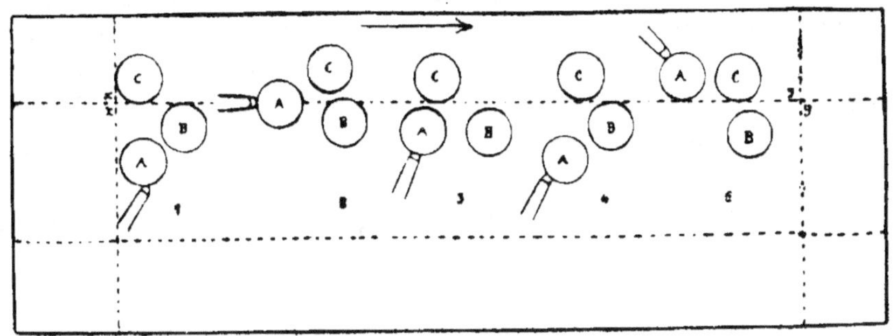

Schéma 45.

plies dans l'une et l'autre de ces positions sont dites de ligne, parce que la succession des carambolages fait voyager selon une ligne droite les trois billes d'une extrémité du billard à l'autre. La série de la ligne est aussi dite série américaine, parce que outre-Atlantique, elle est très en faveur, et que les grands joueurs américains furent les propagateurs de cette manière de jouer, dans laquelle ils excellaient d'ailleurs. Et ils y excellent encore. Les conditions actuelles du jeu dans les matches sérieux et dans les compétitions internationales ne permettent pas de jouer ce genre de série, parce que les conventions spéciales qui les régissent s'y opposent. C'est, par exemple, le cas de la partie au cadre de o^m,45, à un coup et à deux coups. Mais il ne faut pas déduire de cela que la série américaine, qui prévoit à certains moments l'intervention de la bande, soit d'essence inférieure ou même secondaire. C'est au contraire une série très intéressante à faire, quelle que soit la distance à laquelle les billes se trouvent de la bande et par laquelle un amateur peut affirmer ses qualités de bon joueur. On connaît la définition de la série; on sait du moins en quoi elle consiste, inutile donc d'y revenir. Dans la série de la ligne, prise sous son premier aspect, il s'agit de ramener les billes dans les positions indiquées par le schéma 45 chaque position étant la résultante du carambolage précédent.

Dans ce schéma 45, la ligne pointillée parallèle à la bande est celle du cadre, ou, si celui-ci n'a pas été tracé, une ligne fictive suivant laquelle les billes se déplacent de gauche à droite, puisque nous supposons que le premier point, le carambolage initial, départ de série, est fait à gauche. Pour une série de cinq carambolages, les billes prennent donc les positions suivantes :

Le joueur joue en A, et la succession des carambolages va faire rouler dans la direction $x\,y$ — ligne pointillée que nous supposons être le tracé du cadre — les billes qui occuperont successivement les positions 2, 3, 4, 5. On attaque donc les billes B et C dans la position n° 1, celles-ci étant très rapprochées. La ligne $x\,y$, réelle ou fictive, passe entre elles deux, elles sont donc à cheval sur cette ligne. Le coup initial qui commence la série ne présente pas de difficulté. (En principe, tous les coups sont difficiles, pour quiconque ne sait pas jouer.) Il faut le faire par la finesse. La combinaison pour faire un direct est donc des plus simples, mais là où surgit la difficulté c'est dans la mesure avec laquelle il faut le jouer pour placer les billes dans la position n° 2, qui amène A complètement à cheval sur la ligne, alors que B, qui s'en trouvait légèrement éloignée, lui devient tangente et que la bille C qui, au contraire, touchait cette ligne, s'en écarte légèrement. Le second point (position n° 2) se fait alors par la rouge. Simple carambolage qui fait rapprocher très légèrement C de la bande, tandis que B s'écarte un peu vers la droite pour que A vienne

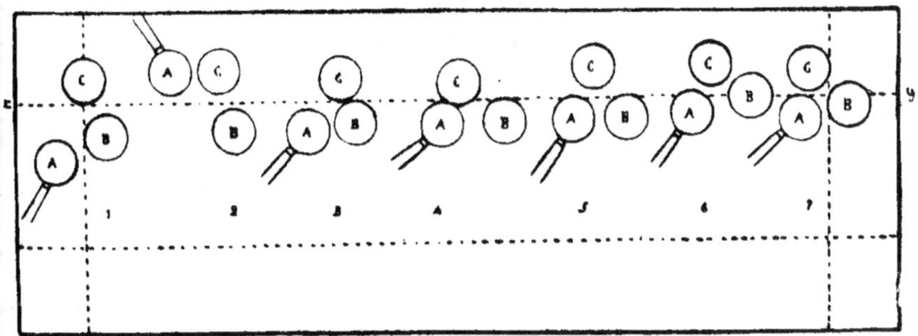

Schéma 46.

se placer sous C, ce qui groupe les billes dans la position n° 3. Ce coup sera joué par rétro sur la rouge, ce qui ramène les billes dans la position n° 4, que nous connaissons déjà puisqu'elle rassemble les billes comme elles l'étaient dans la position n° 1. Mais le coup se jouera par un effet qui groupera les billes dans le n° 5. Laquelle permettra de faire le point par le carambolage n° 1. Le lecteur — et plus encore l'amateur qui essaye de constituer ce chapelet de combinaisons qui forme la série de la ligne, — le lecteur se rend parfaitement compte qu'il est nécessaire de déployer une grande finesse, une grande sûreté et aussi une grande légèreté de main pour faire évoluer les billes dans le tout petit espace où on veut les conserver. La réussite d'une série nécessite donc un joueur très exercé et chez qui la main est très bien réglée.

Et voici une manière de jouer la série de la ligne qui exige plus d'habileté encore en raison de la difficulté que présente par lui-même le coup initial et le coup suivant qui, lui-même, peut ramener les billes dans des positions différentes qui, naturellement, exige chaque fois une manière différente de jouer pour préparer le groupement nécessaire au coup suivant. Renvoyons donc le lecteur au schéma 46 pour lui permettre de saisir l'ordre des opérations et la marche des billes.

A, représente la bille du joueur; B, la bille adverse; C, la rouge; la ligne pointillée *x y*, la ligne du cadre ou une ligne fictive, suivant laquelle marchent les billes. Le coup initial n° 1 est difficile à prendre pour deux raisons : d'abord à cause de la position même des billes, et ensuite par la nécessité où l'on se trouve, le point étant fait, de rassembler les billes pour le coup suivant n° 2. Or, le problème est double. Il consiste d'abord à jouer avec assez de finesse pour réussir le carambolage, ensuite à heurter la rouge R suffisamment — d'en prendre assez, comme on dit — parce que dans le rassemblement pour le coup suivant, elle ne devra pas s'interposer entre les deux billes blanches, et par conséquent masquer au joueur la bille B, auquel cas tout serait à refaire pour préparer l'enchaînement d'une série en ligne. Mais nous envisageons l'hypothèse probable de la réussite. Toutes les conditions ont été remplies pour que, après ce carambolage initial, départ de série, les billes soient rassemblées dans la position n° 2, qu'elles occupent dans le schéma démonstratif 46. Ici surgit une nouvelle difficulté : la situation des billes A, B, C ne permet pas de jouer par la finesse. Pour faire le point, il faut avoir réussi un « massé », et ce « massé » va être d'une exécution très délicate. Il exigera une main très précise. L'attaque de la bille devra être faite

avec une autorité très atténuée. Il faudra « masser » sèchement mais doucement, faute de quoi les billes ne se ressem-
bleront pas dans une des positions prévues ici par les nᵒˢ 3, 4
et 5. En effet, quelle que soit la perfection du massé, les billes,
après le carambolage, prennent la position 3 ; et groupées
comme elles le sont en 4, ou rassemblées comme on le voit
au nᵒ 5.

Dans la première hypothèse on voit que le groupement qui
s'est fait se présente là sous un meilleur jour que les deux
autres. Mais, enfin, il faut tout prévoir, et comme, malgré
qu'on l'ait cherché, on ne peut pas toujours se trouver en présence d'un coup facile, il faut prendre ses dispositions pour
exécuter ceux qui ne le sont pas. Le coup nᵒ 4 doit être joué avec
précaution, modérément, afin d'aboutir aux rassemblements de
billes 5 et 6, le nᵒ 6 conduisant, en jouant par la rouge, comme
dans les deux cas précédents, au groupement des billes, tel
qu'il est indiqué par la position nᵒ 7 qui ouvre le champ à une
nouvelle série. Tout cela, on s'en rend facilement compte, exige
beaucoup de finesse, beaucoup de délicatesse, qualités innées
chez un joueur et que l'on n'acquiert pas intégralement par le
travail. Pour se manifester dans toute leur intensité, il faut
qu'elles soient d'abord naturelles et ensuite très développées
par une grande pratique du jeu.

REMPLACEMENTS PAR LE CONTRE. — RAPPELS (Schéma 47). Dans la réalisation d'une série, il faut tenir compte de la collaboration de la
bande et du « contre ». Inutile de définir le « contre », tout le
monde, même le plus infime joueur, sait en quoi il consiste.
Que de fois les petits amateurs, pas très adroits, et qui ne
savent prévoir le sens de la marche des billes parce qu'ils
poussent la leur et attaquent les autres au petit bonheur, que

de fois les entend-on se plaindre d'un contre qui est intervenu
pour empêcher un carambolage sur lequel ils comptaient.
« Ah! s'il n'y avait pas eu de contre! » Enfin un proverbe dit
que quand on ne peut pas éviter les « contres », il faut les
utiliser. Dans la série non seulement il ne faut pas chercher à
les éviter dans certains cas, mais il faut au contraire « jouer le
contre », sans lequel le groupement des billes tel qu'on doit
l'obtenir, n'est pas possible. La bille qui heurtée une fois par

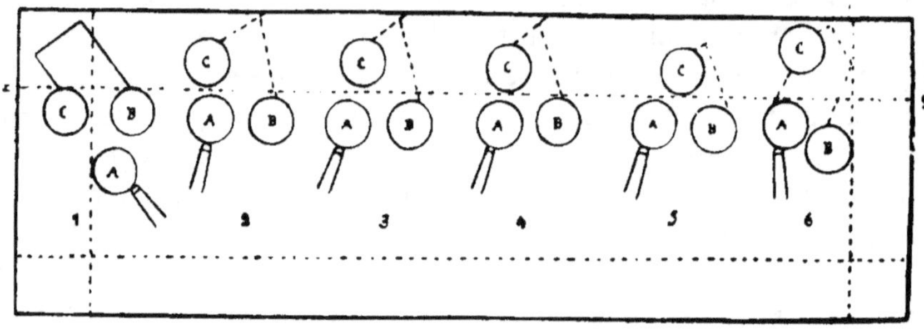

Schéma 47.

celle du joueur, revient toucher à nouveau celle-ci après avoir
battu une bande, a pour mission de faire quitter à la bille du
joueur la position temporaire qu'elle avait prise, et qu'elle ne
doit pas garder, pour que le groupement se fasse dans les conditions prévues pour jouer la série. Une des trois billes est donc
rappelée après choc par le secours de la bande et vient remplacer la bille heurtée à l'endroit que celle-ci occupe. Elle la
pousse ainsi un peu en arrière, manœuvre qui prépare le point
suivant. C'est ce que l'on appelle le « rappel avec remplacement par le contre ». Le schéma 47, et les indications qui y
font suite, vont permettre au lecteur de suivre la marche des
billes dans la série, tout en montrant comment se produit l'utilisation des « rappels » et des « contres ».

Les billes gardent les mêmes désignations que pour la démonstration précédente : A, B, C ; C étant la rouge, A celle du joueur. La série se faisant parallèlement aux quatre bandes il y a lieu de jouer le point pour replacer les billes, quand on arrive à l'extrémité d'une bande, de telle façon qu'on puisse reprendre la série telle qu'on l'a commencée parallèlement à la bande, à proximité de laquelle on est arrivé. On joue donc un coup d'angle pour remettre les billes en place et recommencer la manœuvre déjà faite. Le n° 1, à gauche du schéma 47, joué comme il est indiqué, rassemble les billes dans la position n° 2, la première qui va nous fournir l'explication du rappel avec remplacement par le contre. Les billes se trouvant dans la position n° 2, on attaque A en dessous, sans effet ; elle vient heurter B qui va frapper la bande, revient sur A qu'elle refoule de la position qu'elle occupait après avoir attaqué B et vient prendre sa place. On obtient ainsi un des groupements suivants. La grosse question est encore ici celle qu'on retrouve dans tous les coups du jeu de billard et qui consiste à attaquer sa bille au point qu'il faut et avec le degré d'autorité nécessaire. A, en effet, doit donner à B juste ce qu'il faut d'impulsion nécessaire pour que celle-ci ne frappe ni trop fort, ni trop doucement la bande. A en outre ne doit pas se déplacer sensiblement après avoir heurté B qui, elle-même, doit revenir sur la bille du joueur sans la chasser trop en arrière. Il se peut que dans son rappel B soit un peu « en retard », comme l'on dit, et que le groupement prenne alors la physionomie indiquée dans le schéma sous le n° 4. A est alors attaquée à gauche et en dessous, B reçoit ainsi un effet direct et l'angle réflexe ainsi plus aigu la fait revenir au centre.

Le contraire peut se produire, c'est-à-dire que B soit en avance. A une situation inverse conviendra une manière de faire inverse également ; le joueur attaquera donc sa bille A en dessous mais afin d'éviter le réflexe produit par l'effet contraire empêchera R d'avancer tout en lui faisant faire un angle plus grand. Bien que compliquée dans sa simplicité et nécessitant un savoir faire déjà très subtil, la situation ne présente jusque-là, pour le joueur qui commence à avoir un certain acquis, aucun écueil sérieusement compromettant pour la série. C'est par la position des billes, indiquée par le coup qui figure au n° 5 du schéma 47 que cet écueil se présente. Le rappel sur la bille B en raison du déplacement de la bille R n'est pas possible. Il est donc nécessaire de mettre en mouvement les trois billes pour retrouver un groupement assurant à la série une solution de continuité, jusqu'à ce que les billes, qui ont suivi une direction parallèle à la bande, arrivent dans l'angle opposé à celui où elles étaient quand nous avons commencé à examiner leur marche. C'est alors que par un « coulé » sur bande (n° 6 du schéma 47) on les rassemble pour reprendre une série par effet avec remplacements par le contre.

Il est inutile d'insister sur la difficulté que présente pour le débutant la réalisation d'une série combinée comme celle que nous venons d'indiquer. Non point que la conception en soit trop délicate pour son intelligence. La question du mouvement des billes, le tracé géométrique qu'elles doivent poursuivre est très simple. Mais c'est l'exécution qui ne l'est pas.

Lorsqu'on n'est pas joueur bien exercé, quand on n'a pas le sentiment des nuances dans l'attaque on ne frappe pas sa bille au point strictement précis où elle doit être heurtée ; on la pousse trop fort ou trop doucement, elle n'avance pas sur la bande avec le degré de force qu'elle doit avoir, le contre n'aura pas le degré d'autorité qu'il doit avoir. Et il est donc bien facile de comprendre que dans ce cas, le groupement cherché ne se fait pas ou il se fait mal et ne prépare pas le point suivant comme il devrait, pour que l'enchaînement prévu

de la série se fasse normalement. En raison de cette nécessité
d'être un très bon joueur pour mener à bien une série comme
les précédentes il eût été peut-être plus logique de ne les signaler qu'après les coups plus simples. Mais la place qui nous
est impartie ici est trop limitée pour que nous puissions indiquer
dans leur ordre de difficulté, la presque totalité des coups et
des combinaisons qui sont susceptibles de se présenter. Nous

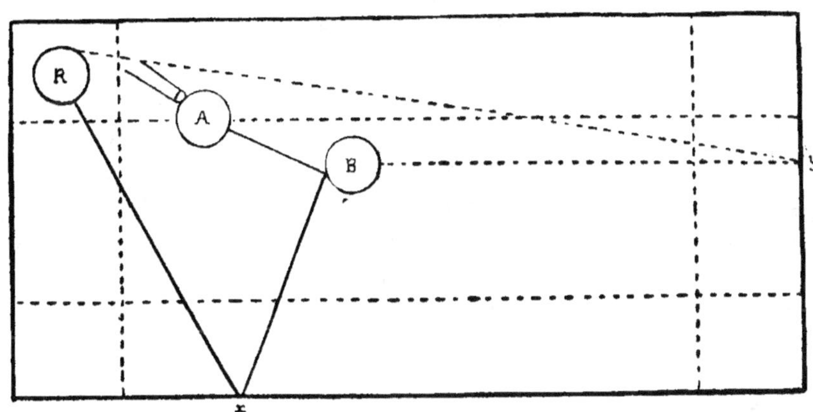

Schéma 48.

sommes forcé de nous en tenir à un certain nombre de combinaisons choisies parmi celles qui sont susceptibles d'intéresser
le plus le lecteur. C'est à ceux-ci que se rattachent quelques
coups par les bandes, bricoles, coulés, directs, coups de finesse.

COUPS PAR LES BANDES Coup par deux bandes avec effet simple (schéma 48).
Dans tous les schémas qui vont suivre nous indique
rons par un trait plein la marche de la bille du
joueur qui s'appellera toujours la bille A, et en
pointillé l'évolution des deux billes, avant ou après que le

carambolage aura été accompli, B étant la bille de l'adversaire
et R la rouge. Le carambolage par deux bandes avec effet mixte
s'explique donc à première vue par le tracé du mouvement des
trois billes dans le schéma démonstratif 48. Les trois billes
A-B-R se trouvent en ligne dans l'angle gauche supérieur, et à
peu près à égale distance les unes des autres, A étant au milieu.

Pour jouer les deux bandes avec effet mixte dans cette position des billes, on attaque B horizontalement et légèrement à
droite, et en bas, la bille A étant elle-même attaquée avec
sensiblement d'effet à gauche. Le coup doit être doux, moelleux,
rapidement allongé. A vient alors frapper la bande au point
x et revient heurter R, traçant ainsi un angle aigu indiqué par
le trait plein du schéma. Quant aux billes B et R, elles roulent
dans les directions indiquées par le tracé pointillé, suivant
deux lignes qui convergent au point y. Ce coup n'a rien de si
sensationnel qu'il nécessite de longs commentaires. Aucune
indication spéciale autre que celles qui précèdent ne présentant
d'utilité bien apparente, passons au coup suivant, un trois bandes.

CARAMBOLAGE PAR TROIS BANDES (schéma 49). Le carambolage par trois
bandes lorsqu'il ne s'impose pas néces-
sairement pour faire le point est sou-
vent indispensable quand on veut jouer en alignement,
scientifiquement c'est-à-dire, ne pas voir que le point qui se
présente, mais travailler à rendre plus facile celui qui va suivre.
D'où la nécessité de faire carambolage de telle manière que
les billes se trouvent ensuite rassemblées et non point dispersées
en différents points du tapis. Enfin, et cela va de soi, on fait
appel au secours du trois bandes lorsqu'il est impossible de
faire autrement. Le schéma démonstratif envisage la première
hypothèse. Plaçons donc les billes ainsi, après avoir supprimé
sur le dessin, afin d'en rendre la lecture plus simple, les lignes

pointillées représentant le cadre. Les positions des billes A, B, C, la première étant comme toujours la bille du joueur permettent le carabolage direct pour faire le point. On s'en aperçoit *à priori*.

Mais en jouant ainsi on éparpille les billes ; R, attaquée la première s'en irait à droite, B. heurtée la seconde filerait à

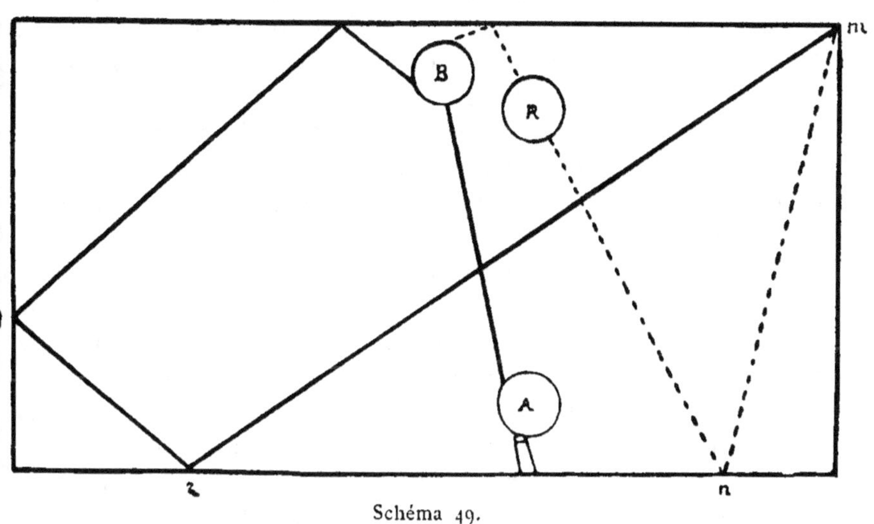

Schéma 49.

gauche ; A, occuperait entre elles deux une place intermédiaire, et en admettant même que pour un joueur adroit le coup qui en résulterait ne présentât pas de difficulté, il ne rassemblerait pas les billes et ne préparerait pas une série. Il y a donc lieu de jouer autrement, soit de procéder par un trois bandes en jouant sur la blanche B. A sera donc attaquée énergiquement et nettement à gauche de façon à ce que B, la bille à gauche, soit heurtée avec décision également à gauche. A, après le choc, aura conservé suffisamment d'élan pour pouvoir aller battre les trois bandes en x, v et z et regagner l'angle du billard en *m*, trajet indiqué par le trait plein du schéma. Enfin, le choc reçu par B aura été suffisant pour que cette bille après avoir heurté la bande revienne sur R avec assez de force pour que celle-ci soit refoulée sur la bande opposée, la frappe en *n* et revienne se rencontrer en *m* avec A qui a parcouru le chemin que nous avons précédemment indiqué. Une erreur assez fréquente chez les joueurs commençants est celle qui consiste, lorsqu'il s'agit de jouer un coup par plusieurs bandes, à frapper une bille avec une force exagérée qui n'est pas de mise au jeu de billard, en aucun cas même lorsqu'il s'agit d'un six bandes. Certes pour donner à la bille l'autorité qu'elle doit avoir dans un coup par plusieurs bandes, il est indispensable qu'elle soit attaquée avec énergie.

Mais à cette énergie il y a une limite; il est nuisible de la dépasser tout autant que de se tenir en dessous de ce qu'elle doit être. L'autorité dans l'attaque ne doit pas se manifester sous une forme massive et brutale, elle doit se produire avec une vigueur, une vivacité atténuées, ramenées à leur juste mesure par la souplesse et la légèreté. C'est ainsi qu'on arrive à amasser les billes, après leur avoir fait parcourir le chemin que mentalement on leur a tracé, directement et exactement au point où doit avoir lieu leur rassemblement.

CARAMBOLAGE ET RASSEMBLEMENT PAR QUATRE BANDES (Schéma 50). Dans ce coup le tracé qui dans le schéma indique le mouvement que prennent les billes explique très clairement ce qui se passe et dispense de longs commentaires additionnels. A, B, C, occupent respectivement les positions indiquées sur le schéma 50. Par une attaque franchement horizontale, énergique, sans excès et bien soutenue, A et B suivent respectivement le parcours tracé par la ligne pleine et par la ligne pointillée, lignes qui viennent se briser aux bandes en *m*, *n*, *o* et *m' n' o'*. On ne peut pas considérer comme difficile à faire un point qui se présente ainsi. La grosse question est celle de déterminer exactement les points où les billes mises en mouvement doivent aller frapper les bandes pour tracer les deux rectangles qu'elles doivent dessiner dans leur marche.

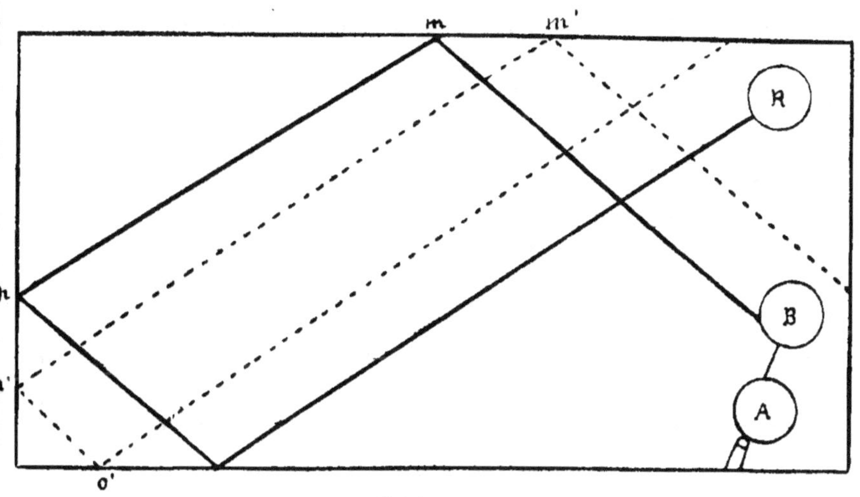

Schéma 50.

Et conséquemment il est nécessaire de fixer d'une façon très précise, le point d'attaque des billes. Le coup suivant présente un autre aspect; c'est encore un carambolage par quatre bandes.

CARAMBOLAGE PAR QUATRE BANDES (Schéma 51). Cette combinaison offre une des occasions les plus classiques de jouer le carambolage par plusieurs bandes. A, B, C sont placées en triangle. A énergiquement attaquée, heurte B, légèrement à droite et en dessous. Les deux billes en mouvement accomplissent alors

le parcours suivant : A va frapper les bandes en *m*, *n*, *o*, *p*,
et vient rejoindre R. B, descend la bande inférieure (nous
désignons ainsi celle qui se trouve en bas du schéma 51) la heurte
en *s*, décrit un arc de cercle *s-r*, *r* étant le point où elle vient
frapper la bande de côté pour arriver ensuite en mourant vers
le milieu du billard. Il arrive quelquefois suivant la façon dont
s'est produite l'attaque que le quatre bandes devienne un cinq

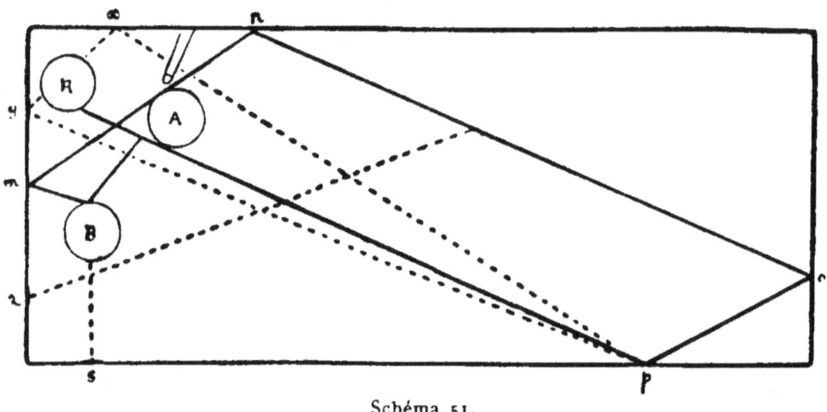

Schéma 51.

bandes, parce que A au lieu de revenir directement du point *p*
sur la rouge heurte au retour une des bandes entre lesquelles *p*,
se trouve. C'est ce qu'expliquent les deux lignes en pointillé *p x*
et *p y*, une recommandation dans l'exécution de ce coup est
celle que nous empruntons à Garcet de Vauresmont, recommandation à deux fins puisque dans le premier cas il n'y aurait
pas groupement des billes après le carambolage et que dans le
second on peut modifier sa manière d'attaquer pour leur permettre de se rassembler mais tout en jouant contre l'aléa d'un
contre.

« En exécutant, dit-il, le coup sur la ligne de points il faut attaquer en haut et à droite ; la bille choque B à gauche, va toucher la bande et revient caramboler, mais sans amener la réunion. La seule façon de l'obtenir serait, si un contre ne se produit pas, de prendre B plus plein, celle-ci irait heurter la bande opposée et reviendrait en doublant la longueur du billard. »

En somme, il s'agit là d'un coup difficile pour les jeunes amateurs, et d'autant plus décevant pour eux qu'il laisse au hasard une part inévitable qu'on ne peut lui soustraire quand on veut tenter d'obtenir le groupement des billes après le carambolage. Il est permis, quand on joue une partie très serrée, où la perte d'un point peut avoir une importance capitale, de ne pas jouer en risquant la malchance d'un contre. Mais dans le cas contraire, il est intéressant, même si l'aventure se termine par une non réussite, de jouer la difficulté en cherchant à rassembler les billes. Le coup suivant comporte en soi un certain brio, et bien qu'il fasse une certaine impression sur les profanes médusés par la circulation intense des billes sur le tapis, il n'offre, en somme, pas une grande difficulté. Il s'agit d'un coup par cinq bandes, l'effet étant fait de côté.

CARAMBOLAGE PAR CINQ BANDES ET EFFET DE COTÉ (Schéma 52). Dans ce coup, la bille A heurte cinq fois la bande avant d'aller rejoindre R pour terminer le carambolage. Voici comment doit être faite l'attaque et de quelle façon circulent les billes.

A est attaquée en tête, à droite et vient heurter B, à gauche, choc qui fait dévier légèrement A qui part alors accomplir le périple du tapis en frappant les bandes aux points m, n, o, p, q, et vient directement après ces cinq contacts avec les bandes rencontrer R. B, de son côté, par un mouvement très légèrement cintré, est allé battre la bande en r puis en s, pour revenir tout doucement sur R en ayant accompli son parcours, beaucoup plus restreint que celui de A en même temps que cette dernière. Les deux billes blanches sont donc revenues tranquillement sur R et toutes trois sont rassemblées dans l'angle, offrant ainsi un point facile et ouvrant même au joueur l'horizon possible d'une série. Mais ce coup par cinq bandes peut se transformer par un six bandes quand A, après avoir touché

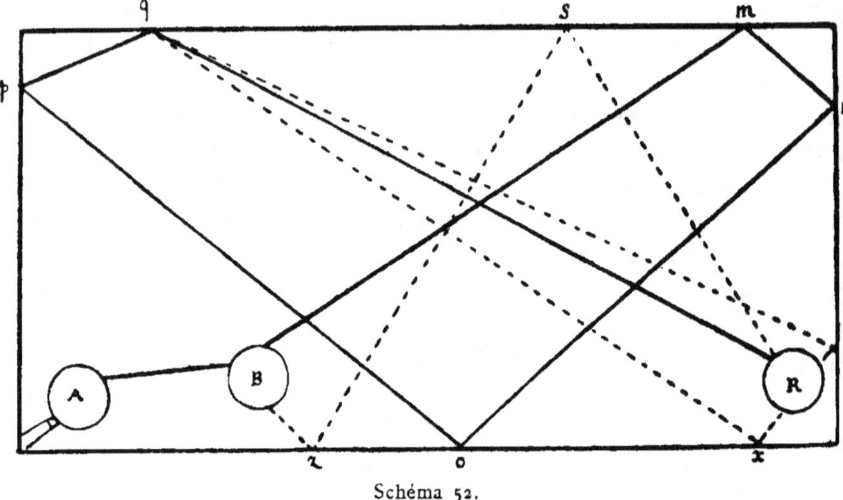

Schéma 52.

la bande pour la dernière fois avant de revenir sur R, ne rejoint pas celle-ci directement et obliquant alors légèrement soit à droite, soit à gauche de R, frappe une sixième fois la bande en x ou en y avant d'aller heurter R. La remarque que nous avons faite tout à l'heure à propos du quatre bandes, et relative à l'erreur que commettent certains joueurs en attaquant une bille d'une force exagérée sous prétexte qu'elle a beaucoup de chemin à parcourir, trouvera son application à propos du coup par cinq et six bandes qui précède. De l'énergie dans l'attaque, oui, mais point trop n'en faut; encore une fois,

il est inutile que les billes arrivent sur les bandes à une allure
de record, et la force relative avec laquelle elles doivent les
heurter n'exige pas une attaque violente comme se l'imaginent
à tort un grand nombre, pour ne pas dire tous les débutants.
Paysan, le propagateur de la série, qui jouait aussi très bien les
carambolages à grande circulation par les bandes, donnait toujours l'impression de ne jamais faire de force sur la bille, tant
il mettait de mesure dans ses attaques. Et Vigneaux ? Et Cure !
Et tant d'autres, même parmi nos virtuoses amateurs, comme
Faroux, Sels, Letellier. Passons à ce que l'on appelle les bricoles.

BRICOLE SIMPLE OU PAR UNE BANDE (Schéma 53). On appelle jouer la bricole le fait de toucher une ou plusieurs
bandes avant de toucher les deux billes
adverses ou de toucher la seconde bille après avoir touché la
première. La bricole simple ou bricole par une bande a pour
objet d'aller frapper une bande avec sa bille avant que celle-ci
aille heurter les deux autres. C'est ce que communément on
appelle jouer « bande première ».

On a recours au procédé dit de la « bricole » quand la position
des billes ne permet pas de faire le point sans que la bande soit
attaquée la première, ou quand on a intérêt pour grouper les
billes en vue du point suivant et quelquefois aussi en vue des
autres. Les aspects sous lesquels peuvent se présenter les coups
sont tellement nombreux, que les bricoles le sont aussi et qu'il
est par conséquent impossible d'en faire une démonstration
schématique complète. En voici deux, la première par une
bande et la seconde par cinq bandes qui suffiront à fixer le
néophyte sur ce dont il s'agit. Pour ce qui concerne les autres
laissons à la pratique le soin de varier et de multiplier les pro-
blèmes qui se solutionnent en jouant la bricole. Voici celle qui
consiste à jouer par une bande (schéma 53).

Les trois billes occupent les positions A, B, R. A est la bille du joueur. Telles qu'elles sont placées les billes ne permettent pas le carambolage direct, ni le coulé, ni la finesse, bref il n'y a qu'une solution, venir les attaquer de flanc en les tournant.

D'où la manière de jouer bande première, A va donc frapper en un point n la bande puis revient à angle droit pour heurter R au point indiqué et, sous l'effet de ce choc, bifurques sur B, pour faire le carambolage. Ceci est apparemment des plus simples et accessible à la compréhension de quelqu'un qui pousse une bille pour la première fois. Mais sous cette simplicité se cache une difficulté beaucoup plus grande qu'on ne le soupçonne. Il s'agit de déterminer exactement l'emplacement du point n, pour que le retour de la bille se fasse dans les conditions indiquées par le trait plein du schéma 53. Il y a une manière qui apparaît, elle aussi, comme fort simple, de déterminer ce point. C'est de prolonger mentalement, en dehors du billard le parcours de la bille A au delà du point de choc contre la bande n, jusqu'à un autre point imaginaire qui place la bille à l'endroit précis où elle pourrait revenir sur les deux billes adverses suivant une perpendiculaire $x y$.

Il leur faut donc déterminer exactement le degré de l'angle aigu A $x y$, qui donne le point n où A doit venir frapper la bande pour aller heurter les deux billes adverses. On apprécie mal la difficulté d'une pareille combinaison quand on ne considère que ce qui se passe d'après le tracé du schéma 53. Evidemment la tactique est facile à comprendre tant elle a un caractère élémentaire.

La réalisation de la combinaison est en revanche beaucoup moins facile, encore qu'il s'agisse ici d'une bricole simple c'est-à-dire d'une bricole par une bande.

On conçoit dès lors que quand la bricole se présente sous la forme plus complexe du jeu par plusieurs bandes, elle nécessite des qualités de tout premier ordre chez un amateur. La qualité

primordiale et dominante en l'espèce est le sens géométrique du
parcours que la bille doit suivre

Or, on l'a naturellement très affiné, on l'a peu, ou même —
plus grave hypothèse — on ne l'a pas du tout. La pratique du jeu
ne vient ici que médiocrement au secours du joueur. La diver-

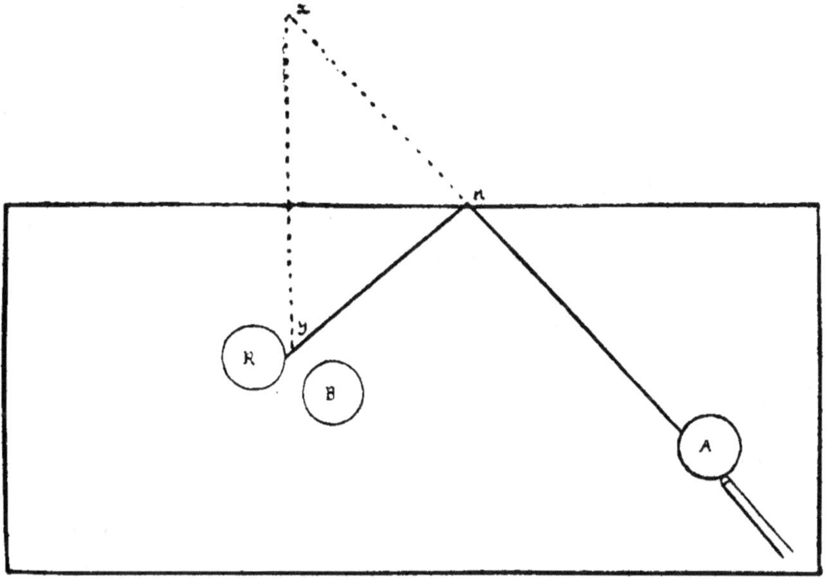

Schéma 53.

sité des bricoles est si grande qu'elle nécessite chaque fois une
justesse d'appréciation qui ne peut s'inspirer que bien faiblement
de l'exemple fourni par la bricole que l'on a vu jouer précédemment. Un problème nouveau se pose donc chaque fois qu'il
faut résoudre en n'en cherchant pas la solution dans une application nouvelle d'une des façons dont on a joué dans des cas
qui apparaissent à l'esprit comme ayant été semblables. Pour
bien jouer les bricoles par plusieurs bandes ou même par une

seule, il faut avoir non seulement une grande pratique du jeu
de billard, mais encore une compréhension, une intelligence
très fine de ce jeu. Les jeunes amateurs qui, après s'y être
essayés quelquefois parviennent à réussir assez couramment
la bricole par une bande, expliquée par le schéma 53 auraient
tort de croire qu'après avoir franchi un des nombreux écueils
qu'offre le jeu de billard, ils sont arrivés au bout de leur peine.
Bien des cas se présenteront qui feront ressortir la pauvreté de
leur technique et l'inhabileté qui les condamne à n'être encore
que de petits joueurs ayant beaucoup à travailler malgré les
dons que la nature peut leur avoir prodigués.

Voici maintenant, un autre genre de bricole. Elle constitue
un de ces coups à grande allure, par quoi s'affirme l'autorité du
joueur, et qui séduira les débutants parce que s'il fait de l'effet
il ne présente en même temps qu'une difficulté restreinte. C'est
une bricole par cinq bandes amenant après carambolage la réunion des billes.

BRICOLE PAR CINQ BANDES AVEC GROUPEMENT (Schéma 54.) Les trois billes occupent respectivement les positions indiquées sur le schéma 54. Elles sont en ligne R, dans un angle. A attaquée en haut et à droite, heurte une première bande en *m*, choque R au passage et la décolle légèrement de son coin, puis continue sa route et va frapper les bandes qui la renvoient successivement de *n* à *o*, de *o* à *p*, de *p* à *q*, point où elle touche la dernière bande pour de là aller heurter la seconde bille B et faire le carambolage. Les deux billes B et R ne se déplacent pas beaucoup; R au contact de A, s'est légèrement dégagée du coin où elle était enserrée ; quant à B, elle n'est heurtée que légèrement par A qui vient la toucher alors que celle-ci, arrivée à fin de course, n'a plus qu'une force propulsive réduite. Et le rassemblement

des trois billes se fait dans l'angle du billard. Le coup, nous l'avons dit, ne présente pas une réelle difficulté. A est attaquée en haut en direct avec la vigueur tempérée nécessaire à lui faire faire le tourniquet qu'elle doit accomplir. Le rôle délicat de la question est la détermination exacte du contact avec la première bande ; le point *m* qui fait que A ne prend de

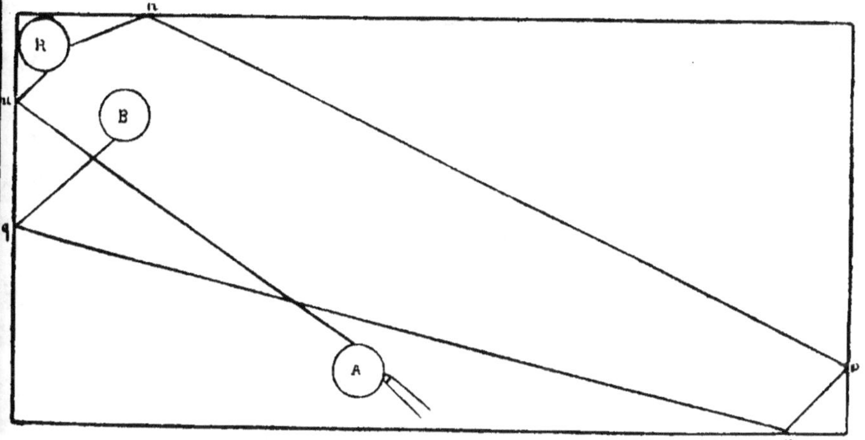

Schéma 54.

R au passage que ce qu'elle ne doit prendre déterminant ainsi les points *n*, *o*, *p*, *q*, où A doit aller frapper les bandes pour revenir sur B. Nous nous en tiendrons simplement à ces deux types de bricoles qui ont montré en quoi consistait cette manière de jouer en prenant pour exemple un coup par une seule bande et, par opposition, une bricole faisant intervenir le concours de cinq bandes. De même nous ne choisirons que deux exemples pour les « rétros ».

RÉTROS Nous avons vu en quoi consiste le « rétro » dont l'invention est due à Mingot. C'est un effet qui consiste à faire revenir sa bille en arrière, à la faire « rétrograder », d'où le nom de « rétro » donné par abréviation à cette manière de jouer. Les deux exemples suivants donneront une idée du mouvement des billes dans un coup joué par « rétro ».

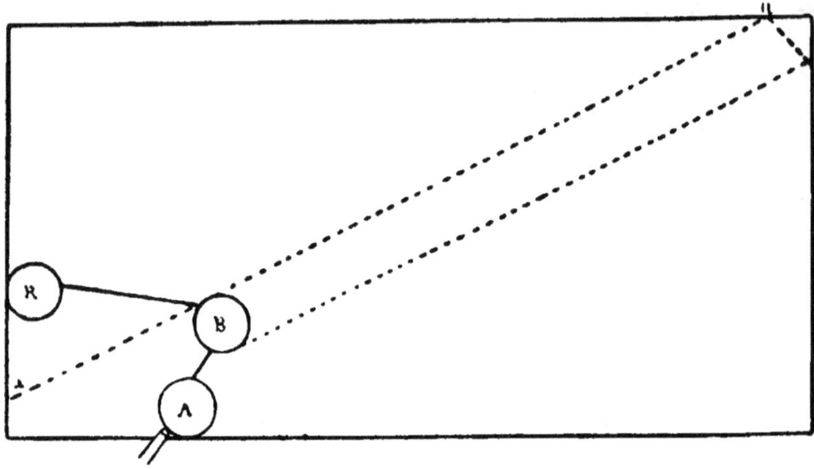

Schéma 55.

RÉTRO PAR LA BANDE ET EFFET DE COTÉ (Schéma 55.) Il n'y a pas grand'chose à dire de ce rétro qui, s'il est réussi, va rassembler dans le coin — en bas à gauche du schéma 55 — les trois billes. La B, en effet, après avoir été heurtée va frapper les bandes aux points m et n pour revenir prendre sa place dans le groupement à peu près au point x. A, attaquée sèchement d'un coup net mais retenu, à droite et en bas dévie après avoir touché B, vers la gauche suivant le trait plein, pour aller heurter R. La position de A rend assez difficile le rétro. La bille est en effet presque collée à la bande, mais, le rétro présente ici l'avantage de provoquer un groupement qu'il est intéressant de rechercher. Et puis, il faut bien aussi jouer les coups comme ils doivent l'être même quand la position des billes ne permet pas de jouer avec. Le coup suivant se présente au contraire comme facile à jouer par rétro, en raison même de la position de la bille R. Il assure en outre, comme le précédent, le rassemblement des billes. C'est encore un rétro par la bande mais dans lequel l'angle tracé par la bille du joueur est beaucoup plus aigu, d'où le nom qu'on lui donne ordinairement de rétro angulaire. Et voici comment les choses se présentent et comment aussi elles se passent (schéma 56). Les trois billes B, A, R, occupent les positions indiquées sur le schéma démonstratif 56. R étant placé en arrière et légèrement à droite du joueur. Le rétro ainsi que l'indique d'une part le trait plein du schéma, de l'autre le trait pointillé de la même figure, provoque le groupement des billes à droite presque dans le coin du billard. L'attaque, faite horizontalement, est sensiblement soulignée et exécutée comme dans tous les rétros, la B étant cette fois

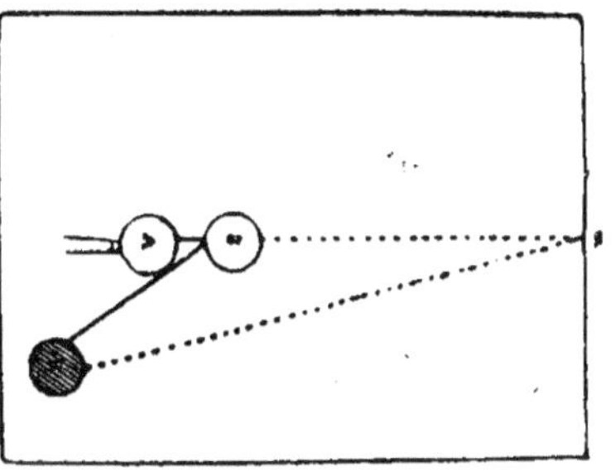

Schéma 56.

heurtée à gauche et légèrement au-dessous du diamètre de la bille parallèle au tapis. B va frapper la bande aux points *m* et *n* et revient vers R, tandis que A, par rétro direct, est venue heurter R, assurant ainsi le carambolage qui, par le retour de B, a pour conséquence de rassembler les billes.

COULÉS ET DEMI-COULÉS On entend par « coulé », le fait de faire rouler sa bille droit devant soi, après avoir chassé une des billes adverses placées sur son passage. La rencontre d'une bille avec une autre provoque, par suite de l'effet qu'on a pris, une déviation, un changement de direction de la bille qui est venue heurter celle contre laquelle elle était lancée. Le « coulé » est la manière de jouer

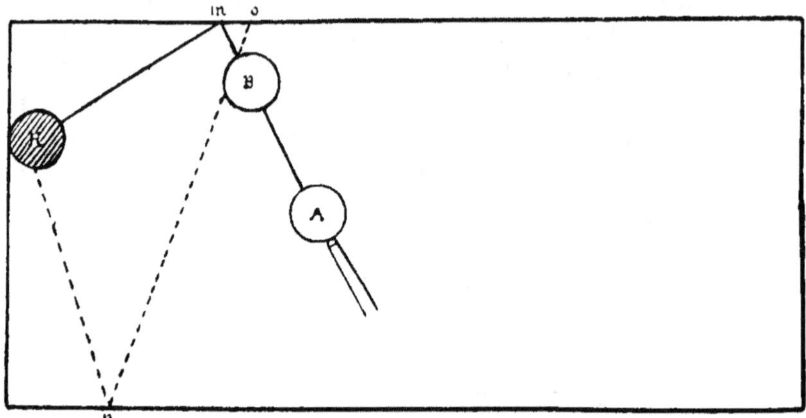

Schéma 57.

qui s'oppose à cette déviation et fait rouler la bille suivante absolument droit devant elle, du moins dans certains cas, en marquant un très léger écart, soit à droite, soit à gauche.

COUP PAR LA BANDE APRÈS COULÉ (Schéma 57.) Laissons de côté le carambolage direct par coulé, coup en somme très simple et pour choisir un exemple tout aussi élémentaire en somme. Une démonstration schématique du coup par la bande après « coulé » conviendra parfaitement.

De ce coup l'explication est fort simple parce que le mouve-

ment des billes l'est lui-mème on ne peut guère plus. Il faut
avoir soin de prendre A, bien nettement à gauche et en tête,
par une attaque franche et soutenue.

Beaucoup de débutants qui s'essayent pour la première fois
dans le « coulé » dépassent, ou restent en deçà, de ce qu'il
faut faire. Leur attaque est soit trop allongée, soit trop longue.

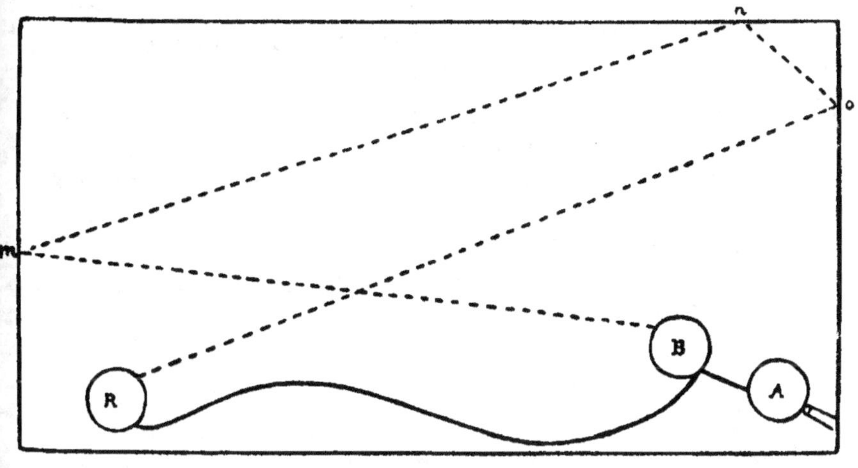

Schéma 58.

La physionomie du coup à la suite d'une attaque faite comme
elle doit l'être est la suivante : B, chassée légèrement à droite
cède la place à A qui va frapper la bande en _m_ et revient sur
R effectuant ainsi le carambolage. Quant à B, elle a heurté
en _o_ la bande, a été rejetée en _n_ sur la bande opposée d'où elle
est remontée en inclinant sur la gauche pour rejoindre R. Il y
a donc rassemblement des billes à gauche. La force d'impulsion
qu'il faut donner à A doit être calculée de telle sorte que B
après avoir touché la bande en _n_ vienne mourir contre R.

COUP DIRECT PAR COULÉ ET EFFET DE COTÉ (Schéma 58.) Ce coup vient à l'appui de ce que nous disions tout à l'heure, à savoir l'inclinaison légère soit d'un côté soit de l'autre d'une ligne rigoureusement droite. Le schéma 58 indique le tracé géométrique des lignes suivies par les billes dans un coup direct joué par coulé avec effet de côté dit coulé fouetté. A, B, R occupent les positions indiquées sur la figure démonstrative 58. Par un coup horizontal, bien net, bien allongé, donnant à l'attaque l'énergie et la mesure qui lui conviennent, A attaque B légèrement, très légèrement à gauche et bien plein. B va alors frapper les bandes en *m*, *n*, *o* pour venir doucement s'arrêter au point où se trouvait R, laquelle a été déplacée par A qui est venue la heurter après avoir parcouru le trajet indiqué par le trait plein, dans le schéma 58. Le contact de A et de R a été assez léger pour que les deux billes après leur rencontre ne se déplacent que très peu. Les trois billes, dispersées avant le coup, sont donc maintenant rassemblées. La subtilité d'un joueur habile lui permet quelquefois, quand l'occasion s'en offre à sa virtuosité, de ne pas jouer le « coulé » complet, mais de doser sa manière afin de faire le point par ce qu'on appelle un demi-coulé. C'est cette manière de jouer que nous allons exposer par la démonstration schématique suivante.

CARAMBOLAGE PAR DEMI-COULÉ ET GROUPEMENT DES BILLES (Schéma 59.) A occupe une position facile pour l'attaque et qui va permettre de jouer le point avec la précision nécessaire. L'attaque de A, ayant été faite avec décision en tête et légèrement à gauche, la bille vient heurter B à droite, est rejetée à la bande en *m* d'où elle repart en suivant la bande suivant une ligne légèrement incurvée pour aller toucher R. Ce mouvement cintré, vers la rouge, qu'elle décrit est dû à l'effet produit par l'attaque en tête. B revient alors sur R par deux bandes suivant le tracé pointillé et les billes se trouvent ainsi rassemblées, d'autant mieux que leur groupement se fait tout doucement, A et B achevant l'une et l'autre leur parcours sur l'extrême fin de leur lancée.

Passons à un autre genre d'exercice qui nécessite une subtilité encore bien plus grande, mais auparavant donnons une

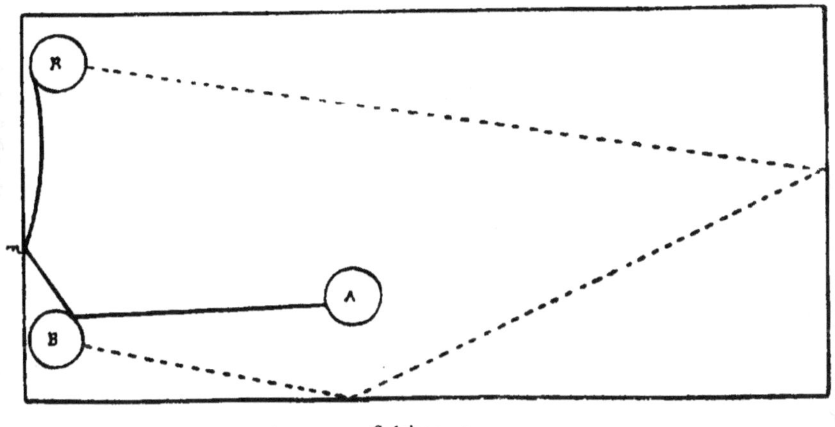

Schéma 59.

indication schématique d'un coup simple, mais qui demande à être bien joué si l'on veut rassembler les billes au point qu'on leur a mentalement fixé. Il s'agit « du direct ». Non point de celui qu'affectionnent tout particulièrement les joueurs de consommations et qui s'offre en rapprochant les billes dans la position dite en « lunette », mais d'un direct d'un ordre plus relevé, et qui de ce fait échappe à la banalité du précédent.

COUP DIRECT (Schéma 60.) On entend par coup direct un coup qui s'exécute sans le secours de la bande.

Il y a des directs qui sont faits par rétro, par coulé, par massé, et enfin par de simples effets de côté qui dévient la bille, vers la seconde bille adverse, après le choc par lequel elle est venue heurter la première. Le coup suivant indiqué par le schéma 60, indique la manière d'attaquer et la marche des billes dans un direct par le plein fait avec effet contraire.

Les billes A, B, R occupent respectivement les positions indiquées sur le schéma 60. Le coup est joué directement avec

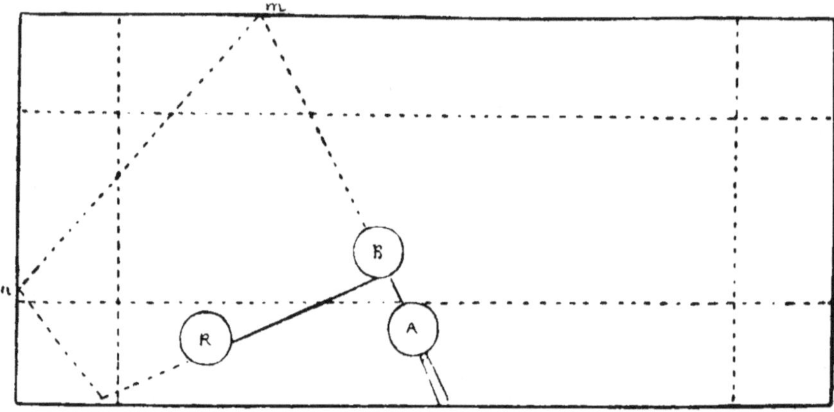

Schéma 60.

effet de côté sur le plein de B, par une attaque nette, précise, mais suffisamment légère pour que A vienne heurter R tout doucement. A et R viennent donc se grouper à peu près dans l'angle gauche du billard, tandis que B vient les rejoindre après avoir battu les bandes en *m* et en *n*. On voit que cette combinaison est géométriquement très simple et que l'exécution n'exige pas un mécanisme particulièrement subtil du joueur. Ce direct, qui amène le rassemblement des billes, est donc à la portée de tous les amateurs chez qui un peu d'expérience du jeu a fait disparaître les inhabiletés premières. Beaucoup plus délicate est la question dite des « rencontres ». Elle exige un

coup d'œil très sûr, un coup de poignet très bien réglé, en un
mot les deux qualités essentielles d'un bon joueur de billard.
Les trois coups suivants indiquent la physionomie sous laquelle
peuvent en différents cas se présenter ces rencontres, utilisées
naturellement à son profit par le joueur.

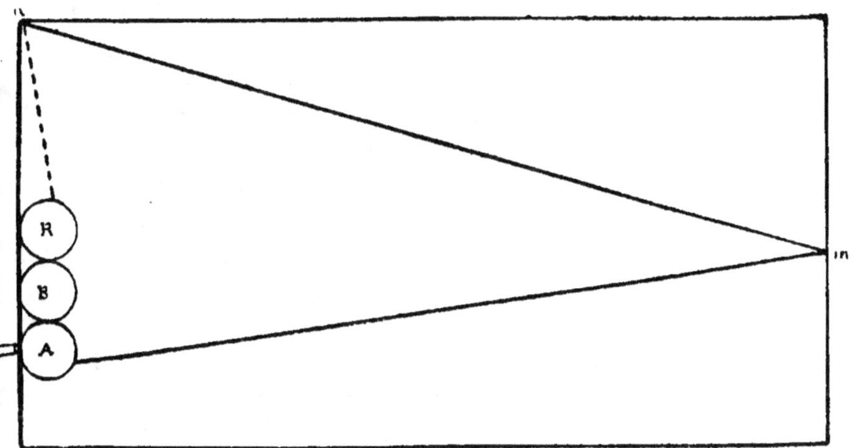

Schéma 61.

DES RENCONTRES Dans le schéma 61, la position des billes
A, B, R est de nature à laisser rêveur un
débutant auquel on demanderait à faire ce point les billes ainsi
placées. Il y a de quoi. Un fort joueur ne s'en embarrasse pas.
Tout au moins sait-il comment il faut jouer, mais cependant,
même en procédant avec le tact et la finesse voulue, il n'est rien
moins de certain qu'il réussisse le carambolage. Théoriquement,
en s'y prenant, comme il va le faire, le carambolage doit-il se
réaliser, si B accomplit rigoureusement le trajet qu'elle doit
parcourir. Mais tout en la déplaçant du côté voulu, il se peut
parfaitement qu'elle ne roule pas jusqu'au point où elle doit

parvenir pour rencontrer A. Tout cela dépend de la façon dont B aura été heurtée et aura transmis à R la force propulsive de laquelle celle-ci a besoin.

Les choses se passent donc ainsi (schéma 61). Les trois billes A, B, R, sont en ligne les unes contre les autres, et collées à la bande de gauche. La bille A est attaquée vivement, mais avec une énergie très retenue, et sensiblement sur la gauche. Le premier résultat de cette attaque est qu'elle heurte B, laquelle repasse à R une partie de la force propulsive qu'elle a reçue. Sous cette impulsion R remonte lentement, le long de la bande, vers l'angle supérieur gauche du billard où A qui est allée frapper la bande opposée en *m* vient la rejoindre. Le tout est donc de régler la marche de R par une attaque savante qui permette de heurter B avec A avec le degré de décision légère, la force retenue strictement calculée, qui tout en faisant rouler la dite R le long de la bande, jusqu'à l'angle du billard, la fera arriver au terminus de sa course avec assez de douceur pour ne pas qu'en heurtant la bande supérieure elle refasse en sens contraire le chemin qu'elle a déjà parcouru. Auquel cas A en arrivant à son tour dans l'angle ne la trouverait plus que pour la heurter et le carambolage serait manqué. Quel que soit l'aléa du point ainsi joué, il est préférable de procéder ainsi que par le « massé » qui obligerait A à aller chercher R en décrivant un mouvement circulaire qui serait peut-être inutile, probablement même, B à la suite du choc qu'elle aurait reçu ayant très sensiblement déplacé R. Et voici un coup qui, sous des apparences simplistes, constitue le premier point de la difficulté. Ici encore le carambolage va se faire non plus modestement, on va le jouer dans l'espoir de le réussir par la rencontre de A et de R, mais cette fois, cette rencontre ne se fera plus dans l'angle du billard comme précédemment, mais... au large, à une certaine distance des bandes. Voici donc comment se présentent

les choses et quelle est la manière subtile par laquelle on
cherche à les solutionner (schéma 62).

Les billes occupent les positions A, B, R, 1, 2, 3. Elles ne
sont pas admirablement placées pour réussir le carambolage.
Loin de là. Elles le sont même si mal qu'après examen sur la
meilleure solution à adopter pour faire le point, on se rend

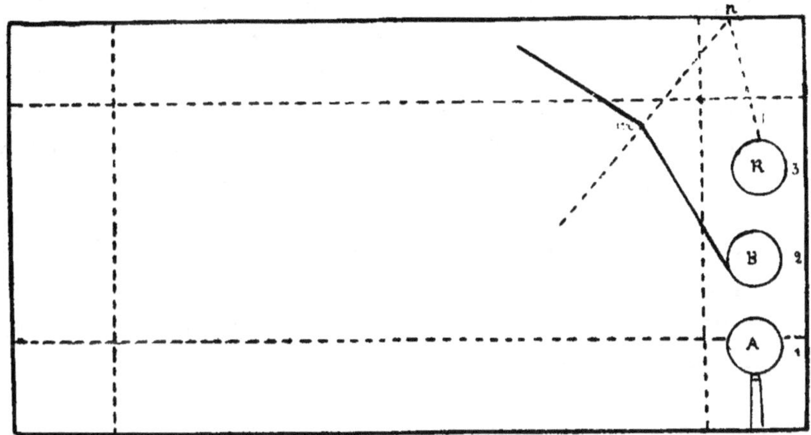

Schéma 62.

compte qu'il est douteux de jouer la bricole, plus aléatoire encore
de « masser ». Dernière solution : la rencontre. C'est à celle-ci
qu'on s'arrête. A ayant été attaquée doucement en tête va heurter B à gauche, puis dévie sur la gauche, tandis que B va frapper R, laquelle est envoyée contre la bande, bat celle-ci, s'en
éloigne en suivant la ligne *nm* indiquée en pointillé sur le schéma démonstratif. C'est par ce point *m* que passe aussi A et la
difficulté — combien extrême ! — consiste à faire arriver en
même temps au point *m* les deux billes A et R pour qu'elles
se rencontrent. Théoriquement, en raison du trajet qu'elles
doivent faire toutes deux, il existe, on le voit, un point

où passent les deux billes. Et pratiquement il en va ainsi. Mais de là à les faire rencontrer à ce point précis, il y a de la marge. Il faut en effet calculer la vitesse de A pour que, après son choc avec B, elle dévie sur la gauche à une allure suffisamment ralentie pour que B ait le temps d'aller choquer A et lui imprime la force nécessaire pour que cette dernière ait le temps d'aller frapper la bande et de revenir au point m à l'instant précis où A y parvient aussi. Cette nécessité d'une coordonnance parfaite dans la marche des billes, rend ce coup excessivement difficile. Jeunes débutants, ne vous désespérez pas devant cette difficulté. Beaucoup de grands joueurs, malgré toute leur science du billard, et encore qu'ils aient la main savante, ne réussissent pas toujours à la surmonter. Il arrive également que la rencontre soit obtenue par transmission d'effet à la bille R. (Nous disons à R parce que, comme précédemment, nous continuons à supposer que les billes sont placées de telle façon que le coup se joue par la blanche).

C'est cette transmission d'effet qui assure à la bille R la direction qu'elle doit prendre pour rencontrer A. C'est donc la bille B qui reçoit les instructions nécessaires — si l'on peut s'exprimer ainsi — avec mission de les transmettre à la seconde bille à proximité de laquelle elle se trouve et qu'elle masque. Le schéma démonstratif suivant (63) indique à la fois la position des billes et la façon dont le coup doit être joué par la rencontre.

A, B et R sont en ligne dans les conditions prévues par le schéma 63. Le joueur attaque la bille franchement à droite et en tête, attaque faite horizontalement et bien nette. Sous cette impulsion, A vient heurter B plein contre et sa marche croissant, s'arrête d'abord contre cet obstacle, puis se transforme par une légère déviation vers la droite qui la conduit au point m. B roule entre A qui vient de la frapper et R, contre laquelle elle était collée, transmet à cette dernière l'impulsion qu'elle reçoit,

mais la transmet intégralement, c'est-à-dire avec l'effet reçu
par la bille A, et tandis que B s'écarte vers la gauche, R va
à la bande, la frappe en *n* et revient en inclinant légèrement
vers la droite précisément à cause de l'effet que B lui a transmis. Ce retour oblique vers le point d'où elle est partie, la fait
passer en *m*, c'est-à-dire à l'endroit même où elle doit se ren-

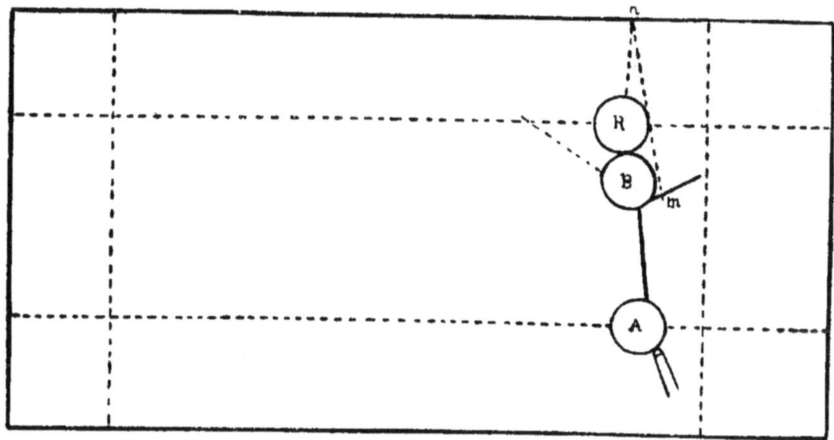

Schéma 63.

contrer avec A qui accomplit son mouvement vers la droite
après avoir frappé B. Bien que ce coup demande à être joué
avec délicatesse et beaucoup de précision, il est loin de présenter les aléas du précédent. C'est pourquoi il est beaucoup plus
facile à réussir. Terminons la série des coups qui, soit par leur
intérêt au point de vue technique, soit par leur seule originalité
améneraient à donner rapidement, dans les quelques pages qui
lui sont consacrées, une idée de ce qu'est le jeu de billard.

SERPENTEAU Le schéma 64 indique un genre de coups
dans lequel l'attaque de la bille A, et celle
de la première des billes adverses se font sans finesse ;

parmi eux il en est qui sont très difficiles à réussir, alors
que d'autres au contraire sont infiniment moins difficiles.
Exposons d'abord en quoi consiste le premier exemple choisi
(schéma 64).

B et R sont collées contre la même bande dans deux angles
opposés.

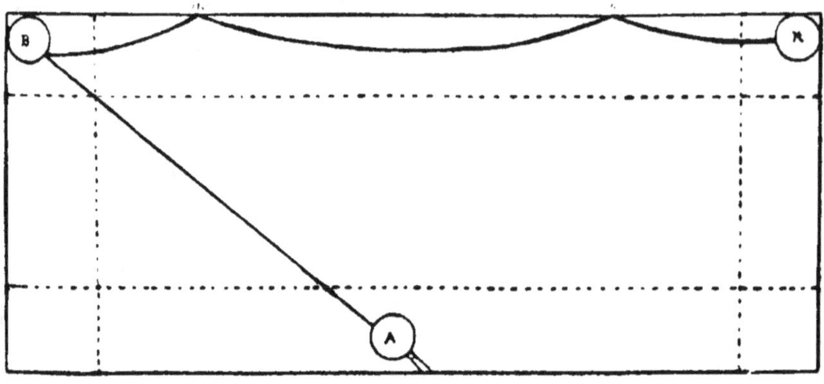

Schéma 64.

A est attaquée horizontalement en tête, vivement et légèrement à gauche. Elle vient heurter B en plein, mais sensiblement
à droite. A dévie alors vers la droite et vient frapper, en décrivant trois arcs de cercle, la bande aux points m et n, pour aller
finalement frapper la rouge R, située dans l'autre coin. En
réalité, ce coup, tel qu'il se présente, n'exige pas une bien
grande habileté. Il est même d'une technique d'exécution assez
ordinaire, et cependant, malgré sa simplicité apparente, il
réserve au joueur bien des mécomptes, car à justement parler,
on le rate très fréquemment, bien plus fréquemment même
qu'on n'arrive à le réussir.

COUP DUR PAR LA BANDE En revanche, celui qui fait l'objet du schéma 65 est réussi beaucoup plus fréquemment par les joueurs qui ont un certain acquis. C'est exactement comme le précédent, un coup dur par bande,

Schéma 65.

mais plus simple ainsi qu'on peut en juger, A est attaquée légèrement au-dessous et à droite ; elle va heurter B et est ramenée par suite du choc vers la bande opposée qu'elle heurte en *m*. Là l'effet à droite se trouve, au contact de cette bande, retourné et c'est ce qui fait que B remonte à angle aigu, en obliquant à gauche pour aller heurter la rouge R. La solution est encore plus simple que celle qui permet de faire le point par le coup dur qu'indique le schéma 66.

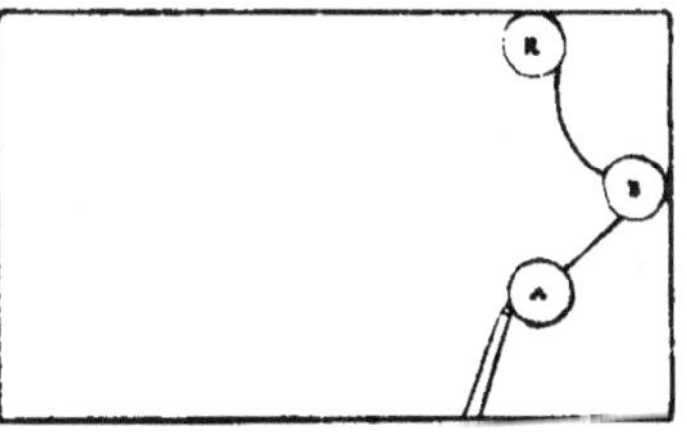

Schéma 66.

Ici, la bille A est prise à gauche, en tête. Un petit coup sec l'envoie heurter B. Après quoi, elle décrit la courbe indiquée par le trait plein du schéma 66, pour aller frapper R qui ne bouge pas de l'emplacement qu'elle occupe contre la bande à laquelle elle reste collée. B se trouve déplacée au contraire de la bande contre laquelle elle est appuyée et sous l'effet de l'impulsion qu'elle a reçue, elle retrouve ainsi une direction semblable à la direction prise par A, c'est-à-dire qu'elle est ramenée vers R, ce qui fait qu'on a les trois billes dans le coin.

Encore un coup dur qui n'est pas commode à réussir, mais qui

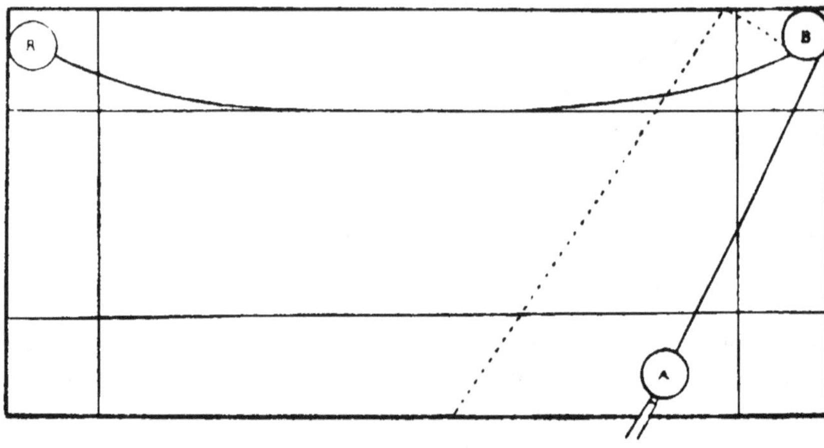

Schéma 67.

est expliqué par le schéma 67. A est vivement attaquée en tête. Elle vient heurter B qui prenant un point d'appui contre l'angle du billard refoule A en arrière. Le mouvement rotatif imprimé à celle-ci lui fait décrire une ligne légèrement centrée qui la ramène sur R. L'attaque de A tout en restant très énergique ne doit pas avoir pour résultat d'écraser B dans le coin où elle se trouve. Il faut qu'elle revienne frapper cette dernière par un coup sec, bien détaché, bref que les billes ne soient pas assommées, sans quoi le mouvement rotatif de A sera complètement annihilé, et la bille ne décrira pas la ligne légèrement incurvée suivant laquelle elle doit rouler pour aller heurter R.

Il arrive assez fréquemment que le carambolage au lieu de se faire directement se fait par la bande.

Enfin, terminons par un trois bandes avec effet contraire, coup classique qui donnera une idée exacte de ceux que l'on peut faire par la finesse.

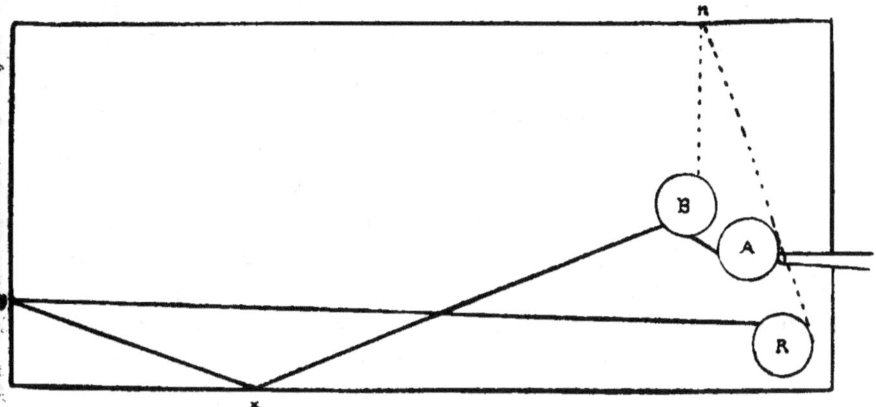

Schéma 68.

COUPS DE FINESSE PAR LES BANDES Les billes A, B et R occupent respectivement les positions indiquées sur le schéma 68. Le « coup » est joué de la façon suivante. Le joueur prend A à gauche et bien en tête, de façon à venir heurter très finement B, contact qui la rabat vers la bande inférieure qu'elle touche en x, de là elle est renvoyée en y contre la bande suivante qui, en raison de l'effet contraire, la renvoie directement en ligne droite sur la rouge R. Quant à B, après avoir frappé la bande supérieure en m, elle redescend rejoindre R en inclinant légèrement sur la droite. Il y a donc rassemblement des trois billes dans le coin. L'attaque doit être rapide et soutenue. On peut l'exécuter soit en donnant une légère obliquité à la queue, soit en la tenant complètement horizontale. L'essentiel est de bien attaquer **A** et de prendre de B juste ce qu'il en faut pour que les deux billes en mouvement accomplissent trajectivement le parcours qu'elles doivent suivre.

ORGANISATION SPOR-TIVE DU BILLARD — Le billard classé comme sport devait nécessairement suivre l'évolution qu'a eu l'idée sportive en France. Les joueurs se sont constitués en groupements, en sociétés, en associations, ont édicté des règles, organisé des concours, et, finalement ce jeu auquel se livraient seulement les amateurs, a pris une existence sportive régulière, qui devait contribuer énormément à son développement. A l'heure actuelle les groupements de joueurs sont assez nombreux, leur fédération dite Fédération Française du Billard groupe sous ses statuts un grand nombre de sociétés dont les adhérents se conforment anx règlements de la F. F. B, à laquelle ils sont affiliés. C'est à cette Fédération qu'incombe le soin d'organiser les championnats nationaux et internationaux. Fondée en 1902 dans le but de réglementer le sport du billard dans le milieu de l'amateurisme, elle a donc déjà une douzaine d'années d'existence. Elle les a d'ailleurs fort utilement employées. Son premier acte fut de faire d'une façon définitive une démarcation précise entre le professionnalisme et l'amateurisme. A vrai dire, la différence existait déjà et était connue entre ces deux catégories de joueurs, mais il était utile qu'un texte clair et des règlements qui ne le soient pas moins spécifiassent les choses. Et s'appuyant sur l'idée naturelle qu'on se fait de l'amateur et du professionnel en matière de sport, elle établit ainsi sa définition du professionnel. Est considéré comme professionnel : 1. Toute personne ayant fait ou faisant partie, comme joueur rétribué, d'une Académie de billard ; 2. Toute personne ayant tiré ou tirant des ressources pécuniaires de l'enseignement du billard ; 3. Toute personne ayant pris part à un match où des enjeux publics avec cagnotte sont reçus ; 4. Toute personne ayant été recherchée pour donner une séance de billard. Par conséquent, la F. F. B. considère comme amateurs tous les joueurs qui ne sont pas touchés par une des quatre spécifications précitées. Pour justifier plus amplement son rôle et pour donner au billard une existence sportive active, la Fédération Française organisa quelques épreuves par lesquelles s'affirmèrent à la fois son utilité et son autorité. En 1903, elle fit disputer le championnat du monde amateurs dans lequel Rérolle, de Toulouse, battit de 7 points le belge Rasquinet. L'amateur de jadis, vainqueur du premier championnat régulièrement reconnu, est aujourd'hui un des plus notoires professionnels. A l'heure actuelle, la F. F. B., organise une série d'épreuves les unes réservées aux joueurs français des différentes associations affiliées, les autres à tous les joueurs du monde amateurs. C'est ainsi que dans cette longue série de compétitions on trouve parmi les plus importantes :

1. Le challenge inter-clubs et le handicap des Consuls de l'U. V. F.

2. Le championnat et le handicap des Consuls de l'U. V. F.

3. Le championnat de Paris.

4. Le championnat de France.

5. Le championnat de Belgique.

6. Le championnat du monde (amateurs).

7. Le championnat d'arrondissement.

8. Le concours de moyenne entre professeurs.

Les professionnels — le professorat — ne brillaient pas d'un bien grand éclat avant que la Fédération française se soit créée non seulement pour réveiller l'apathie des amateurs, mais encore pour leur donner de l'ambition. Jusqu'à sa fondation, on jouait au billard, de ci de là, au hasard du temps dont on pouvait disposer. Certes, il y avait de bons joueurs; mais l'émulation, le désir de vaincre, de se faire un nom dans un sport qui n'était en rien codifié, ne les incitait pas à travailler, à s'entraîner, à se perfectionner. Le professorat était donc dans le marasme. A moins d'être poussés par un goût spécial du jeu, les élèves étaient rares qui demandaient des conseils aux maîtres. Ceux-ci, pour qui rien n'était fait, n'étaient connus que d'une minorité de spécialistes. D'où, malgré toute leur habileté, la perspective de vivre longtemps encore d'une vie monotone indigne de leur activité et de leur virtuosité. La Fédération française infusa donc très heureusement une vie nouvelle au jeu de billard. Les élèves se firent beaucoup plus nombreux; la belle technique des grands maîtres prouva doublement son habileté en dressant par leurs conseils les jeunes amateurs qui se sentaient des dispositions pour ce sport et en en montrant eux-mêmes, dans des compétitions très suivies, toutes les finesses. Aussi ils ne restèrent plus sans cesse vis-à-vis d'eux-mêmes et de quelques trop rares disciples. Enfin, en créant son concours de moyennes, la Fédération française de billard provoqua une petite rivalité au grand jour qui eut pour premier résultat de faire disparaître les petites rivalités mesquines dont le sport du billard avait momentanément à souffrir. Depuis quelques années, ce jeu a pris une extension aussi considérable que rapide. Il y a presque autant de joueurs de billard que de pêcheurs à la ligne! Et ce n'est pas fini. Les femmes, en général réfractaires à ce genre d'exercice, commencent, dans une certaine classe de la société, à y venir. La partie de billard qui entre dans le programme de la vie de château a aujourd'hui de ferventes adeptes. Bref, on s'intéresse de plus en plus à ce jeu. Les petits joueurs de jadis qui faisaient placidement quelques points pour s'amuser sont devenus beaucoup plus con- naisseurs et plus exigeants aussi. Autrefois, quand le billard sur lequel ils s'évertuaient à jouer leurs consommations était affligé de bandes rebelles à toute élasticité, quand le matériel en général laissait plus qu'à désirer tant il était vétuste, ils ne disaient rien. Ils rejetaient tout simplement sur la qualité de la table et ses accessoires l'insuccès dont la cause première était leur inexpérience du jeu. Aujourd'hui, ce n'est plus la même chanson ni la même passivité. Le petit joueur exige un billard de choix. Il s'essaye de lui-même à mieux jouer ; il est quelque peu hanté par la notoriété des grands amateurs dont les journaux impriment le nom. Enfin il évolue lui aussi, il suit le mouvement, il lit les feuilles ou les rubriques spécialement consacrées à ce noble jeu de billard. Tout cela contribue à en faire un joueur plus régulier, moins indifférent que par le passé et qui fait sa partie beaucoup plus pour le plaisir que lui procure le jeu que pour tuer le temps, en attendant que les aiguilles de l'horloge marquent enfin l'heure d'une occupation plus pressante que celle à laquelle il se livre à défaut d'autre distraction.

LE BOWLING

 Le bowling est-il un sport? Il serait un peu osé de l'affirmer. Mais enfin ce sport — si sport il y a — qui n'est en somme qu'un jeu, est bien exclusivement « sport de salle » auquel il est facile de se livrer chez soi quand on dispose de l'emplacement nécessaire et qu'on se décide à faire la dépense assez coûteuse de l'installation qu'il exige. Car si l'on peut affirmer que le billard a de l'avenir, on peut dire que le bowling passera vite de mode. La vogue en est déjà bien tombée. Qu'est-ce que le bowling? D'où vient-il?

Le bowling est tout simplement, sous une forme modernisée, l'antique jeu de quilles de nos grands-pères. L'Angleterre a mis à la mode cette antique et anodine distraction à laquelle on ne se livrait jusqu'alors qu'aux deux âges extrêmes de la vie, lorsque tout jeune on lançait sa boule avec une touchante maladresse, et que plus tard, vers la fin du voyage, alors que la boule mal assurée entre les doigts tremblait dans la main qui ne la lançait guère mieux que jadis, mais pour une toute autre raison. Notre vieux jeu de quilles ayant séduit les Anglais, grands sportsmen, ceux-ci résolurent de lui refaire une jeunesse nouvelle. Les anciennes règles par trop désuètes furent par eux abolies. La terre, la simple terre, champ de bataille des grandes compétitions de jadis, leur paraissant trop frustres, une installation plus raffinée la remplaça. Le jeu de quilles, devenu bowling, se « mit dans ses bois », c'est le cas de le dire. Un plancher bien blanc, bien ciré, fut installé pour y faire rouler les boules ; un toboggan permit à celles-ci de revenir vers le joueur après avoir été lancées. Le dernier cri du confortable enfin. Mais malgré toutes les modifications, tous les raffinements apportés par nos voisins d'Outre-Manche à l'antique jeu français, le principe en est demeuré ce qu'il était avant de s'affirmer sous sa nouvelle parure. Il s'agit comme par le passé d'abattre avec une grosse bille de bois de petits fûts, de bois également, maintenus debout à terre. D'ailleurs, de cette installation et des perfectionnements auxquels elle a donné lieu, il n'y a pas grand'chose à dire. On joue au bowling sur un stand disposé comme l'indique le schéma 69.

INSTALLATION DU JEU Le bowling réglementaire — le bowling des matches et des championnats — se compose donc d'un plancher P bien lisse, bien ciré, bien droit, sans déclivités, sans aspérités susceptibles de faire dévier, ne fût-ce que très légèrement, la boule du joueur de la direction dans laquelle le joueur l'a lancée (schéma 69).

Nous sommes loin, on le voit, de la piste de terre battue, inégale et cabossée dont se contentaient les premiers joueurs de quilles et qui n'étaient pas élevés à la dignité sportive de nos plus notoires « boulingmen » modernes. Largeur : 1 mètre à

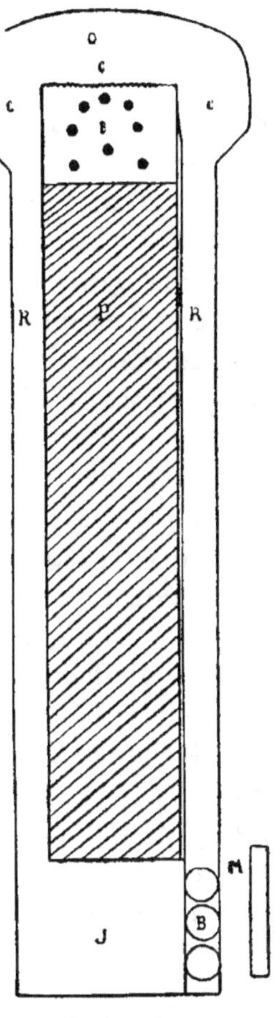

Schéma 69.

1^m,15. A une des extrémités des planches, sont placées en E les quilles, derrière lesquelles se trouvent en Q le ou les quilleurs. A l'extrémité opposée J se place le joueur — le bouleur, pour l'appeler du nom par lequel on le désigne. Latéralement à la piste P et en contre-bas sont disposées des gouttières, des rigoles dans lesquelles tombent les billes mal dirigées et qui dévient à droite ou à gauche. Les boules égarées viennent s'arrêter en C, C', C'' dans un emplacement en contre-bas, et c'est dans ce même emplacement semi-circulaire que les quilles abattues viennent également choir. C'est la fosse commune où quilles et boules viennent tomber, et c'est là que les quilleurs ramassent les victimes de cet innocent jeu de massacre et les remettent en place chacune d'elles sur un point indiqué, comme on remet sur mouche les billes de billard. Tel est le rôle des quilleurs qui, dans leurs attributions, ont également la mission de renvoyer les boules au joueur par un étroit plan incliné I surélevé à ses deux extrémités. Les boules ainsi renvoyées viennent se loger à droite du joueur, en B, où elles se trouvent à portée de la main. Enfin, tout à fait à droite, et à côté du joueur, un tableau d'affichage M est placé bien en vue. C'est sur ce tableau que le marqueur fait le calcul des points obtenus par le bouleur à chaque boule envoyée, calcul qui s'opère dans des conditions prévues par un règlement que nous examinerons plus loin. Le matériel — plus particulièrement les quilles qui en voient de cruelles, et le plancher ciré sur lequel les joueurs inentraînés laissent tomber leur boule au lieu de la faire partir en glissant — doit être robuste, et la matière première de toute première qualité. Sans quoi le bowling, surtout si l'on y joue fréquemment, est menacé d'une existence éphémère. Les boules, ceci va sans dire, doivent être extrêmement bien tournées, sans quoi, étant donnée la tendance naturelle qu'elles ont à s'échapper par la tangente pour s'infiltrer dans les gouttières latérales quand elles ne sont pas rigoureusement bien lancées, elles rouleraient avec une rare facilité vers les rigoles où elles n'ont que faire. Le poids d'une boule est variable. Elle dépend de la force musculaire du joueur. Il est rare cependant que ce poids descende au-dessous de 2 kilogrammes. Les plus lourdes pèsent 3 kilogrammes ; c'est généralement avec celles-là qu'on réussit les plus belles performances. Fût-elle même du plus petit modèle, une boule ne serait pas maniable s'il fallait en serrer la périphérie entre les doigts ; les petites mains n'y arriveraient pas, et les plus grandes, malgré des doigts nerveux et musclés, ne pourraient assurer qu'une prise insuffisante et qui ne permettrait pas de balancer le projectile comme il doit l'être pour rouler avec une vitesse suffisante et assez loin pour arriver jusqu'aux quilles. De plus il serait très difficile, dans ces conditions, d'en assurer la direction. Deux cavités sont donc réservées qui permettent d'assurer la prise ; dans l'une on engage le pouce, dans l'autre le médium. De cette façon, la main peut s'emparer de la boule, la tenir solidement et lui donner la lancée dont elle a besoin pour arriver dans de bonnes conditions jusqu'aux quilles.

EN QUOI CONSISTE LE JEU ? Le jeu consiste en ceci : dix quilles se dressant à l'extrémité de la piste, il s'agit, avec une boule, d'en abatttre le plus possible. Si les dix quilles tombent d'un seul coup, c'est le maximum de ce qu'on peut faire et c'est parfait. Dans le cas contraire, il faut s'y prendre à plusieurs reprises (deux, trois, quatre... jusqu'à dix, la partie se jouant en dix reprises). Dans les parties qui réunissent des joueurs bien entraînés, il n'est pas absolument rare d'assister à la chute des dix quilles sur l'envoi d'une seule boule. Mais, bien qu'en apparence la chose ne présente pas pour le profane une exceptionnelle difficulté, il faut bien se persuader qu'il en va tout autrement dans la pratique et que pour arriver à ce résultat il est nécessaire d'être un très fort joueur. Cependant, au bowling comme en toute chose, la chance joue quelquefois un rôle aussi stupéfiant qu'inattendu, on voit se produire ce fait déconcertant d'un bowleur notoirement d'ordre secondaire abattant deux ou trois fois ses dix quilles d'une seule boule parce que les circonstances l'ont servi bien que son jeu ne lui méritât pas cette faveur. Enfin, il ne faut pas compter avec les cas d'exception, et pour descendre ses dix quilles d'un seul coup il faut réellement être un joueur de toute première force. En effet, il ne s'agit pas seulement de lancer sa boule avec le plus de vigueur possible dans le tas des quilles. Une trop grande dépense de force va même à l'encontre du résultat qu'on veut obtenir. Et ce ne sont pas ceux qui se dépensent le plus en vigueur qui réussissent le mieux. Une boule qui arrive sur les quilles avec une lancée trop forte fait sa trouée trop nettement, trop vivement, et son action ne porte que sur les quilles qu'elle rencontre immédiatement sur son passage et sur celles qui se trouvent les plus rapprochées de celles-ci. Les autres, les quilles plantées aux extrémités latérales ne sont nullement influencées par le choc. Le jeu de bowling exige donc encore une justesse d'appréciation dans la manière d'attaquer les quilles suivant la façon dont elles sont placées. Il y a en quelque sorte des effets à faire, pour que la chute des premières atteintes agisse sur les quilles qui ne sont pas directement heurtées par la boule.

C'est alors que le désarroi est général dans leurs rangs et que toutes risquent ainsi de faire une culbute générale. D'autre part il faut, autant que possible, quand toutes les quilles ne sont pas tombées d'un seul coup, que celles qui ont évité la chute ne soient pas placées dans des conditions la rendant impossible au second coup. C'est ce qui se produit quand les deux quilles extrêmes placées sur la même ligne restent debout. Le carambolage n'est pas possible et la seconde boule ne peut plus faire tomber qu'une des deux récalcitrantes. Triomphante, l'autre reste superbement à sa place. Il est donc adroit d'attaquer les quilles de telle manière que le second envoi puisse descendre toutes celles qui sont restées réfractaires à la première attaque.

LA RÈGLE DU JEU Le bowling étant un jeu dont le principe est d'une rare simplicité, les règles qui le régissent ne peuvent être elles-mêmes très compliquées. On va voir qu'elles ne le sont pas du tout. Il aurait été d'ailleurs difficile de beaucoup compliquer les choses puisqu'aussi bien il s'agit, avec une boule, d'abattre le plus grand nombre des dix quilles en présence, et si possible de les renverser toutes les dix à la fois. Alors, voici comment les choses se passent. Les parties se jouent en deux reprises, et chaque joueur à chaque reprise a deux boules à sa disposition pour abattre dix quilles qui se dressent devant lui.

Le jeu se fait individuellement ou par équipes, chaque joueur marquant les points qu'il fait au compte de l'équipe à laquelle il appartient. Lorsque, avec une boule, le joueur réussit à descendre les dix quilles, il marque dix points. Abat-il les dix quilles de sa première boule? Alors il ne joue pas la seconde et cède sa place à son suivant immédiat. Il a obtenu ce qui s'appelle un « double honneur ». Ce n'est pas un mince avantage et voici pourquoi. Lorsque le joueur qui a obtenu un double honneur joue les deux billes de sa seconde série, il additionne aux dix points qu'il a faits avec la première boule ceux qu'il fait avec les deux boules suivantes qu'il joue, et à ce total viennent s'ajouter les points de la seconde reprise. Voici donc comment ce calcul se fait :

1ʳᵉ reprise. Première boule. .   10 points. Double Honneur.
2ᵉ reprise. Première boule. .   6 points (il a abattu 6 quilles).
         Deuxième boule .   7 points (il a abattu 7 quilles).

Total des points de cette seconde reprise : $7 + 6 = 13$. Donc 13 points à ajouter aux 10 points de la première boule (1re reprise) $= 23$ points. Plus 13 points de la seconde reprise, ce qui porte son total général à $23 + 13 = 36$ points pour deux reprises qui figurent au tableau sous la mention suivante :

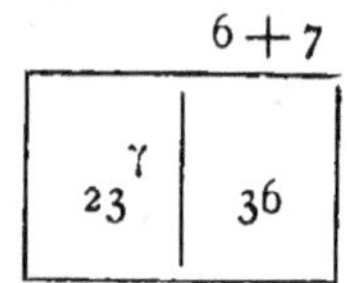

Les points de chaque reprise sont en effet marqués dans un quadrilatère et pour deux reprises il y a, par conséquent, dix quadrilatères. Quant au signe γ il indique que la reprise a donné lieu au *Double Honneur*. Envisageons maintenant une autre hypothèse, celle qui va conduire au *Simple Honneur*. Le joueur a droit au Simple Honneur quand, au lieu d'abattre ses dix quilles d'une seule boule, il est obligé de jouer les deux boules pour les renverser toutes les dix. La performance est courante... à moins d'avoir affaire à des novices. A des novices ! C'est beaucoup dire. Bien des bouleurs de qualité, mal disposés, manquent encore le Simple Honneur et sont alors obligés de s'en tenir au simple décompte des points établis d'après le nombre de quilles abattues à chaque reprise. Mais enfin lorsqu'il y a Simple Honneur — ou Honneur simple — comme il est dit couramment — voici comment la règle du jeu veut qu'on en tienne compte. Aux points de la reprise précédente, le joueur additionne les points que lui valent sa première boule seule de la reprise suivante. Puis, comme pour le cas précédent, les points des deux boules de cette seconde reprise sont additionnés

et totalisés avec ceux de la reprise précédente. On obtient donc
le calcul suivant par exemple.

> 1re *reprise*. Deux boules. . . . 10 points. Simple Honneur.
> 2e *reprise*. Première boule. . .   3 points (3 quilles abattues).
>   Deuxième boule . .   6 points (6 quilles abattues).

Total des points pour la première reprise 10 + 3 = 13 points.
Total des points faits avec les deux boules de la seconde
reprise 3 + 6 = 9. Total général des points 13 + 9 = 22 points
qui sont inscrits au tableau avec la mention ╲ du Simple
Honneur de la façon suivante :

$$3 + 6$$

╲	
13	9

Enfin, troisième hypothèse : le joueur n'a pas plus droit à un
Honneur simple qu'à un Double Honneur. Les points lui sont
alors comptés à raison de un point par quille abattue, le total
des points étant fait après chaque reprise. C'est ainsi que l'on
peut obtenir, d'après l'exemple suivant et au bout de quatre
reprises :

4 + 3	2 + 7	1 + 5	6 + 0
7	16	22	28
1re R.	2e R.	3e R.	4e R.

Enfin si dans sa deuxième et dernière reprise le joueur obtient
un Double Honneur, le règlement lui accorde deux boules
complémentaires, dont le résultat vient s'ajouter au total des
points réalisés pendant les dix reprises.

Etablissons donc un tableau général pour toute la partie, en admettant qu'il ait réalisé les performances — Simple et Double Honneur qui sont spécifiées par ce tableau.

5 + 4   5 + 3   5 + 2   4 + 3

1ʳᵉ R.	2ᵉ R.	3ᵉ R.	4ᵉ R.	5ᵉ R.	6ᵉ R.	7ᵉ R.	8ᵉ R.	9ᵉ R.	10ᵉ R.
8	14	33	42	48	63	71	78	85	120

7 + 8

Dans l'exemple que nous avons choisi, nous avons supposé que le bowleur, à sa dixième reprise, a réussi à s'attribuer un Double Honneur. Son total étant à la neuvième reprise de 85 points, il en ajoute 20 pour son Double Honneur, soit 105, et abat 15 quilles avec ses deux boules complémentaires. Par conséquent, 105 + 15 = 120. Il a donc fait en tout 120 points. L'exemple qui précède indique un joueur irrégulier, tout au moins dans cette partie, à moins que son Honneur simple et ses deux Double Honneur représentent des coups de chance inespérés. Tel est le jeu de bowling, résurrection infiniment perfectionnée de notre antique jeu de quilles. Le bowling a fait fureur il y a quelques années. Aujourd'hui sa vogue a beaucoup diminué. Mais enfin, s'il ne méritait pas l'engouement qu'on lui a témoigné, il reste encore un jeu amusant auquel on peut prendre plaisir à se livrer chez soi de temps en temps. Chez soi ! A la campagne, quand on dispose d'une pièce suffisamment grande, car la longueur de la piste en rend l'installation difficile autre part que dans un grand hangar bien éclairé. Il est impossible en effet de l'installer en plein air, dans un parc ou dans un jardin. Le jeu doit être à l'abri de la pluie et protégé contre l'humidité. On pourrait, à la rigueur, l'agencer au dehors, en le couvrant soigneusement d'une bâche épaisse et imperméable. Mais il faudrait alors, par un moyen quelconque, l'abriter de l'humidité du sol. Il n'y a guère possibilité d'installer un bouling autrement que dans une pièce couverte et close, à l'abri des intempéries. C'est donc avant tout un jeu de salle. Quelle est sa valeur au point de vue sportif? Tout ce qu'on en peut dire c'est qu'il a une valeur hygiénique par l'exercice qu'il procure.

———

LA COURSE DES GRENOUILLES

L A course des grenouilles (Fragolla) est un petit passe-temps
sportif auquel on peut se livrer à deux, trois, quatre amateurs, et même davantage, si l'on veut. Cela dépend du nombre
de grenouilles de course dont on dispose.

Et voici en quoi consiste ce jeu :

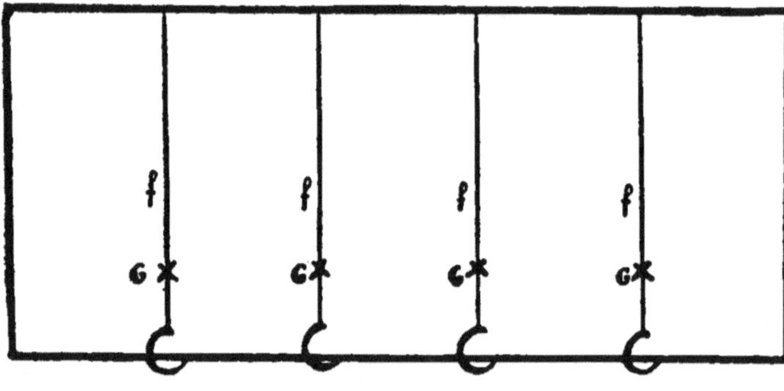

Schéma 70.

Sur le bord d'une table assez large T, sont appuyés des crochets métalliques c c c c ; à l'extrémité de chacun desquels se
trouvent des fils f f f f, sur lesquels sont engagées, côté de l'ab-
domen, de petites grenouilles métalliques G G G G. (Schéma 70).

Chaque joueur tient en main un des fils (fig. 36) sur lesquels il opère une série de petites tractions auxquelles se prête l'élasticité des crochets.

Lorsqu'après chaque traction, le joueur rend la main à son fil, la grenouille, dont il commande ainsi le déplacement, fait un petit bond vers lui.

Dès lors le jeu consiste à faire venir à soi le plus vite possible la grenouille qu'on veut faire avancer.

Celui qui, le premier, obtient ce résultat est le gagnant de l'épreuve.

Pour jouer à ce jeu avec chance de succès il faut s'y faire la main, c'est-à-dire se rendre compte de l'importance, de la rapidité des titillations à produire sur le fil et qui font que la grenouille se déplace le plus rapidement.

Les tractions brusques sur le fil ne sont pas celles qui font avancer le plus vite le petit animal.

Il y a un petit coup de doigt précipité et souple à attraper qui lui donne le meilleur résultat. Et puis, en allant trop fort on risque de tout casser.

L'aventure n'est pas grave et la réparation facile à effectuer par un simple changement de fil.

Il faut aussi s'arranger de façon à ce que les fils soient bien perpendiculaires au côté de la table où sont fixés les crochets et par conséquent parallèles.

D'abord parce que quand on tire le fil de biais la grenouille avance mal, ensuite en raison de ce que l'obliquité du fil augmente la distance à parcourir et entraîne un handicap du concurrent.

On peut d'ailleurs faire une course-handicap en rendant aux petites grenouilles, dirigées par les joueurs moins habiles, quelques centimètres sur le parcours qu'elles ont à effectuer.

Le jeu est surtout amusant quand on le pratique à sept ou huit joueurs.

On organise alors une poule, à des prix démocratiques, chacun versant une somme préalablement fixée et attribuée à raison de tant pour le vainqueur, tant pour le second, tant pour celui qui prend la troisième place.

LES PETITS CHEVAUX

L E jeu des petits chevaux, en ligne droite, est un perfection-
nement du jeu bien connu, triomphe des casinos, des petits
chevaux sur piste circulaire.

Cette fois le vainqueur n'est pas celui qui arrive le plus près
du but, mais qui atteint le premier ce but.

Il s'ensuit que pendant toute la durée de la mise en mouvement des concurrents, on a — si l'on peut dire — la sensation de la
course, puisque tel cheval qui a pris le commandement, peut
rétrograder pendant le parcours, fléchir sur la fin, être « battu
sur le poteau », pour employer une expression courante dans le
monde du turf.

Chaque cheval est actionné par le fil sur lequel il est monté,
et le travail des fils (fig. 37) s'accomplit à l'aide d'un dispositif
renfermé dans une boîte et mû par une manivelle extérieure
que tourne le manipulateur.

Ce jeu est un petit passe-temps auquel on peut s'adonner chez
soi, quand il fait trop mauvais pour mettre le nez dehors.

La figure 37 montre mieux que toute explication superflue le
dispositif de l'appareil et la manière de le faire fonctionner.

Les paris sont ouverts ; libre aux joueurs d'adopter le système
du pari mutuel ou des donneurs au livre.

On peut donc appuyer la chance d'un cheval, ou jouer la place
selon l'un des deux systèmes que nous venons d'indiquer.

Le jeu comporte généralement six partants, mais on en fait aussi — ils sont meilleur marché — qui ne mettent en ligne que quatre chevaux.

Comme dans tous les jeux qui comportent un mécanisme, il est nécessaire, si l'on veut qu'il ait une longue durée de ne pas fatiguer les engrenages en traitant avec désinvolture la manivelle qui les commande.

LE MINORU

L E *minoru* nous vient d'Angleterre. C'est un jeu de petits
chevaux et de cartes en même temps. (Schéma 71).

On peut suivant l'importance des enjeux y perdre la forte
somme, ou laisser sur le tapis un numéraire à peu près insigni-
fiant.

La chose dépend de la valeur représentative des jetons. Ce
jeu, très répandu dans la Société anglaise, a emprunté le nom
d'un crack de feu le roi Edouard VII et vainqueur du Derby
d'Epsom.

Le Minoru est accessible à un nombre de joueurs illimité.

Il consiste simplement en une course sur le résultat de laquelle
des paris sont engagés.

L'originalité du jeu consiste en ceci que les chevaux ne sont
pas immobiles mais courent réellement sur un hippodrome tout
en partant à des cotes différentes suivant leurs chances différentes de gagner — comme il en est dans une course véritable.

Au commencement de la partie, on place les cinq chevaux
aux endroits jaunes du départ ; ils se déplacent sur leurs pistes
respectives, et avancent d'un intervalle suivant que l'indiquent
les cartes qui sont données. Dès que les joueurs ont fait leurs
mises, un des joueurs donne les cartes, une par une, les plaçant
sur les cinq divisions qui se trouvent derrière les points de

départ ; on donne une carte pour chaque cheval. Le cheval auquel la carte la plus forte est échue avance d'un intervalle sur sa piste, on donne alors cinq autres cartes et le cheval qui a la plus forte est porté en avant, et ainsi de suite jusqu'à ce que l'un ou l'autre des chevaux atteigne le poteau d'arrivée, il est alors déclaré gagnant.

La cote (qui est mathématiquement correcte) est expliquée

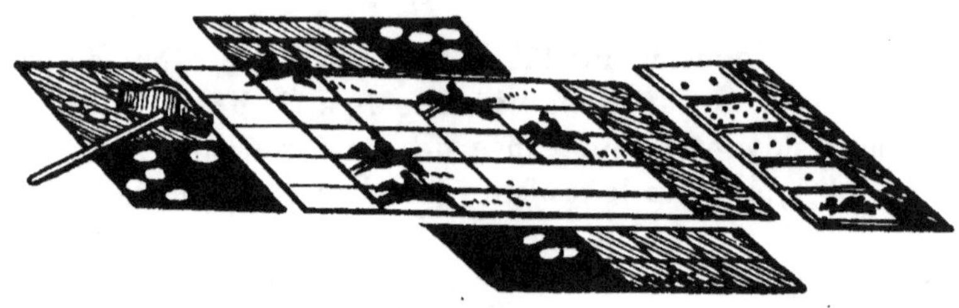

Schéma 71.

par ce fait que les chevaux qui partent avec la cote la plus forte ont plus d'intervalles à couvrir avant d'atteindre le poteau d'arrivée, et par conséquent moins de chance de gagner que les autres.

On remarquera par exemple que deux chevaux (*Minoru* et *Saint-Amant*) ont moins à franchir que les autres pour atteindre le poteau d'arrivée. Ils ont donc plus de chances de gagner et si l'un d'eux arrive, la Banque ne paie que le double de ce qui a été mis sur ce cheval, quelles que soient les mises.

D'un autre côté, *Gou-Gou* a plus d'intervalles à parcourir pour arriver au poteau, il a donc moins de chances de gagner et s'il arrive, la Banque paie dix contre un.

Pour les mêmes raisons, *Game Chick* et *Miss McGiggle* rapportent respectivement cinq et sept contre un à ceux qui les ont joués.

S'il y a des mises sur les divisions *Even Chances* (Egalité) le joueur reçoit, au cas où un des chevaux ainsi joués gagne, un nombre de jetons égal à celui qu'il a mis sur ce cheval.

La course est courte et rapide et l'arrivée est généralement mouvementée et passionnante. Le Banquier paie les gagnants et garde les mises jouées sur les chevaux qui ne sont pas arrivées.

On peut jouer tous les chevaux ou couleurs en même temps et la cote variée offre un champ très vaste à l'ingéniosité pour suivre ou inventer des combinaisons.

La règle du jeu spécifie les conditions suivantes :

1° Aucune mise ne peut être faite ou retirée après que la course a commencé.

2° Dans toute course les joueurs peuvent miser sur un ou plusieurs chevaux ou couleurs.

3° Aucune mise de plus de six jetons ne pourra être faite par n'importe quel joueur sur un cheval ou couleur quelconque.

4° L'As est la carte la plus forte.

5° Si deux ou plusieurs chevaux obtiennent les mêmes cartes et que ces cartes soient plus fortes que celles de leurs concurrents le cheval qui reçoit la carte de la couleur la plus haute a gagné, les valeurs étant : 1. Cœur ; 2. Carreau ; 3. Trèfle ; 4. Pique ; comme Bridge. Aussi la dame de cœur gagnera contre la dame de pique.

6° Le Banquier garde la Banque pendant quatre courses, il la passe ensuite au joueur qui se trouve à sa gauche, et ainsi de suite tout autour de la table de sorte que chaque joueur tient la Banque à son tour.

7° Les cinq cartes données chaque fois sont mises de côté avant de recommencer à donner et, quand le paquet est épuisé, on ramasse toutes les cartes et on les bat.

8. Le Banquier pourra décider avant le commencement de la

course s'il sera fait usage de la carte dite « Joker ». Si cette
carte est comprise dans le paquet et qu'elle sorte, *Gou-Gou*
avance quel que soit le cheval auquel elle est échue et quelles
que soient celles qu'ont les autres chevaux. Quand on fait usage
de cette carte ayant une valeur spéciale, la cote de *Gou-Gou*
est ramenée de 10 contre un à 6 contre un.

JEU D'AÉRANO

C'EST un jeu récemment créé en France. Il se compose d'anneaux-aéroplanes, de baguettes-moteurs, de pylones-villes et d'un double pylone-difficulté.

Le jeu consiste à faire boucler aux aéroplanes un circuit quelconque avec le moins de pannes et le plus vivement possible.

Comment mettre en marche les aéroplanes. — Placer sur une table l'aéroplane A ; prendre entre les trois premiers doigts de la main droite le moteur B, en ayant soin que sa partie la plus renflée C soit en bas ; mettez le moteur au milieu de l'aéroplane et imprimez-lui un mouvement assez vif de rotation. Immédiatement l'aéroplane viendra tourner autour du moteur. (Schéma 72.)

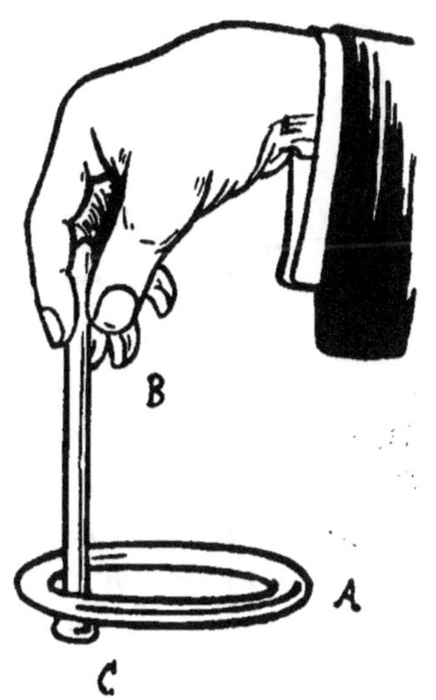

Schéma 72.

C'est maintenant le moment critique : il s'agit de faire planer l'aéroplane dans l'espace ; on y arrive en élevant doucement et perpendiculairement à la table le moteur et ceci sans arrêter le mouvement de rotation, puis on se déplace pour faire atterrir

l'aéroplane sur la ville désirée. Pour atterrir, placez le moteur
bien au-dessus de la ville de façon à laisser couler l'aéroplane
le long du pylone.

Prenant pour exemple le Circuit Européen, nous disposerons
sur la table qui sert de champ d'aviation le circuit comme ci-
dessous. Les différentes villes du circuit répondent aux couleurs
suivantes : rouge Paris, vert Liège, orange Utrecht, bleu

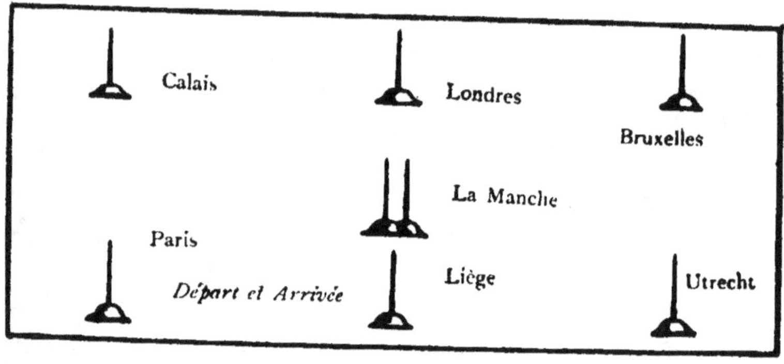

Schéma 73.

Bruxelles, double pylone La Manche, violet Londres, jaune
Calais. (Schéma 73).

Comment se joue une partie. — On tire au sort les aéroplanes et les joueurs commencent dans l'ordre suivant : rouge,
vert, jaune, violet, orange et bleu.

Le départ a lieu devant le pylone rouge Paris, il faut d'abord
se rendre à Liège (vert), aller à Utrecht (orange), puis à
Bruxelles (bleu), traverser la Manche (double-pylone tricolore),
atterrir à Londres (violet), retraverser La Manche, s'arrêter à
Calais (jaune) et descendre sain et sauf en vol plané à Paris.

Définition : *Panne* — endroit où un appareil tombe au cours
d'une partie.

Appareil brisé — cet accident ne peut arriver qu'au passage du double pylone quand l'aéroplane n'encercle qu'un seul pylone.

RÈGLE Article premier. — Au départ, tout joueur dont l'aéroplane tombe une première fois a droit à un second essai. Si l'aéroplane tombe de nouveau, il est considéré comme étant en panne, le joueur laisse alors son aéroplane à l'endroit où il est tombé même à terre c'est de là qu'il repartira à son tour ; le joueur suivant commence immédiatement et ainsi de suite.

Art. 2. — Le joueur qui aura atterri sur une ville continue le circuit en remettant son aéroplane en marche au pied de la ville et ainsi jusqu'à ce qu'il tombe en panne, brise son appareil ou boucle le circuit.

Art. 3. — Pour traverser la Manche avec succès, il faut que l'aéroplane encercle les deux pylones ; si, à la première traversée, il n'encercle qu'un pylone, il est considéré comme brisé et le joueur devra recommencer le circuit au point de départ à son tour. S'il tombe à côté du pylone même en le touchant c'est une simple panne.

Art. 4. — Tout joueur qui aura brisé son appareil à la seconde traversée de la Manche ira le faire réparer à Bruxelles et partira de cette ville, à son tour.

Art. 5. — Tout joueur qui lance l'aéroplane au lieu de le faire planer est disqualifié et perd un tour.

Art. 6. — Le joueur qui a bouclé le circuit marque 100 points.

Art. 7. — Dès qu'un joueur a bouclé le circuit, les autres s'arrêtent et marquent de la façon suivante : chaque ville compte pour 5 points.

La première traversée de la Manche 20 points.

La seconde traversée de la Manche 30 points.

Exemple : le joueur arrêté à Bruxelles marquera 10 points (Liège et Utrecht).

Le joueur arrêté à Londres marquera 35 points (Liège, Utrecht, Bruxelles 15 points et première traversée de la Manche 20 points).

Art. 8. — Si un joueur est assez heureux pour boucler le circuit du premier coup les joueurs qui n'ont pas encore mis leur appareil en marche commencent leur tour et s'arrêtent à la première panne, comme prévu ci-dessus articles 1 et 2.

Art. 9. — Si deux ou plusieurs joueurs bouclent le circuit du premier coup, on proclame gagnant du circuit celui qui a mis le moins de temps, les personnes présentes étant prises comme arbitres. Les autres joueurs qui ont bouclé le circuit marquent 90 points.

Art. 10. — Dès qu'un circuit est terminé on en recommence un autre jusqu'à ce qu'un joueur gagne la partie.

Une partie d'Aérano se joue en 200 points.

CONSEILS AUX JOUEURS Nous recommandons de s'exercer à faire marcher les aéroplanes avant de commencer un circuit.

Pour augmenter la difficulté du circuit, on peut multiplier les obstacles, et au lieu d'une table prendre pour champ d'aviation la pièce où l'on se trouve : par exemple on placera Paris sur une table, Liège sur la cheminée, Utrecht sur le buffet, Bruxelles sur le piano, etc.

Il est très intéressant de faire une partie d'Aérano dans un jardin ou sur la plage, disposant le circuit soit sur le sol, soit sur des chaises ou des pliants.

Les joueurs peuvent naturellement créer le circuit qu'il leur plaira. Le double pylone représentera alors un fleuve, une cathédrale, une frontière, etc.

LE BILLARD NICOLAS

LE billard Nicolas, qui ne rappelle en rien d'ailleurs le jeu de billard, est trop connu pour qu'il soit nécessaire de donner de son fonctionnement une explication bien détaillée. D'ailleurs, le pourrait-on ?

C'est un jeu dont on peut déterminer la nature en peu de lignes.

Le billard Nicolas se compose d'une cuvette de bois assez semblable à la roulette, mais moins profonde.

Sur le bord de cette cuvette, en quatre points équidistants, sont fixés, pivotant dans tous les sens, les extrémités tubulaires de petites poires à air (fig. 41).

Les joueurs sont au nombre de quatre ; à chacun sa poire et le soin de la faire manœuvrer.

La faire manœuvrer, comment ?

Voici :

Devant chaque joueur — et par conséquent à proximité de chaque poire, de chaque petit appareil à insufflation, précisons — est une petite cavité qu'il faut défendre contre l'envahissement d'une balle de liège que les adversaires dirigent de votre côté à grands coups de soufflet.

C'est par le même procédé d'un petit coup de vent bien senti que vous la retournez à celui — ou à ceux, — qui ont voulu vous l'imposer.

Chaque fois que la balle pénètre dans la cavité que **vous** défendez, vous perdez un point.

Le jeu, amusant, se prête à des combinaisons variées. On peut jouer trois contre un, c'est-à-dire que trois adversaires associent leurs efforts pour loger dans la cavité du quatrième la petite balle de liège.

Ou bien encore, chacun joue pour son propre compte cherchant avant tout à chasser la balle importune qui lui arrive.

Enfin, les joueurs peuvent se répartir en deux camps et jouer ainsi deux contre deux, les deux co-équipiers se trouvant en face l'un de l'autre.

Pour bien repousser la balle qui vous arrive, il ne faut **pas** s'affoler et déchaîner la tempête devant soi à grands **coups de** pression sur la poire.

Au contraire, il faut du coup d'œil, du sang-froid, de la **déci**-sion, qui suffisent à chasser sûrement l'intruse.

Mais le spectacle qu'offrent les joueurs quand ceux-ci sont encore des néophytes est assez drôle en raison de la multiplicité frénétique des coups de soufflet dirigés dans tous les **sens**, hâtivement, et dont les neuf dixièmes pour le moins sont abso-lument inutiles.

LE CROQUET DE SALON

Du croquet de salon il n'y a pas grand'chose à dire puisque les règles en sont les mêmes que celles du jeu de croquet de jardin[1].

Quelques mots simplement sur l'installation du jeu. Le terrain du jeu est délimité, sur une table, par un quadrilatère dessiné à l'aide d'un galon de quelques centimètres de hauteur (fig. 42).

C'est dans cette zone, d'où elles ne peuvent s'échapper que circulent les boules. La table doit être bien plane, et le tapis qui la recouvre soigneusement tendu et sans aspérités.

Il va de soi que les accessoires sont réduits aux dimensions qui conviennent en l'espèce : petits maillets à manœuvrer d'une main, arceaux et piquets minuscules, boules miniatures.

Bref, tout le jeu rassemblé tient dans une boîte un peu plus grande qu'une boîte de jeu de loto.

Matériel peu encombrant, et qui aide à passer les soirées d'hiver.

1. *Balles et boules*, un vol., Pierre Lafitte et Cᵉ, éditeurs, Paris.

LE LABYRINTHE

CE jeu n'a aucun caractère sportif et constitue simplement un passe-temps chez soi quand, pour une raison quelconque, on ne veut pas mettre le nez dehors.

Il est à la portée de toutes les intelligences, mais ce qui ne lui donne pas un caractère démocratique, c'est que, sans coûter les yeux de la tête, il est d'un prix de revient assez élevé pour donner à réfléchir aux bourses modestes.

Le jeu du labyrinthe rappelle à la fois le billard chinois et le billard Nicolas.

Il se compose d'une boîte plate rectangulaire que l'on place sur une table (fig. 43). Le fond de cette boîte est semé d'une série d'obstacles placés dans les sens les plus divers et figurés par des petites baguettes droites ou en arc de cercle, et fixées perpendiculairement, obliquement ou horizontalement aux petits côtés de la boîte.

Entre ces divers obstacles, des « jours » laissent passage à une bille, et c'est par les méandres que forme ce dispositif compliqué à dessein qu'il faut guider la bille, de bas en haut de la boîte et réciproquement, à l'aide d'un instrument assez spécial et qui consiste en ceci : une poire de caoutchouc, montée sur un tube métallique, souffle l'air dans celui-ci. C'est le petit vent du Nord qui s'échappe de ce singulier vaporisateur qui permet de chasser la bille devant soi et de lui faire accomplir l'ascension et la descente du jeu.

Pour limiter les déplacements du tube dans la direction de la bille et éviter que le premier entre en contact avec la seconde, ledit tube est fixé au milieu d'une tige métallique qui vient s'appuyer sur les grands côtés de la boîte rectangulaire. On peut donc déplacer le tube à insufflation du haut en bas de la boîte et latéralement, mais jamais en profondeur, c'est-à-dire plus bas que la ligne supérieure des côtés de la boîte.

Il s'agit dès lors de faire monter et de faire redescendre la bille dans le plus petit laps de temps, en la conduisant, — si elle se laisse faire — par le plus court chemin.

La bille, très légère, est fort sensible, en effet, aux petits courants d'air qu'on lui distribue. Si la bille est trop fortement poussée, elle ne se déplace pas dans le sens où on voudrait qu'elle aille, elle s'égare à droite ou à gauche, et échappant ainsi au contact immédiat du coup de soufflet, elle revient sur ses pas ; il faut lui courir après, la rattraper. Bref, elle se montre indocile, indisciplinée. Il faut donc régler l'intensité du vent qu'on lui envoie.

L'expérience apprend à distribuer comme il convient, pour faire vite et bien, l'envoi d'air qui permet de faire prendre à la bille la direction qu'on veut qu'elle suive.

LE CRICKET DE TABLE

L E cricket de table est un joujou plus qu'un jeu. Il est, paraît-il, d'origine américaine, ce qui n'a rien pour surprendre, le cricket étant le jeu national des Américains du Nord.

La figure 44 explique très clairement en quoi consiste ce jeu ou plus exactement comment fonctionne ce jouet.

Armé de la batte, un petit bonhomme de bois, en tenue de jeu, sans oublier la classique casquette rayée, attend la balle qu'on lui envoie. Cette balle est lancée à la main par un partenaire.

Le « manipulateur », qui fait fonctionner le joujou appuie, au moment où la balle arrive, sur un déclic ; la batte est alors manœuvrée par le joueur, tout comme elle l'est dans le jeu de cricket, repaumée, elle est retournée à l'envoyeur.

Le partenaire, qui fait fonctionner l'appareil, peut le déplacer légèrement, latéralement, en le faisant glisser. Mais ce déplacement, d'un côté ou de l'autre, doit être limité, et c'est pourquoi celui qui lance la balle au joueur doit l'envoyer dans la direction de celui-ci sans passer, à droite ou à gauche, des limites fixées.

Il n'y a pas grand'chose de plus à dire sur ce petit genre de distraction, jeu d'intérieur s'il en fut, et qui permet de tuer le temps quand les intempéries vous bouclent à la maison.

Quant au pointage — puisqu'aussi bien il faut qu'il y ait un gagnant et un perdant — voici comment — en règle générale — on y procède.

Chaque fois que le lanceur réussit à tromper le coup de batte il gagne un point. Il lance dix fois la balle.

Lorsque le manipulateur de l'appareil réussit à bien placer son champion, c'est-à-dire à repaumer la balle, *Freddy*, c'est le nom du petit personnage de bois — marque deux points.

Après dix envois et dix ripostes, les adversaires changent de place.

Celui qui, par addition de points dans ces deux rôles, a le total le plus élevé est le gagnant.

Mais ceci est la règle fondamentale et la plus simple du jeu. On peut, si on le désire, le compliquer. En général, on joue sur la repaume à la volée — la volée basse naturellement — mais on peut aussi convenir que ces reprises peuvent être faites après un ou deux bonds de la balle, le joueur qui l'envoie se plaçant alors suffisamment loin.

LE TOURNOI

Évocation d'un sport du moyen âge, le tournoi est un jeu empruntant une petite allure combative qui n'est par pour déplaire à ceux — s'il en est encore — qui rêvent des temps épiques de la Chevalerie.

On sait qu'à cette époque lointaine, les nobles seigneurs entraient volontiers en lice et y rompaient la lance au grand dam de leur personne quelquefois, et pour le plus grand plaisir de nobles et gentes dames qui goûtoient à ce jeu moult sensations violentes qu'elles prisoient tout particulièrement.

Le jeu du tournoi est une modeste restitution de cette coutume d'antan.

Sur un caisson de bois, deux chevaliers idem, de pied en cap armés, chevauchant leur destrier, et la lance menaçante se précipitent l'un contre l'autre en glissant dans des rainures.

Ce mouvement hostile en avant s'obtient grâce à un petit mécanisme dissimulé dans le caisson de bois et qu'on met en mouvement au moyen de deux petites manivelles qui se trouvent à chaque extrémité de ce coffret à secret.

Chacun des joueurs — ils sont deux — manœuvre la petite manivelle qui commande la marche en avant du jouteur dont il appuie la chance et dont il dirige l'action (fig. 45).

Et sous l'impulsion qu'on leur communique ainsi, les adversaires foncent l'un sur l'autre.

Le choc, l'inévitable choc, se produit.

L'un des adversaires choit, l'autre demeure en selle. C'est lui le vainqueur du tournoi, et pour mieux dire le vainqueur est celui qui a dirigé l'attaque de son champion.

Il ne s'agit pas de tourner brutalement la manivelle pour faire avancer son chevalier et s'en remettre à la grâce de Dieu de savoir s'il remportera la victoire. Non. Il y a autre chose à faire. Et cette autre chose consiste à imprimer au cavalier qu'on anime une vitesse favorable au moment de l'attaque afin que celle-ci soit faite avec autorité.

C'est une condition de succès. Un abordage hésitant conduit fatalement le cavalier à la culbute. Il se présente dans les meilleures conditions pour être désarçonné.

Les chocs violents entraînent quelquefois la rupture de la lance. L'accident est de peu de gravité. Des petites lances de rechange, facilement montables, sont jointes au jeu en prévision de cette éventualité.

Sans être extrêmement fragile le mécanisme de l'appareil demande cependant à être traité avec certains ménagements. Il faut donc tourner la manivelle vite, mais régulièrement, sans à-coups, et autant que possible sans lui faire faire d'effort latéral qui contribuerait à la fausser ou encore à la casser net.

D'ailleurs on s'habitue très vite à lui imprimer un mouvement giratoire régulier, et le jeu peut ainsi fournir une longue carrière.

On joue généralement en dix reprises. Le vainqueur est celui qui a culbuté son adversaire le plus grand nombre de fois.

C'est le cas de dire, on le voit, que le jeu est simple et facile à faire marcher.

LE BULL-BOARD

L E « bull-board » est un petit passe-temps d'invention anglaise qui présente cet avantage qu'on peut le jouer partout, en plein air s'il fait beau ou dans l'appartement.

Le « bull-board » ne coûte pas cher, n'est pas encombrant ; il ne nécessite en outre qu'une tension d'esprit minimum. Tout le monde peut s'en amuser, grands et petits. On y joue beaucoup à bord des paquebots des lignes anglaises et allemandes qui font le service de l'Atlantique.

La description du « board » ne nécessite pas grandes explications. C'est un rectangle de bois, nappé d'une toile cirée. Il est divisé en 12 compartiments égaux, tracés à sa surface, et présente l'aspect indiqué par le schéma 74.

RÈGLE DU JEU La voici telle qu'elle est établie par son créateur Williams.

Le board est divisé en 12 carreaux portant les numéros de 1 à 10 et un bull (*B*) droit, et un bull (*B*) gauche. On joue avec six disques ou palets. Pour jouer, on se met à une distance à déterminer, soit à 2, 3, 4, 5 ou 6 mètres. On peut jouer à deux ou plusieurs personnes, chacun pour soi ou par camps. Chaque joueur lance les six disques l'un après l'autre. On commence à lancer sur le numéro 1 et le joueur, ayant six disques à sa disposition, peut naturellement essayer six fois ;

mais s'il arrive, avant d'avoir lancé ses six disques, à en placer
un sur le numéro 1, il continue avec ceux qui lui restent à lancer sur le numéro 2 et ainsi de suite (un joueur expert fait quelquefois six numéros avec six disques), mais aussitôt qu'il a joué
les six disques, un adversaire prend sa place et joue six disques
à son tour. — Lorsque l'on a fait tous les numéros de 1 à 10,
on doit faire le bull droit, puis le bull gauche ; ensuite encore le

Schéma 74.

bull gauche et le bull droit et tous les numéros jusqu'au
numéro 1, en passant par 10, 9, 8, etc. Les disques doivent être
en plein sur les carreaux c'est-à-dire qu'ils ne doivent pas toucher aux lignes de séparation, ni dépasser les bords du board.

Si, en jouant pour un des carreaux 1 à 10, un disque reste *en
plein* sur un des bulls, le joueur perd un carreau, c'est-à-dire
que, s'il a fait, par exemple, le numéro 6 et joue pour le 7 et
qu'un disque reste *en plein* sur un des bulls, il doit cesser de
jouer sur le 7 et recommencer de jouer sur le 6. Lorsque l'on
joue pour le bull droit et qu'un disque *reste en plein* sur le bull
gauche ou vice versa, on perd aussi un carreau. Le joueur ou le

camp qui aura fait le double-tour (en avant et en arrière) avec
le moins de disques lancés, gagne la partie.

On fait des handicaps en plaçant les meilleurs joueurs plus
loin que les autres.

A bord des grands steamers on modifie souvent les règles de
la manière suivante :

Au commencement on décide si la partie sera en 40, 60, 80
ou 100, et le gagnant est celui qui atteint ce nombre le premier.
— Au lieu de viser les carreaux dans un ordre déterminé, 1, 2,
3, 4, etc., on vise à volonté et on additionne les nombres atteints.
Comme il a été déjà expliqué, les palets doivent être *en plein*
sur les carreaux, c'est-à-dire sans toucher les lignes ou dépasser
les bords, et, s'ils atteignent *en plein* un des deux bulls, le
joueur perd instantanément ce qu'il a déjà gagné et recommence
à o son compte, c'est-à-dire si on joue une partie en 100 points et
qu'un joueur ait déjà 99 points, s'il a le malheur de placer un
palet *en plein* sur un des bulls, il perd tout ce qu'il a fait et
doit recommencer à zéro.

———————

LE TENNIS DE TABLE

LE tennis de table n'est autre chose que ce jeu qui, sous le nom de « ping-pong », eut tant de vogue il y a quelques années (fig. 46).

Mais il a subi quelques transformations sous le rapport du matériel.

A l'origine, les raquettes dont on se servait étaient faites de peau légère, comme les tambourins. Les balles étaient de celluloïd. Aujourd'hui, les raquettes pleines ont été remplacées par des raquettes de boyau, et les balles sont — en un modèle nécessairement plus petit — les balles de peau du jeu de tennis.

Au milieu d'une table, affectant la forme d'un rectangle allongé, est tendu, sur deux portants latéraux de fer, un filet.

Et les règles du jeu sont les mêmes que celles du tennis. On joue les parties simples, doubles, mixtes, double-mixte.

Le service est fait alternativement dans chaque camp. Les points sont comptés 15, 30, 40, et il y a « avantage » lorsque les adversaires sont « à deux de jeu ».

La partie est jouée en six jeux, et le joueur ou le camp qui s'adjuge le premier ces six jeux gagne la partie.

Lorsque, par exemple, les adversaires ont gagné chacun cinq jeux, ils sont à « deux de jeu ». Dès lors, le jeu suivant n'attribue pas le gain de la partie, mais simplement avantage des jeux. Si le joueur — ou le camp — qui se sont assuré cet avantage gagne le jeu suivant, il est, cette fois, gagnant de la partie. Mais, s'il le perd, les joueurs reviennent « à deux de jeu » et cette situation se reproduit jusqu'à ce qu'un des joueurs — ou des camps — ait gagné deux jeux de suite, ce qui assure le gain de la partie.

Une balle servie est bonne quand, après être passée par-dessus le filet, elle tombe sur la partie de la table défendue par l'adversaire. Si elle tombe en dehors de cette zone de jeu, ou si elle accroche le filet, elle est mauvaise.

La balle doit être reprise après le premier bond. Il y a « faute » si elle est repaumée après un second bond. Faute également quand la balle touche l'adversaire ou ses vêtements.

Un joueur a droit à deux services, et si consécutivement il commet deux fautes, son adversaire marque un point.[1]

Le service ne doit être fait que si l'adversaire est prêt à repaumer la balle, il ne doit donc pas y avoir surprise. Mais toute tentative faite pour relever un service est considérée comme la déclaration qu'on était prêt, et toute réclamation ainsi tardive de l'adversaire ne peut être prise en considération. La question de la reprise à la volée de la balle en service peut faire l'objet d'une convention préalable spéciale.

En principe, la reprise ne doit être faite qu'après le premier bond. Mais il arrive souvent que cette clause restrictive est supprimée.

Le peu d'espace dont on dispose pour ce jeu exige de la précision et de la modération dans le coup de raquette.

Il faut jouer vite et doucement, sans quoi la balle franchit vite les limites qu'elle ne doit pas dépasser et qui sont celles de la table. Au début, on a toujours tendance à jouer trop fort; avec un peu d'entraînement on arrive facilement à modérer l'inutile ardeur; seuls les nerveux incorrigibles marquent toujours une tendance persistante à donner un coup de raquette exagéré.

LE CLAPET-FOOTBALL

L E « clapet-football » — ou football de salon — se joue non pas avec les pieds, comme son nom l'indique, mais avec les mains. Ça ne fait rien, ce jeu, d'invention française, s'appelle football tout de même pour les besoins de la cause.

Un ring circulaire affectant un peu la forme d'un parc à moutons (fig. 47) délimite le terrain de jeu. C'est sur ce terrain que circule, d'une extrémité à l'autre, une balle de celluloïd qu'on déplace à l'aide de clapets commandés par les touches d'un clavier actionnées à l'aide des doigts.

Le jeu est amorcé par l'envoi de la balle sur le terrain. Celle-ci se dirige vers le camp opposé en s'engageant sur l'un des clapets. Immédiatement, le joueur frappe la touche du clavier qui fait agir le clapet sur lequel la balle est engagée et la renvoie ainsi au camp adverse.

S'il parvient à toucher le but du camp opposé, il gagne un point.

La partie se joue en cinq points. Elle est très simple, puisqu'il n'est point question ici d'essais, d'essais transformés en but, de mêlée, de coups de pied francs, ni d'aucune des clauses qui constituent la règle du jeu de football.

Les clapets doivent rester fermés et ne peuvent être ouverts par un joueur que lorsqu'il suppose que la balle va s'engager dessus. Par conséquent, la difficulté du jeu consiste essentiellement à juger sans erreur la direction que va prendre la petite balle, afin de faire manœuvrer avec à-propos et rapidité le clapet qui doit la renvoyer vers le but adverse.

La manœuvre du clavier doit en outre être faite pour les besoins de la cause et au mieux du résultat qu'on veut obtenir, c'est-à-dire que la balle est renvoyée tantôt par petits bonds successifs, tantôt d'un seul coup.

Dans le premier cas on tâtonne, dans le second on emploie la manière forte et décisive.

Toute la science du joueur consiste à adopter celle de ces deux tactiques qui lui paraît bonne. Par conséquent, les « coups de finesse » et leur recherche exigent une certaine habileté et ce sont eux qui donnent à ce jeu le plus d'intérêt.

La précision indispensable à bien jouer s'acquiert par l'habitude.

En général les débutants manœuvrent les clapets avec une énergie telle que la balle, renvoyée en force, franchit les limites du jeu.

Lorsque le fait se présente, celle-ci est remise au milieu du jeu comme au début de la partie.

Les points sont marqués, de chaque côté, à l'aide d'un marqueur spécialement disposé à cet effet, et consistant en une tige sur laquelle glissent cinq petites boules rouges, dispositif d'ailleurs connu et utilisé quelquefois pour marquer les points au jeu de billard.

Le clapet-football peut se jouer entre deux adversaires ou entre deux camps.

Dans ce cas les joueurs sont au nombre de deux de chaque côté, chacun d'eux manœuvrant les touches du clavier qui lui sont dévolues.

LE STROKLET

ON appelle « stroklet » un petit billard en miniature auquel
on peut jouer en famille, à deux ou quatre joueurs
(fig. 40).

Les billes sont poussées à l'aide de petits bâtonnets spéciaux
appelés *massettes*. Le « stroklet » se compose d'une table rectangulaire affectant le dispositif d'un billard ordinaire, mais
comportant, à chacun des angles, une cavité au fond de laquelle
se trouve une poche en filet — une blouse — dans laquelle peuvent se loger les billes. Le jeu consiste à empêcher les billes
de venir tomber dans la blouse dont on défend l'entrée. Si l'on
joue à quatre, chacun n'a qu'une blouse à défendre; si la partie
se joue à deux, chaque joueur défend deux blouses.

Le « stroklet » comporte plusieurs façons de jouer. Il en est
de simples, comme le jeu à une seule bille, et de plus compliquées, telle la partie avec des quilles.

Envisageons d'abord la plus simple : la partie sans quilles,
avec une seule bille et à quatre joueurs.

Le stroklet est divisé en quatre parties égales, comme l'indique la figure 40 représentant les quatre coups. Dans chaque
camp est marquée une mouche. Le joueur qui donne le coup
d'envoi place la bille sur la mouche de son camp et la pousse
avec sa manette dans la direction d'une des blouses dans laquelle
il veut la faire entrer. Pour ce faire, il a à sa disposition deux

façons de procéder, ou de pousser la bille directement, ou de la promener dans son camp pour utiliser un effet par une ou plusieurs bandes afin d'en arriver à ses fins et de dérouter ses adversaires. Ceux-ci, menacés, peuvent renvoyer la bille quand elle pénètre dans leurs camps respectifs, mais ils ne doivent l'arrêter autrement qu'avec la massette, ni défendre l'entrée de leur blouse en tenant en permanence leur massette à l'entrée de ladite blouse. Le joueur qui n'a pas réussi à empêcher la bille d'entrer dans son filet perd un point. Il place alors la bille sur la mouche de son camp et l'envoie, à son tour, dans l'un des camps adverses.

La partie se joue en un nombre de points préalablement fixé.

Le jeu avec deux billes comporte une bille blanche avec laquelle on joue et une bille rouge placée sur mouche au centre du jeu.

Dès lors il faut jouer de la façon suivante : frapper une bande avec sa bille, caramboler la rouge, en procédant par tels effets que, ces conditions préalablement remplies, l'une ou l'autre des billes, — et au besoin toutes les deux, — tombent dans les blouses adverses. Chaque bille tombée dans une blouse compte pour 1 point. Si les deux billes sont logées dans la même blouse, ce coup double heureux compte pour 4 points.

La présence des quilles sur le jeu complique la situation en créant une difficulté de plus.

On met quatre quilles sur mouches. Puis on joue bande première pour loger sa balle dans une des blouses opposées et il faut arriver à ce résultat sans renverser de quilles. Chaque quille renversée fait perdre un point au joueur.

Lorsqu'une bille s'arrête sur la mouche d'une des quilles, il y a « échange de mouche », c'est-à-dire que la quille renversée est mise sur la mouche réservée à la bille dans le camp le plus proche du point où cette particularité s'est produite.

La partie avec les quilles comporte aussi la modification suivante :

On joue sa bille bande première et il faut renverser une ou plusieurs quilles avant d'aller se loger dans une des blouses du jeu. Si l'on renverse une quille et qu'on réussît à envoyer sa bille dans une des blouses, on compte 2 points.

Chaque quille abattue — à condition de « faire » finalement une blouse — compte pour 1 point. Lorsqu'il n'y a pas de blouse « faite », les quilles sont replacées sur mouche.

Cette manière de procéder ne prévoit que l'usage d'une seule bille. Mais on peut jouer avec deux, une blanche et une rouge que l'on place sur mouche au centre du jeu. Dès lors, il s'agit de jouer bande première, d'abattre le plus de quilles possible et de loger la bille dans une blouse, mais sans toucher la rouge. Si on la touche, on perd un point, si on l'envoie dans une blouse, on en perd deux, et si du même coup on a fait une blouse avec la blanche, le point n'est pas compté.

LE FOU-RIRE

L E fou-rire doit son nom aux instants de douce gaieté qu'il procure aux joueurs quand ceux-ci accumulent maladresses sur maladresses.

C'est encore un jeu mécanique qui prévoit l'utilisation d'un clavier destiné à actionner des ressorts, lesquels mettent en mouvement de menus personnages de plomb auxquels on impose les pirouettes les plus inattendues.

Le jeu comporte quatre boîtes (fig. 48) et chacune d'elles constitue la piste à obstacle que l'on fait parcourir au sujet. Ces quatre pistes convergent en un même point, et à chaque fond de boîte se trouve le clavier de manœuvre destiné à faire fonctionner les ressorts qui lancent par-dessus les obstacles le petit bonhomme articulé qu'il faut amener au centre du jeu dans la position d'équilibre, succès qui vaut un point à celui qui l'a réussi.

Le passage des obstacles et les mouvements imprévus auxquels se livre le sujet est la cause du rire qui devient quelquefois le « fou-rire » des joueurs.

Et de fait, les cabrioles auxquelles on assiste ne manquent pas de gaieté.

Ce sont les joueurs maladroits, ceux dont l'inexpérience se traduit par une vivacité irréfléchie, qui font les frais de l'hilarité générale.

Pour asseoir le petit bonhomme bien équilibré au centre du jeu, il faut savoir lui faire franchir les obstacles sans précipitation et en faisant agir les ressorts avec mesure et dextérité.

Alors seulement le sujet, cahoté et tringueballé, finit sa course dans la position d'équilibre cherchée. Ce résultat heureux vaut un point au joueur qui l'a obtenu.

Car la partie qui met aux prises quatre joueurs se joue en un certain nombre de points, 10, 20, 30, cela dépend de ce qui a été préalablement décidé.

Mais la distraction pourrait très bien ne pas prendre la forme d'une compétition qu'on y goûterait tout de même un certain plaisir pour les motifs que nous avons précédemment expliqués.

LE CLIP-CLAP

Du « clip-clap » il n'y a pas grand'chose à dire, tant ce jeu est la simplicité même.

Il se compose (fig. 50) de 4, 5, 6 petites lamelles de bois aboutissant toutes à un même point où se trouve une tigette articulée surmontée d'une petite balle.

A l'extrémité de chacune des lamelles, constituant autant de pistes qu'il y a de joueurs, se trouve une palette actionnée par un ressort que l'on fait agir avec le doigt.

Le jeu consiste alors à se « renvoyer la balle » lorsque celle-ci, toujours perchée sur sa tige, tombe sur une des pistes formées par les lamelles de bois. Dès que la balle arrive, on actionne le ressort qui fait agir la palette, celle-ci frappe la balle et la renvoie à l'un des autres joueurs.

Le tout est d'actionner la palette au moment voulu précis où la balle arrive dans sa zone d'influence.

Lorsque l'arrivée se fait très rapidement, on manque souvent son coup, et la réplique arrive trop tôt ou trop tard.

Cette erreur coûte une pénalité d'un point au joueur qui l'a commise.

Le premier qui a encouru ainsi 20 ou 25 points de pénalité est hors jeu.

Il se retire. Au moyen d'un petit arceau (semblable à ceux

dont on se sert au croquet), et placé à l'entrée de sa piste, on empêche la tigette de tomber sur cette zone interdite.

Au fur et à mesure que les joueurs ont atteint leur maximum de pénalité, on bloque leur piste, et le dernier qui reste est le vainqueur.

Jeu simple de conception, et simple aussi quant au règlement.

LE TIP, POP ET TIPOO

BIZARRE et exotique appellation que celle de ce jeu.
Tip, Pop et Tipoo, sont les noms respectifs des trois ballons qui servent à jouer.

Empruntons à M. Tampier la description qu'il a donnée de ce jeu, assez peu répandu (fig. 49).

Indépendamment des trois personnages précités, Tip, Pop et Tipoo, le matériel comporte une espèce de sébille métallique (assez semblable à un porte-éponge) que l'on place au centre d'une table; des rubans délimitent les surfaces que doivent défendre les joueurs.

Ceux-ci sont au nombre de 4 ou de 8; ils se divisent en deux camps et chacun d'eux doit se trouver placé entre deux joueurs du camp adverse.

Il s'agit de frapper le ballon avec une mince baguette pour le faire sauter dans la cage. Mais le joueur ne doit le frapper qu'en dessus, ne pas le toucher avec la main ou le bras et attendre, pour le frapper, qu'il soit venu se poser dans son terrain et qu'il ait rebondi.

Pour engager le jeu, on prend le premier ballon : Tip; on le place au point de départ et on le fait rebondir de gauche à droite. Lorsque Tip a été envoyé dans la cage, on l'enlève du jeu et on lance Pop; puis on lance Tipoo à son tour.

Si un joueur indique, avant qu'il n'ait frappé le ballon, qu'il

va l'envoyer dans la cage et qu'il y réussisse en effet, il double
le nombre des points attribués au ballon désigné; s'il manque
le coup, c'est le camp adverse qui bénéficie d'un certain nombre
de points.

Ainsi :

Tip. . . . . vaut	3	points.
Pop . . . . —	5	—
Tipoo . . . . —	8	—

Le joueur qui a parié compte, en cas de réussite :

Pour Tip	6	points.
— Pop.	12	—
— Tipoo.	16	—

S'il perd, le camp adverse encaisse :

Pour Tip	3	points.
— Pop.	4	—
— Tipoo.	6	—

Le jeu est gagné par le camp qui a mis deux ou trois ballons
dans la cage; mais, si Tip et Pop ont été logés par le même
camp, Tipoo doit être remis en jeu malgré tout.

Un jeu comporte 16 points.

Une partie, qui comprend 2 jeux, comporte naturellement
32 points.

Tip, *Pop* et *Tipoo*, avec son nom bizarre et son originalité,
a le don de divertir les plus nombreuses sociétés, comme les
joueurs de tout âge. Comme le bridge par petites tables, il peut
s'offrir à des invités, groupés par quatre ou par huit.

Le jeu à huit est de beaucoup le plus amusant, car il permet
de plus longues parties, aussi plus mouvementées. Tout joueur
est tenté, au lieu de frapper les ballons pour les faire entrer
dans la cage, de soulever ou de pousser ceux-ci à la pointe de

sa baguette. En le faisant, même involontairement, il commet une faute et le coup ne compte pas si le ballon est envoyé au but de cette manière; on doit le remettre en jeu. Il est souvent arrêté, avant le début de la partie, de punir le joueur fautif et son camp, en leur retirant un point.

CONSTRUCTIONS

LES constructions constituent un passe-temps plutôt qu'un jeu au sens exact du mot. Et qu'en peut-on dire qu'on ne sache déjà? C'est une distraction, sinon vieille comme le monde, du moins très ancienne déjà; elle faisait la joie de nos arrière-grands-pères et la tranquillité de leurs parents.

L'industrie s'est d'ailleurs ingéniée à fabriquer des planches de construction en carton, très ingénieuses et très compliquées aussi. Il en est qui constituent de petites pièces mécaniques qu'on met en mouvement par des engrenages rudimentaires faits de bouts d'allumettes, avec des courroies de transmission en fil.

Un autre système consiste à utiliser les vieilles boîtes de cigares, les jeux de cartes hors d'usage et à édifier, avec ces matériaux peu coûteux, de petits édifices comportant rez-de-chaussée, deux étages, grenier, etc.

Mais les constructions de bois nécessitent un petit outillage spécial et une réelle habileté. Il est vrai qu'on n'est pas toujours tenu de s'improviser architecte et qu'on peut se contenter de jouer le rôle plus modeste de simple entrepreneur en se contentant de copier un modèle quelconque dont le montage est expliqué par un texte très clair. Des clous, un petit marteau, une scie à bois, un peu de colle forte forment l'outillage nécessaire à ce genre de constructions.

Et c'est ainsi qu'on peut établir la maquette de la propriété dans laquelle on rêve de pouvoir, plus tard, bien plus tard, terminer ses jours (fig. 51).

Les constructions édifiées avec les vieux jeux de cartes ne nécessitent que l'usage de colle, de ciseaux et de fil. Mais la dimension même des cartes ne permet pas d'élever des monuments imposants, et avec elles la construction se réduit à sa plus simple expression.

LA MASCOTTE

L'INDUSTRIE du jouet multiplie sans cesse ses inventions. Les unes ont le caractère d'une véritable nouveauté, les autres sont inspirées de jeux déjà existants. C'est le cas de la *Mascotte*, dérivée de la roulette.

La « Mascotte » est un jeu de hasard. Les numéros y sont doublés par des animaux, et le nombre des joueurs est illimité.

Le jeu comporte un tapis sur lequel on place les mises, et l'appareil proprement dit qui est du type des roues numérotées en usage courant dans les fêtes foraines.

Plusieurs joueurs peuvent « miser » ensemble sur un même animal.

Les gains se font sur les chances suivantes :

Rouge, *noir*, *pair* et *impair*, forment chacun une chance simple pour laquelle le banquier paye égalité de mise.

Les animaux constituent des chances multiples et les mises placées sur celui qui gagne sont payées autant de fois que l'indique le numéro adjoint à l'animal gagnant.

L'*étoile* et le *croissant* — qui sont en quelque sorte le o de la roulette — sont payés vingt fois.

Un tour de roue et voyons ce qui se passe si, par exemple, la petite baleine qui se loge dans une des divisions de la roue, s'arrête sur le lion chiffré à 5.

Tout joueur qui aura :

Ponté sur le *lion* touchera 5 fois sa mise.

Le 5 étant couleur *rouge*, la mise sera payée une fois — chance égale — à tous les joueurs qui auront ponté sur la rouge.

Le 5 étant un nombre *impair*, la mise sur *impair* sera payée une fois.

Si, au lieu du *lion* 5, la baleine s'était arrêtée sur le *lion 8*, la banque aurait payé 8 fois la mise aux ponteurs sur le lion, et une fois aux miseurs sur *pair* et *noir*.

On peut miser « à cheval », mais pas sur les chances simples. Lorsque le sort désigne un nombre impair, l'unité restante est en faveur de la banque.

Ainsi, si on a mis à cheval sur une chance impaire (5 par exemple) et qu'elle sorte, la banque ne paye que deux mises.

A ce petit jeu, on peut faire de sérieuses différences si l'on joue gros. En famille, on se contente de mises très modestes.

Ajoutons que la « Mascotte » est interdite par la loi, au même titre et pour la même raison — jeu de hasard — que la roulette.

LE TIR A LA RUADE

L E tir à la ruade, plus couramment appelé le jeu de l' « âne
qui rue », est une variété amusante de tir de salon pour
les enfants.

Il se compose essentiellement d'un panneau de bois sur
lequel est peint une place publique de village. A gauche, un
point de mire correspond au déclenchement d'une petite clochette. Lorsque le point de mire est atteint, la clochette se fait
entendre.

Au centre de la place, en relief, un âne de bois articulé, sur
lequel est à califourchon un paysan. Entre les jambes de l'âne,
un point de mire.

C'est celui-ci qu'il faut viser et atteindre pour mettre le
quadrupède en mouvement.

Lorsque le tireur y réussit, le mécanisme qui anime l'animal se déclenche et, dans une vigoureuse ruade, accentuée par
des mouvements capricants variés, il se débarasse de son cavalier.

C'est un des jeux de tir qui amusent le plus les enfants.

On s'y exerce avec un petit pistolet à ressort, chargé de
balles cylindriques en bois.

Tous les pistolets de ce modèle sont bons, et, au besoin, on
peut tirer avec un fusil chargé des mêmes projectiles. Le jeu

forme d'ailleurs un tout (cible et arme) vendu dans une même boîte.

Le coup de clochette compte pour un point, la ruade pour deux points. Le point de mire qui déclenche la ruade est plus difficile à atteindre, parce qu'il est sensiblement plus petit.

LA CHOUETTE

QUICONQUE n'est pas ennemi d'une incohérente cacophonie peut organiser chez soi, quand l'assistance est nombreuse et qu'on ne sait pas quoi faire de mieux, le jeu de la chouette.

Ah; il n'est pas bien compliqué et ne nécessite aucun accessoire. Qu'on en juge plutôt.

Tous les joueurs réunis en cercle personnifient un oiseau dont ils doivent imiter le cri à un moment donné.

Sont donc groupés en petit comité et tenus de pousser les cris suivants :

La Chouette	Chu-chu.
La Pie	Margot. Margot.
La Poule	Cotcodète.
La Perdrix	Sifflement du rappel.
La Caille	Paye tes dettes.
L'Alouette	Tirelili.
Le Moineau	Piou-piou.
Le Coq	Cocorico.
Le Pigeon	Roucouroucou.
Le Canard	Coin, coin, coin.
Le Corbeau	Coua, coua, coua.
Le Perroquet	As-tu déjeuné Coco.
La Dinde	Glou-glou.

Lorsque chacun est bien fixé sur le volatile qu'il représente, tous les joueurs s'asseoient et placent leurs deux mains sur leurs genoux.

Le meneur du jeu — l'oiseleur — entame alors une petite histoire agreste du genre de celle-ci :

« Je me suis levé ce matin au chant du *coq*. Toutes les *poules* étaient déjà dans la cour de la ferme, où se pavanaient également les *dindons*. Comme je traversai la plaine, toute bruyante du cri des *corbeaux*, j'ai fait lever une compagnie de *perdrix*, etc., etc.

En quoi consiste dès lors le jeu?

En ceci : chaque fois que le meneur du jeu prononce le nom d'un oiseau, celui qui représente cet oiseau doit en pousser le cri, sans bouger ses mains de la position qu'elles ont, sinon il est tenu de payer un gage.

Et lorsque, très distrait par la douceur du regard de votre voisine, vous oubliez de faire entendre le cri de l'oiseau que vous représentez, vous êtes également pénalisé d'un gage.

Quand l'oiseleur prononce le nom de la chouette, il y a effroi général. Tous les oiseaux poussent leur cri en même temps, et les joueurs quittant la position assise s'écartent dans tous les coins de la pièce, en agitant les mains et, bien entendu, en criant à gorge que veux-tu.

Alors?... Alors c'est un joli hourvari!

On peut utilement s'abstenir de ce jeu quand il y a un malade dans la maison.

LE JEU DU PAPILLON OU
LE DISCOURS IMPROVISÉ

C E jeu exige un assez grand nombre de compétiteurs, jeunes gens et demoiselles, et c'est parmi les premiers qu'est pris le papillon, lequel remplit le rôle de meneur du jeu.

A chacune des jeunes filles échoit la mission gracieuse de représenter une fleur, rose, tulipe, hortensia, œillet; la plus jeune de la société personnifie l'humble violette.

Quant à la rose, c'est une tout autre affaire. Le rôle doit échoir à la plus jolie et à la plus élégante. Elle doit être désignée par ses compagnes et les jeunes gens sont tenus de s'abstenir dans ce vote.

Quant aux jeunes gens, chacun d'eux représente un insecte. C'est le plus petit qui est désigné comme puceron.

Dès lors apparaît la convention suivante qui met en jeu les fleurs et les insectes, et voici comment les unes et les autres doivent se comporter.

Le papillon prend la parole et improvise une bucolique dans laquelle il glisse à un moment donné le nom d'un des insectes ou d'une des fleurs représentés dans l'honorable société.

Au prononcé de son nom, l'insecte intéressé (ou la fleur *idem*) prend la parole et continue au gré de son inspiration et de sa fantaisie le discours commencé par le papillon, en faisant intervenir à son tour un insecte ou une fleur. Il n'est pas nécessaire « d'enchaîner ». La petite histoire que l'on raconte peut n'avoir aucun rapport avec la précédente, ça ne fait rien. On peut être spirituel ou sentimental, dire des choses hilarantes ou bêtes à faire pleurer, il n'importe. L'essentiel, c'est d'arrêter immédiatement le joueur qui a la parole au moment où il met votre personnalité — fleur ou insecte — en cause.

Exemple :

Le papillon prend la parole..., supposons que ce soit en ces termes : « La rosée du matin est épandue sur les fleurs du parterre. Grande éclose déjà, la rose... »

Immédiatement, la gente demoiselle qui symbolise la *rose* prend la parole et continue la péroraison commencée par le papillon :

« Eclose, il est vrai, mais c'est l'acheminement vers une fin prochaine et la menace, plus pressante que jamais, des souillures du *puceron.* »

Et le puceron, pris à partie, de continuer :

« Suis-je seul coupable de céder à mes désirs, et l'*abeille* elle-même... »

Alors l'abeille s'explique à son tour et ainsi de suite.

Cette rhétorique, naïvement agreste, n'intervient ainsi que comme exemple. On peut trouver mieux, et ce n'est pas difficile. Mais étant donnée la spontanéité avec laquelle il faut intervenir, on est excusable de ne pas obéir à des pensers bien profonds.

Il est même permis — et la galerie s'en amuse davantage — d'être profondément idiot.

Le jeu comporte en outre des clauses spéciales :

a) Les jeunes gens ne doivent dans leur petit discours parler que des fleurs et les jeunes filles que des insectes.

b) Il est défendu de parler des insectes et des fleurs qui ne sont pas représentés.

c) Lorsqu'il est question du jardinier, dont la présence évoque un rafraîchissant coup d'arrosoir, les jeunes filles se lèvent et tendent la main droite ouverte — tels les pétales d'une fleur — comme pour offrir leur calice à l'eau bienfaisante qui leur vient. Quant aux jeunes gens — vils insectes que les ablutions de ce gêneur dérangent — ils se lèvent, signifiant ainsi qu'ils fuient la douche dont ils sont menacés.

Lorsque seul le mot *arrosoir* est prononcé, les fleurs, vivifiées, relèvent leur tige, c'est-à-dire qu'elles se lèvent toutes ensemble. Les jeunes gens mettent un genou en terre, pour signifier l'horreur des insectes pour l'eau.

Mais quand il est question du soleil, branle-bas général. Tout le monde se lève pour rendre hommage au grand régénérateur de la flore des jardins, au bienfaiteur qui coule de la vie dans les moelles des insectes engourdis par le froid.

Chacun ne reprend la position assise que quand le joueur qui a la parole prononce le nom d'un insecte ou d'une fleur.

Quiconque désobéit aux prescriptions précitées perd un gage.

Les amateurs de jeux innocents trouvent ici un spécimen amusant de ce qui se pratique dans ce genre.

LE DÉNONCIATEUR DÉMASQUÉ

LE jeu se joue à huit ou dix joueurs, jeunes gens et jeunes filles.

Supposons qu'ils soient dix. Neuf d'entre eux forment le tribunal, le dixième désigné par tirage au sort joue le rôle de coupable. La présidence de la cour est le privilège du plus âgé.

Le jeu se poursuit alors de la façon suivante :

Chacun des huit juges formule un grief contre l'accusé et en saisit, sans que le soi-disant coupable l'entende, le président du tribunal.

Après quoi, la cour s'installe et l'accusé comparaît devant elle.

Le président ouvre l'audience par cette phrase :

« Messieurs, vous connaissez les accusations qui amènent devant vous M. X... ou Mlle X... »

« Parfaitement, monsieur le président, nous les connaissons. »

Et s'adressant à l'accusé :

« Accusé, on porte sur vous telle accusation, on vous accuse aussi de telle chose. »

Et il expose successivement les huit chefs d'accusation qui lui ont été fournis par les huit joueurs formant le tribunal.

« Savez-vous, dit-il alors, quel est l'auteur de chacune de ces accusations. »

Le coupable présumé répond alors :

« Oui, c'est Y... — et il désigne un juge — qui m'accuse de telle chose; Z... de telle autre, etc., etc. »

S'il démasque ainsi un de ses calomniateurs, celui qui a été découvert perd un gage et prend à son tour le rôle d'accusé.

S'il a passé à côté, c'est-à-dire s'il attribue à l'un ce dont un autre est responsable, et cela après avoir cherché pour ses huit délateurs ce qui revient à chacun d'eux, il reste sur la « sellette », perd un gage, et une série d'accusations nouvelles est dressée contre lui.

Ce jeu demande à être pratiqué avec tact, afin de ne pas froisser la personne appelée à comparaître devant le tribunal.

Exemple : il ne faut pas accuser une personne qui louche de ne pas avoir la même manière de voir que tout le monde.

La plaisanterie serait déplacée.

De même, si des dames âgées prennent part au jeu, — ce qui arrive fréquemment, — il faut éviter toute accusation rétrospective susceptible de leur rappeler que quand elles étaient jeunes, c'était sous l'Empire.

On doit être spirituel sans être méchant, et si une accusation prend un tour galant, il est nécessaire que sous couleur d'amabilité le madrigal ne fasse pas l'effet du pavé de l'ours.

CARNET DU DOCTEUR

L E Docteur n'a pas à intervenir à propos des jeux d'intérieur, jeux calmes, ne demandant aucun exercice physique susceptible d'entraîner un petit accident quelconque, nécessitant des connaissances médicales élémentaires.

Il en va autrement des jeux de plein air, excellents pour la jeunesse, mais qui peuvent marquer à leur actif quelques petits méfaits, d'ailleurs peu graves, à moins d'être visé par la fatalité.

Contusions.

Lorsque la jeunesse s'amuse, quand elle se livre à un exercice physique qui lui plaît elle s'y donne tout entière, et y apporte tout ce qu'elle a de vivacité, d'énergie, d'entrain. Dans certains jeux qui nécessitent une course, un saut, un déplacement rapide du corps, l'enfant est exposé à faire une chute peu grave mais nécessitant toutefois des soins immédiats. Lorsqu'il y a forte contusion, celle-ci se traduit extérieurement par une douleur locale et ecchymose, c'est-à-dire une tache d'un ton violet-noir, due à un afflux de sang sur la région atteinte.

En d'autres cas, il y a tuméfaction, et apparition d'une espèce d'ampoule sanguine. Enfin, on peut constater un glissement de la peau et un décollement sous-cutané. Les contusions se manifestent, en outre, sous divers aspects plus violemment caractérisés quand il y a un choc violent, ce qui est extrêmement rare dans les jeux desquels il est question ici.

D'une manière générale on traite d'urgence les contusions simples et les ecchymoses par l'application de compresses d'eau blanche et par un pansement ouaté serré.

Le repos absolu est naturellement recommandé.

Plaies contuses.

Les plaies contuses ne sont pas rares. L'enfant joue les jambes nues, tombe souvent sur les cailloux, sur le sable et il s'ensuit un déchirement plus ou moins important des tissus avec hémorragie. Celle-ci est généralement légère; toutefois les plaies à la tête provoquent une hémorragie plus abondante.

Ces plaies doivent être traitées par l'antisepsie.

Et l'on procédera de la façon suivante :

1° Lavage à l'eau bouillie tiède ou à l'eau savonneuse de toute la région atteinte.

2° Désinfection de la plaie par lotions avec liquide antiseptique quelconque (par exemple une solution de sublimé au 2/1000°, ou de l'eau bouillie avec 10 p. 100 de teinture d'iode.

3° Protéger la plaie du contact de l'air avec un pansement de ouate hydrophile ou des linges de toile bien fine et bien aseptisée en les faisant bouillir dans de l'eau salée.

4° Repos.

Si la blessure exige des points de suture, il va sans dire qu'il est du rôle du médecin de les faire.

Il n'y a pas lieu de parler ici des chocs traumatiques qui peuvent entraîner des complications graves, parce qu'ils résultent de chutes extrêmement violentes, comme il ne s'en produit pas avec les jeux dont il est parlé dans ce recueil. Si, par hasard, un cas inquiétant se produit, l'intervention médicale immédiate s'impose, les petits camarades du blessé n'ont rien de mieux à faire qu'à donner l'alarme.

Fractures.

Examinons brièvement des cas plus graves, qui exigent toujours l'intervention chirurgicale, mais nécessitent certaines manœuvres immédiates favorables au blessé.

Lorsqu'il y a fracture d'un membre, elle est signalée par la position anormale de celui-ci et quelquefois une partie de l'humérus et du tibia ont transpercé la peau.

La première chose à faire est d'immobiliser le membre atteint pendant le transport du blessé, en lui évitant les secousses. C'est le meilleur service immédiat qu'on puisse lui rendre en attendant l'arrivée du chirurgien.

Les fractures des côtes se traduisent par un point de côté très douloureux et une grande difficulté dans la respiration.

Le malade indique lui-même la région atteinte en désignant la place la plus sensible à l'auscultation. Il y a lieu dès lors d'immobiliser le thorax par un bandage du corps et de placer en écharpe le bras correspondant au côté atteint.

Les fractures de la clavicule ou du membre supérieur — les premières sont assez fréquentes, mais beaucoup moins graves que les secondes — ne peuvent être traitées sans l'assistance du chirurgien. En attendant son intervention, il faut débarrasser le blessé de ses vêtements en coupant ceux-ci avec des ciseaux, car il ne faut pas songer sous peine de faire souffrir le patient et d'aggraver le mal à le dévêtir suivant le procédé ordinaire.

Luxations.

La luxation de l'épaule est caractérisée par une vive douleur et par l'impossibilité de déplacer le bras qui reste allongé le long du thorax.

Ici encore, il convient de placer le malade dans la position dans laquelle il souffre le moins, car la réduction de la luxation est du ressort du chirurgien qui endort le malade. Il en va de même pour la luxation du coude.

Lorsqu'il y a fracture ou luxation du membre inférieur, le blessé étant à terre dans l'impossibilité de se relever, il faut le faire étendre sur un brancard, une civière, ou à l'aide de tout autre dispositif improvisé d'urgence. On doit s'attacher, en relevant le blessé, à le faire souffrir le moins possible, et pour ce faire on le soulève par les épaules et par les reins tandis qu'un autre aide prend le membre atteint dans chaque main, au-dessus et au-dessous du siège de la fracture, en évitant tout mouvement heurté de façon à ne pas accroître la douleur du blessé.

Entorse.

Moins grave est l'entorse qu'il est sage de soumettre quand même à l'examen du médecin. Le meilleur traitement de l'entorse est le bain dans l'eau très chaude suivi de massage et de compression ouatée.

Froissements musculaires.

Lorsqu'un effort est fait « à faux » ou exprimé d'une façon violente et maladroite, il peut en résulter des douleurs articulaires ou des froissements musculaires. L'accident est bénin. Bains ou lotions suivis de massage feront disparaître toute trace du mal en peu de temps. Pendant la période de traitement : repos.

Dr BRINEL-TOLIN.

ÉVREUX. — IMPRIMERIE CH. HÉRISSEY